IEFI 国际财经中心
International Economics and Finance Institute

2018
世界与中国经济研究

周强武 / 主编

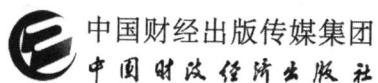

中国财经出版传媒集团
中国财政经济出版社

图书在版编目（CIP）数据

世界与中国经济研究.2018 / 周强武主编.—北京：中国财政经济出版社，2019.5

ISBN 978 – 7 – 5095 – 9008 – 9

Ⅰ.①世… Ⅱ.①周… Ⅲ.①世界经济 – 研究 ②中国经济 – 研究 Ⅳ.①F11 ②F12

中国版本图书馆 CIP 数据核字（2019）第 093175 号

责任编辑：郭爱春　　　　　　责任印制：史大鹏

中国财政经济出版社 出版

URL：http://www.cfeph.cn

E – mail：cfeph@cfemg.cn

（版权所有　翻印必究）

社址：北京市海淀区阜成路甲 28 号　邮政编码：100142

营销中心电话：010 – 88191537

北京中兴印刷有限公司印刷　各地新华书店经销

787×1092 毫米　16 开　17.25 印张　328 000 字

2019 年 5 月第 1 版　2019 年 5 月北京第 1 次印刷

定价：52.00 元

ISBN 978 – 7 – 5095 – 9008 – 9

（图书出现印装问题，本社负责调换）

本社质量投诉电话：010 – 88190744

打击盗版举报热线：010 – 88191661　QQ：2242791300

序言

2018年，全球经济增长动能有所放缓，主要经济体经济下行压力明显增加，贸易摩擦持续，金融市场动荡，风险和不确定性显著上升。

从近期形势来看，美国经济增长势头稳固，2018年经济增速超过3%，经济总量首次突破20万亿美元，失业率降至新低，货币政策正常化进程继续推进。欧洲经济增速下滑，"领头羊"德国经济略显颓势，英国"脱欧"谈判不确定性持续发酵。日本经济显现疲态。新兴市场普遍承压，部分基本面较脆弱的国家还出现了金融市场动荡。此外，随着单边主义和保护主义持续上升，多边主义和全球经济治理体系遭到挑战。WTO改革面临困境，CPTPP虽已生效，但其经济规模和影响力较TPP打了折扣。

面对错综复杂的国际环境和国内艰巨的改革任务，中国经济继续保持稳中有进态势，增速位列世界前五大经济体之首；与主要国家关系得到改善、巩固和加强，特别是在元首外交的战略引领下，妥善应对美方挑起的贸易摩擦。积极参与20国集团、世界贸易组织等多边机制各项议程，坚定维护以规则为基础的多边贸易体制。

值得注意的是，2019年世界经济面临的不稳定性和不确定性将进一步上升，经济增长动能不足、金融市场动荡加剧、贸易摩擦频繁、经济治理滞后、全球发展失衡等都将制约经济发展进程。世界银行、IMF、OECD等主要国际机构已纷纷下调2019年全球经济增长预期。中美贸易摩擦和美联储持续收紧货币政策可能使得中国经济发展面临的外部环境更趋复杂。有鉴于此，广大国际财经研究工作者需继续加强国际财经工作基础性、深层性问题的研究，更好地把脉全球经济，建言中国发展。

自 2018 年以来，财政部国际财经中心的同志们密切跟踪全球经济走势和财经热点问题，进一步加强对美国经济形势、经济政策以及基础性和结构性问题研究，推动构建以协调、合作、稳定为基调的中美关系集智献策。现将 2018 年部分研究成果汇编成书，希望成为国内财政工作者了解国际财经的良师益友，并为相关领域研究提供参考。未来，财政部国际财经中心的同志们将继续密切关注国际经济形势的发展变化，以创新的思维和科学的方法，不断拓展研究思路，继续为国际财经交流和中国经济发展建言献策。

编者
2019 年 2 月 27 日

目 录

第一部分　全球宏观经济

2018年一季度世界经济形势分析及展望 …………………………………（ 3 ）
2018年二季度世界经济形势分析及展望 …………………………………（ 11 ）
2018年三季度世界经济形势分析及展望 …………………………………（ 18 ）
2018年四季度世界经济形势分析及展望 …………………………………（ 25 ）

第二部分　亚非经济

日本"高质量基础设施建设"计划情况分析 ………………………………（ 35 ）
安倍经济政策和成效简析 …………………………………………………（ 40 ）
《韩国2019年预算案》简析 ………………………………………………（ 45 ）
土耳其近期金融市场波动原因简析 ………………………………………（ 52 ）
东亚能源合作机遇与挑战简析 ……………………………………………（ 56 ）
中国对德国企业并购挑战简析 ……………………………………………（ 61 ）
政府购买公共服务的国际经验及启示 ……………………………………（ 66 ）
如何看南非当前经济形势 …………………………………………………（ 72 ）
非洲大陆自贸区经济效应及前景简析 ……………………………………（ 76 ）

第三部分　欧洲经济

近期欧洲政治经济形势简析 ………………………………………………（ 83 ）
英国经济增速放缓原因简析 ………………………………………………（ 86 ）

英国伦敦房地产市场价格下跌风险简析 …………………………………（91）
德国经济下滑表现及原因简析 ……………………………………………（96）
默克尔成为德国政坛"常青树"的经济因素分析 ………………………（100）
马克龙政府劳动力市场改革简析 …………………………………………（106）
从国情咨文看普京未来6年施政方向 ……………………………………（111）
俄罗斯经济回暖的表现、原因及思考 ……………………………………（115）

第四部分　美洲经济

特朗普执政首年经济政策简析 ……………………………………………（121）
特朗普税改百日经济效应简析 ……………………………………………（127）
美国农业补贴相关情况简析 ………………………………………………（131）
美国经济形势向好或给特朗普更大"底气" ……………………………（137）
美国对外金融制裁机制简析及风险防范 …………………………………（140）
美国联邦政府巨额债务简析 ………………………………………………（147）
美国《更新版301调查报告》简析 ………………………………………（151）
IMF评估2018年美国宏观经济 …………………………………………（154）
《美国先进制造业领先地位战略》简析 …………………………………（159）
美国《主要贸易伙伴宏观经济与汇率政策报告》简析 …………………（163）
美国服务贸易壁垒情况简析 ………………………………………………（167）
美国《更好地利用投资引导开发法案》主要内容及简析 ………………（171）
中期选举及美国对华政策走势简析——中期选举系列研究之一 ………（176）
中期选举对美国内政经议程影响简析——中期选举系列研究之二 ……（180）
美国中期选举选情预判及后续做好对美国工作的几点想法——中期选举
　系列研究之三 ……………………………………………………………（183）
美国2018年中期选举结果简析——中期选举系列研究之四 …………（186）
美国中期选举州长改选情况简析——中期选举系列研究之五 …………（189）
国际主流媒体和智库热议美中期选举结果——中期选举系列研究之六 …（193）
以波音公司为例看美国政府补贴问题 ……………………………………（196）
《美中经济与安全审查委员会2018年年度报告》简析 ………………（201）
从"蚂蚁金服收购美国速汇金案"看美国外资安全审查 ………………（204）

CFIUS 审查中资企业最新情况简析 …………………………………… (207)
美国《外国投资风险评估现代化法案》简析 …………………………… (212)
从制裁中兴看中美贸易摩擦的长期性和复杂性 ………………………… (220)
美国政府直接制裁企业可能造成的影响简析——基于美国制裁中兴通讯
　公司案例 ………………………………………………………………… (224)
美国对欧盟贸易和投资壁垒简析 ………………………………………… (229)
美、加、墨贸易协定（USMCA）主要条款及影响简析 ………………… (236)
加拿大近期经济形势简析 ………………………………………………… (241)

第五部分　全球经济治理

"跨太平洋伙伴关系全面进展协定"简析 ………………………………… (249)
CPTPP 最新进展及对我国的启示 ………………………………………… (253)
美、欧、日、印对非经贸合作主要特点及趋势简析 …………………… (257)
亚行谈区域金融风险及应对 ……………………………………………… (261)

后记 ………………………………………………………………………… (266)

| 第一部分 |

全球宏观经济

2018年一季度世界经济形势分析及展望[*]

2018年一季度,世界经济继续保持稳健复苏态势,整体表现较2017年四季度有所回升。美国经济增长提速,欧盟和欧元区增势稳定,日本经济温和扩张。金砖国家中,巴西经济持续向好,印度经济大幅反弹,俄罗斯和南非经济持续复苏。大宗商品价格延续上涨态势,美元指数持续走低。2018年3月,美联储宣布再次加息,主要经济体货币政策正常化进程仍将显著影响全球金融稳定与经济增长。展望2018年二季度,全球经济有望保持强劲复苏态势,但贸易摩擦升级、全球流动性收紧等因素可能对全球经济造成负面影响。

一、2018年一季度世界经济总体情况

2018年一季度,主要发达经济体复苏态势良好,就业市场持续收紧,投资加速扩张,外贸持续改善。美国经济加速增长,就业市场表现强劲。为进一步缩小贸易赤字,提振经济增长与就业,特朗普先后宣布一系列保护主义措施,主要经济体特别是中美之间贸易摩擦升级。欧盟和欧元区失业率再创10年来新低,经济复苏进程进一步巩固,欧盟峰会通过"脱欧"谈判指导原则;日本经济继续温和扩张,出口增长良好。主要新兴经济体逐步恢复强劲增长势头,通缩压力有所缓解。

二、主要经济体经济

(一)美国

1. 主要经济指标

2018年一季度,美国经济延续扩张态势,就业市场表现强劲,通货膨胀水平

---

[*] 本文写于2018年4月19日。

稳中有升，制造业活动先抑后扬，房地产市场企稳回升，消费支出小幅回落，贸易逆差继续扩大。综合看，2018年一季度GDP增速有望接近3%，稳定的经济基本面支撑美联储于2018年3月再次加息。

就业市场表现强劲。2018年一季度，美国就业市场表现强劲，各项数据均较2017年有明显提升。2018年1月至2月，美国新增非农就业岗位分别为20.0万人、32.6万人，3月受天气等偶然因素影响，新增非农就业岗位降至10.3万人。失业率连续6个月保持在4.1%。劳动参与率稳中有升，2018年1月至3月分别为62.7%、63%和62.9%，2月创2010年以来最大单月增幅。就业市场的强劲表现成为美联储在2018年3月加息的重要依据。

通货膨胀水平稳中有升。2018年1月至2月，美国CPI环比分别上升0.5%和0.2%。剔除食品和能源，2018年1月至2月核心CPI环比分别上涨0.3%和0.2%，同比均上涨1.8%。2018年1月至2月核心PCE物价指数同比涨幅分别为1.5%和1.6%，继续向美联储2%的目标迈进。

制造业活动保持稳健。受各领域物价上升，以及中美贸易摩擦升温预期影响，2018年一季度美国制造业活动扩张至高点后有所回落。2018年1月至3月ISM制造业指数分别为59.1、60.8、59.3，连续18个月高于荣枯线，显示制造业持续稳健扩张，但中美贸易摩擦为美制造业前景带来较大不确定性。

消费支出小幅回落。2018年1月至2月美国个人可支配收入环比分别增长1.0%、0.4%；个人消费支出环比增长0.2%、0.2%。2018年1月至2月美国商品零售额初值环比均下降0.1%，为2012年4月以来首次出现连续三个月下跌。2018年1月至3月美国谘商会消费者信心指数分别为125.4、130.8、127.7，2018年2月指数达2000年11月来最高水平。

房地产市场企稳回升。2018年一季度美国房地产市场新屋销售数据改善，成屋销售止跌回升，营建支出基本稳定。2018年1月至2月美国新屋销售年化总数分别为62.2万户和61.8万户，环比分别下降4.8%、0.6%。2018年1月至2月成屋销售年化总数为538万户、554万户，环比分别下降3.2%、上升3%。2018年1月营建开支基本同上月持平，2月略有上升。

贸易逆差继续扩大。受出口下降、税改刺激国内需求等因素影响，2018年一季度美贸易逆差继续扩大，其中商品贸易逆差持续拉大，服务贸易盈余下滑。2018年1月至2月贸易逆差分别为566亿美元、576亿美元，为连续第6个月上升，创近10年来新高。其中对华货物贸易逆差从2018年1月的359.5亿美元收窄至292.6亿美元。

2. 主要政策措施

货币政策方面，鲍威尔正式接任耶伦担任美联储主席，渐进加息政策和货币政策正常化进程仍在延续。2018年3月21日，美联储宣布将联邦基金利率提高

25个基点,目标区间升至1.5%—1.75%。尽管市场普遍认为2018年美联储至少加息3次,但中美贸易摩擦等风险仍可能迟滞美联储加息进程。

财政政策及其他政策方面,2018年1月20日,因两党未就移民问题达成一致,美国联邦政府"关门"三日,并于2018年2月9日再次短暂停摆。直至2018年3月底,国会才最终通过年度预算案以结束频繁的"关门"危机。2018年3月5日,国会公布2017财年联邦预算执行概要,联邦赤字上涨13.7%至6650亿美元,预计2018财年将进一步提高至8730亿美元。2018年2月13日,特朗普公布基建计划,希望以2000亿美元联邦资金撬动1.5万亿地方政府与私人部门基建投资,并大幅缩短基建项目审批流程。

2018年3月8日,特朗普宣布对钢铝产品进口征收25%和10%额外关税,以关税为要挟"勒索"主要贸易伙伴,后逐步演变为施压并拉拢欧洲、日本、韩国等经济体共同"解决"中国不公平贸易和产能过剩问题。2018年3月22日,特朗普签署对华301调查备忘录,宣布向约600亿美元的中国进口产品征收25%的惩罚性关税,同时要求财政部采取必要措施限制中国在美国的投资,中美经贸关系受到美单边主义举措严重威胁。2018年一季度,更新北美自贸协定(NAFTA)仍未完全结束,三方仍有分歧待决。为换取永久性豁免钢铝关税,韩国同意美国关于修订美韩自贸协定的相关要求。

(二)欧洲

1. 主要经济指标

2017年四季度欧盟和欧元区GDP同比分别增长2.6%和2.7%。2018年一季度,欧洲延续经济复苏势头,各项指标均表现良好。受食品、烟酒和能源价格拉动,欧盟和欧元区通货膨胀率出现反弹。2018年1月至2月,欧盟通货膨胀率分别为1.6%和1.3%;2018年1月至3月,欧元区通货膨胀率分别为1.3%、1.1%和1.4%。劳动力市场持续向好,失业率进一步下降。2018年1月至2月,欧盟失业率分别为7.2%和7.1%,为2008年9月以来最低;欧元区失业率分别为8.6%和8.5%,为2008年12月以来最低。欧洲中央银行预测,2018—2019年,欧元区失业率将分别为8.4%和7.9%,较前值均有所下调。制造业扩张速度有所放缓。2018年1月至3月,欧元区制造业PMI分别为59.6、58.6和56.6,为8个月以来最低水平。鉴于全球经济与贸易超预期表现,欧委会将2018—2019年经济增速分别上调至2.3%和2%。

欧洲主要经济体中,德国通货膨胀率维持稳定,2018年1月至3月,德国通货膨胀率分别为1.6%、1.4%和1.6%;劳动力市场进一步改善,2018年1月至2月,失业率分别为3.6%和3.5%;就业人口上升至4430万人。德国政府将德国2018年经济增速上调至2.4%。英国通货膨胀率有所下降,2018年1月至2月,英国通货膨胀率分别为3%和2.7%；劳动力市场保持稳定，2017年11月至2018年1月失业率为4.3%，同比下降0.4个百分点，为1975年以来最低水平；受"脱欧"谈判不确定性影响，预计英国2018—2019年经济增速均为1.5%。法国通货膨胀率较明显上升，2018年1月至3月法国通货膨胀率分别为1.1%、1.2%和1.5%；家庭信心指数回落，2018年1月至3月，法国家庭信心指数分别为104、100和100，重新降至长期均值；预计法国2018—2019年经济增速将分别为1.9%和1.7%。

2. 主要政策措施

货币政策方面，欧洲中央银行维持现行货币政策，即维持主要再融资操作利率、隔夜存款利率、隔夜贷款利率0%、-0.4%、0.25%不变；维持月资产购买规模300亿欧元不变。英国央行维持基准利率0.5%不变，维持资产购买规模4350亿英镑不变，以支持经济持续增长、促进就业与实现2%的通货膨胀率目标。

财政政策及其他政策方面，一是欧盟峰会通过了"脱欧"谈判指导原则，阐明欧盟第二阶段谈判的立场和考虑事项；二是制定推动法治进程、加强国土安全和移民事务合作、促进社会经济发展、实现数字化转型等"六大旗舰倡议"，以推动西巴尔干地区国家转型并顺利入欧；三是对中国不锈钢无缝钢管反倾销税延长5年，继续对中国涉案产品征收48.3%至71.9%的反倾销税。

(三) 日本

1. 主要经济指标

2018年一季度，日本经济持续温和扩张，通货膨胀水平符合预期，劳动力市场保持稳定。受新兴经济体经济复苏拉动，日本出口呈增长态势，资本品及IT产品增长势头尤为强劲。受经济刺激措施以及东京奥运会相关建设项目支撑，公共投资保持高位。企业融资成本处于极低水平，并购、固定资产投资等企业信贷需求不断攀升。具体来看，CPI出现小幅改善，但仍低于央行2%的通货膨胀目标，2018年1月至2月日本CPI同比分别增长1.4%和1.5%，PPI同比分别增长2.7%和2.5%；就业形势稳定，2018年1月至2月失业率分别为2.4%和2.5%；工业有所改善，2018年1月至2月工业产出指数初值分别为99.5和103.4；制造业小幅收缩，2018年1月至3月制造业PMI终值分别为54.8、54.1和53.2。其中，2018年3月新增就业与制造业产出增速均为2017年7月以来最低；出口市场保持稳定，2018年1月贸易逆差9434亿日元，为8个月来首次出现贸易逆差。2018年2月贸易顺差34亿日元，同比大幅减少99.6%。2018年1月至2月，出口额同比分别增长12.2%和1.8%，进口额同比分别增长7.9%和16.5%。

2. 主要政策措施

货币政策方面，日央行维持基准利率-0.1%不变，维持年均增长额800亿日元规模持续购进国债，以实现10年期国债收益率0%的目标。

财政政策和其他政策方面，日本政府计划2018年6月出台新财政健全化计划，拟将实现基础财政收支盈余的期限由2020年延长至2025年。内阁府预计，在"实现增长的情况"下，到2027年度才能扭亏为盈。此外，日本政府通过2017年度补充预算案，追加财政支出2.7073万亿日元。其中，1.2567万亿日元用于九州北部暴雨等灾后重建及防灾减灾项目；4822亿日元用于"育人革命"和"生产效率革命"；追加防卫支出2345亿日元，引进陆上部署型导弹拦截系统等项目。此外，日本等11国代表签署"跨太平洋伙伴关系全面进展协定"（CPTPP）。该协定最大限度地保留了原"跨太平洋伙伴关系协定"（TPP）内容，以促进亚太地区商品和服务贸易自由化以及投资活动便利化。

（四）新兴经济体

1. 主要经济指标

2018年一季度，新兴经济体经济增长势头强劲。主要新兴经济体保持较高增速，维持较低通货膨胀水平，失业率有所下降。金砖国家中，巴西经济保持增长势头，印度经济大幅反弹，俄罗斯和南非经济增速均有所回升。总体上，多数其他新兴经济体保持良好增长势头，IMF预计2018年新兴经济体GDP增速为4.5%。

受农牧业增长较快、居民消费提振等因素影响，巴西经济在经历两年严重衰退后实现正增长。巴西2017年GDP增速为1%，恢复至2011年上半年水平，其中2018年四季度GDP同比增长2.1%，达2014年一季度以来最高值。其中，工业产出增长0%，服务业产出增长0.3%，农业产出增长13%。2017年，巴西累计通货膨胀率为2.95%，创19年以来新低；失业率为12.7%，创2012年以来新高。

受建筑业大幅回暖、促进出口措施效果显现等因素影响，印度经济增速大幅反弹。2017年四季度印度GDP增速为7.2%，为2016年三季度以来最高季度增速。2018年1月至2月，印度通货膨胀率攀升至8个月以来高位，CPI同比增长5.1%和4.4%。

由于国际油价企稳，俄罗斯经济增速有所回升。2017年俄罗斯GDP同比增长1.5%，2018年1月至2月俄罗斯GDP同比分别增长1.9%、1.5%。通货膨胀率降至历史低点，2018年1月至2月年度通货膨胀率达到2.2%，远低于通货膨胀率目标4%。

受农林渔业大幅增长影响，南非经济继续保持稳定增速。2017年南非GDP增长1.3%，其中2017年四季度GDP增长3.1%，为连续三个季度实现正增长；2018年1月至2月，南非CPI同比增长4.4%和4.0%，基本处于3%~6%的目标区间内。2017年四季度南非失业率为26.7%，环比下降1个百分点。

2018年一季度，亚洲新兴经济体经济整体向好。东盟国家中，2018年一季度菲律宾、越南经济增速达到7%以上，印度尼西亚、马来西亚和新加坡等国保持中高速增长。主要经济体宏观政策外溢影响、债务水平较高、地缘政治风险加剧等问题仍是新兴经济体面临的共同挑战。

2. 主要宏观经济政策

货币政策方面，为实现4.5%的通货膨胀率管理目标并降低失业率，巴西央行继续下调基准利率25个基点至6.5%，创历史新低；为防止通货膨胀大幅低于预期目标，俄罗斯央行下调基准利率25个基点至7.25%；由于通货膨胀压力趋缓，印度央行维持基准利率6%不变；为进一步改善通货膨胀前景，南非央行下调基础利率25个基点至6.5%。

财政政策方面，各主要新兴经济体基本均采取较为积极的财政政策，以提振经济增长，应对通货紧缩压力：为提高经济增速，印度政府拟扩大2018—2019年借款规模至6.06万亿卢比，资金主要来自印度储备银行和全国社保基金；为提高财政可持续性，巴西政府国会拟就税制改革提案进行讨论和审议；为保证支柱产业收入稳定，俄罗斯将在2019年设立占GDP逾5%的国家福利基金，加强对石油和天然气收入的管理；为提高生产率，南非政府拟将部分国有企业进行私有化改革。整体而言，内需提振、主要宏观经济政策效果逐步显现以及外需有望进一步改善将为新兴经济体继续稳定增长提供动力。

三、大宗商品及资本市场价格走势

（一）大宗商品市场

2018年一季度，OPEC和非OPEC产油国产量小幅下降，OECD国家原油库存实现近5个月来首次增加。由于需求小幅上升，全球原油市场再平衡进程持续推进，国际油价震荡上行，全球大宗商品价格延续上涨势头。2018年1月能源类大宗商品价格上涨9.82%，其中原油价格上涨8.24%，均价为66.23美元/桶，非能源类大宗商品价格上涨3.35%。2018年2月能源类大宗商品价格下跌5.81%，其中原油价格下跌4.18%，均价达63.46美元/桶，非能源类大宗商品价格上涨1.28%。2018年3月能源类大宗商品价格上涨2.05%，其中原油价格上涨1.12%，均价达64.17美元/桶，非能源类大宗商品价格小幅下跌0.4%。由于减产协议将持续至2018年底，且中美两国贸易摩擦升温，中东地缘政治因素影响加大，短期内原油价格或继续上行。

（二）全球资本市场

2018年一季度，全球主要股指多数呈现跌势。截至2018年3月30日，美国道琼斯工业指数累计下跌2.86%，报24103.11点；标准普尔500指数累计下跌1.22%，报2640.87点；纳斯达克综合指数累计上涨2.32%，报7063.45点；英国富时指数累计下跌8.21%，报7056.61点；法国CAC40指数累计下跌2.73%，报5167.30点；德国DAX30指数累计下跌6.35%，报12096.73点；上证指数累计下跌4.20%，报3168.90点；深证指数累计下跌1.56%，报10868.65点；香港恒生指数累计上涨0.53%，报30093.38点；日经225指数累计下跌5.76%，报21454.30点；韩国KOSPI指数累计下跌0.88%，报2445.85点。

2018年一季度美元延续跌势，人民币、欧元、日元相对升值。受货币政策预期和贸易战等因素影响，2018年一季度美元指数暴跌2.5%，跌破90大关，是美元连续第5个季度疲软。2018年3月30日，在岸市场人民币兑美元汇率中间价报6.2881，2018年一季度升值3.81%；人民币对一揽子货币汇率指数为96.73，2018年一季度涨幅为1.98%。随着美元走弱，以及市场对欧元区和日本货币政策收缩的预期，欧元和日元作为避险货币升值势头较猛，兑美元汇率分别下跌2.66%和5.70%。

四、2018年第二季度世界经济形势展望

2018年二季度，全球经济有望继续保持较强复苏态势。美、欧等发达经济体增长动力有望进一步释放，新兴市场经济体增长势头得以巩固。主要国际机构在最新预测中再次上调2018年世界经济增长率，IMF、世界银行、经济合作与发展组织（简称经合组织）预测值分别为3.9%、3.1%、3.9%，为国际金融危机十年来全球经济最高增速。

未来一段时间，全球经济仍面临一些下行风险和挑战。一是发达经济体货币政策正常化节奏不一，政策协调难度加大。美国等经济体复苏步伐较快，市场预期美联储或将在2018年加息三次以上。日本、英国等经济体复苏温和，由于通货膨胀率未达目标值，对收缩货币政策更加谨慎。二是内向型政策和贸易摩擦加剧将影响全球经济复苏进程。美国政府秉持"美国优先"理念一意孤行，贸易战风险上升，可能影响全球贸易和经济复苏进程。NAFTA和英欧经贸关系等重要经贸协定谈判仍具不确定性。三是全球流动性收紧或将引发资产价格大幅调整，造成新兴经济体汇率波动和跨境资本无序流动。据IMF测算，主要经济体非金融部门债务率已高于危机前水平，流动性拐点一旦出现，一方面可能引发新兴市场资本

外流，另一方面可能加剧高杠杆率经济体非金融部门债务风险。四是地缘政治和恐怖主义等非经济因素或将对区域经济增长、大宗商品价格、贸易和投资、汇率和资本流动等造成冲击。

（贾静航）

2018年二季度世界经济形势分析及展望[*]

2018年二季度，世界经济继续保持稳健复苏态势，整体表现较一季度有所回升。美国经济增长进一步提速，欧盟和欧元区增势稳定，日本经济温和扩张。金砖国家中，印度经济加速扩张，巴西和俄罗斯经济持续向好，南非经济再度萎缩。大宗商品价格延续上涨态势，美元指数持续走低。2018年6月，美联储宣布再次加息，主要经济体货币政策正常化进程仍将显著影响全球金融稳定与经济增长。展望2018年三季度，全球经济有望延续复苏态势，但贸易摩擦升级、全球流动性收紧等下行风险更加突出，可能对全球经济造成负面影响。

一、二季度世界经济总体情况

2018年二季度，主要发达经济体复苏态势良好，就业市场持续改善，投资加速扩张。美国经济强劲增长，就业市场不断向好。为进一步缩小贸易赤字，特朗普先后宣布一系列保护主义措施，美与主要经济体特别是与中国贸易摩擦升级。欧盟和欧元区失业率继续下降，经济复苏进程进一步巩固；日本经济一度陷入负增长，但总体延续温和复苏态势。主要新兴经济体增速分化，通缩压力有所缓解。

二、主要经济体经济表现

（一）美国

1. 主要经济指标

2018年二季度，美国经济延续扩张态势，就业市场表现持续向好，制造业活动稳健扩张，房地产市场总体疲软，消费支出小幅回落，贸易逆差有所收窄。综

---

[*] 本文写于2018年8月3日。

合来看，2018年二季度美国GDP增速为4.1%，创近4年来新高，强劲的经济基本面支撑美联储于2018年6月再次加息。

就业市场表现抢眼。2018年二季度，美国就业市场延续强劲表现，各项指标均保持稳中向好趋势。2018年4月至6月，美国新增非农就业岗位分别为16.4万人、22.3万人、21.3万人；失业率分别为3.9%、3.8%、4%，其中2018年5月失业率达18年来最低水平。劳动参与率保持稳定，2018年4月至6月分别为62.8%、62.7%和62.9%。就业市场的强劲表现成为美联储在2018年6月加息的重要依据。

通货膨胀水平稳中有升。2018年4月至6月，美国CPI环比分别上升0.2%、0.2%、0.1%，同比分别上升2.5%、2.8%、2.9%，创6年来最大增幅。剔除食品和能源，2018年4月至6月核心CPI环比分别上涨0.1%、0.2%、0.2%，同比分别上涨2.1%、2.2%、2.3%，为2017年2月以来最大增幅。2018年4月至5月核心PCE物价指数同比涨幅分别为1.5%和2%，6年来首次触及美联储2%目标。

制造业活动稳健扩张。受消费者支出增加和商业投资稳固等积极因素影响，2018年二季度美国制造业活动持续扩张。2018年4月至6月ISM制造业指数分别为57.3、58.7、60.2，连续21个月高于荣枯线，显示制造业持续稳健扩张，但中美贸易摩擦或推高制造业企业经营成本，短期内美国制造业前景仍存在较大不确定性。

消费支出小幅回落。2018年4月至5月美国个人可支配收入环比分别增长0.4%、0.4%；个人消费支出环比增长0.6%、0.4%。2018年4月至5月美国谘商会消费者信心指数分别为128.7、126.4。

房地产市场总体疲软。2018年二季度美国房地产市场销售数据大幅下降，营建支出小幅上升。2018年4月至5月美国新屋销售年化总数分别为66.2万户和61.8万户，环比分别下降1.5%、0.6%。2018年4月至5月成屋销售年化总数为546万户、543万户，环比分别下降2.5%、0.4%。2018年4月至5月营建开支略有上升。

贸易逆差有所收窄。由于出口升至历史高位，2018年二季度美国贸易逆差有所下降，商品贸易逆差下降，服务贸易盈余增加。2018年4月至5月贸易逆差分别为462亿美元、431亿美元，创2016年10月以来新低。其中对华货物贸易逆差收窄至289.7亿美元。

2. 主要政策措施

货币政策方面，美联储继续实行渐进加息政策，稳步推进货币政策正常化进程。2018年6月13日，美联储宣布将联邦基金利率提高25个基点，目标区间升至1.75%~2.00%。美联储2018年6月最新货币政策声明中预估，2018

年至少加息4次，较此前增加一次，但中美贸易摩擦等风险仍可能迟滞美联储加息进程。

财政政策及其他政策方面，2018年4月3日，美国贸易代表办公室公布对华拟加征关税的商品清单，总额500亿美元。商品清单涉及航天、信息与通讯科技、机器人以及机械等行业，包括约1300个独立关税项目。2018年5月23日，美国商务部考虑对进口汽车及其零配件启动232调查。2018年5月31日，美国正式宣布对加拿大、墨西哥和欧盟征收25%的钢铁关税和10%的铝关税，自2018年6月1日起生效。2018年6月27日，美国众议院以400∶2通过《外国投资风险审查现代化法案》，旨在扩大美国外国投资委员会（CFIUS）的投资审查范围，允许CFIUS审查涉及美国知识产权转移、房地产交易以及与相关技术和基础设施公司有关的投资等。

（二）欧洲

1. 主要经济指标

2018年一季度，欧盟和欧元区GDP同比分别增长2.4%和2.5%。在服务业、能源和烟酒等价格带动下，欧盟和欧元区通货膨胀率均出现明显增长。2018年4月至6月，欧盟通货膨胀率分别为1.5%、2%和2%；2018年4月至6月，欧元区通货膨胀率分别为1.3%、1.9%和2%。受春季油价上升影响，欧委会预测，2018年欧盟和欧元区通货膨胀率将分别为1.9%和1.7%，较前值均上调0.2个百分点。劳动力市场稳步复苏。2018年4月至6月，欧盟失业率分别为7.1%、7%和6.9%，为2008年5月以来最低；欧元区失业率分别为8.5%、8.4%和8.3%，为2008年12月以来最低。欧洲中央银行预测，欧元区2018年失业率为8.3%，较前值下调0.1个百分点。制造业扩张速度进一步放缓。2018年4月至6月，欧元区制造业PMI分别为56.2、55.5和54.9，为18个月以来新低。由于2018年上半年欧洲经济增长势头放缓，欧委会将欧盟和欧元区2018年经济增速预期下调0.2个百分点至2.1%，并维持2019年2%增速预期不变。

主要经济体中，由于能源价格大幅上升，德国通货膨胀率明显增长。2018年4月至6月，德国通货膨胀率分别为1.6%、2.2%和2.1%。劳动力市场改善势头有所减弱，相对保持稳定。2018年4月至6月，德国失业率均为3.4%。德国央行预测，德国2018年GDP增速为2%，较前值下调0.5个百分点。英国通货膨胀率企稳回升。2018年4月至6月，英国通货膨胀率分别为2.2%、2.3%和2.3%。劳动力市场表现强劲。2018年3月至5月，英国失业率为4.2%，为1975年以来最低。鉴于2018年以来英国经济增长疲软，IMF将英国2018年经济增速预期下调至1.4%。法国通货膨胀率稳固上升。2018年4月至6月，法国通货膨胀率分别为1.6%、2%和2%。家庭信心指数持续下降。2018年4月至6月，法国家庭信心指数分别为101、99和97,为2016年8月以来最低。受贸易保护主义负面影响,法国经济和财政部预测,法国2018年经济增速将达1.8%。

2. 主要政策措施

货币政策方面,欧洲中央银行维持现行货币政策,即维持主要再融资操作利率、隔夜存款利率、隔夜贷款利率0%、-0.4%、0.25%不变;2018年10月至12月的月资产购买规模将由300亿欧元缩减至150亿欧元。英国央行维持基准利率0.5%不变,维持资产购买规模4350亿英镑不变,以支持经济持续增长、促进就业与实现2%的通货膨胀率目标。

财政政策及其他政策方面,第一,欧盟峰会就维护基于规则的多边贸易体系、构建公平有效的征税体系等事项达成一致。第二,为反制美国对欧盟加征钢铝产品关税行为,欧委会批准对已向WTO通报过的全部美国产品征收额外关税,并将于2018年7月生效。

(三) 日本

1. 主要经济指标

由于内需低迷,日本经济一度陷入萎缩,但通货膨胀水平符合预期,劳动力市场环境不断改善,2018年二季度有望延续温和复苏势头。2018年一季度日本GDP年化季率终值为-0.6%,为2015年四季度以来首次出现负增长。CPI出现小幅改善,但仍低于央行2%的通货膨胀目标,2018年4月至6月,日本CPI同比分别增长0.7%、0.7%和0.8%,PPI同比分别增长2.0%、2.7%和2.8%;就业形势稳定,失业率分别为2.5%、2.2%和2.4%;工业有所改善,工业产出指数分别为104.4、104.4和102.2;制造业保持平稳,制造业PMI终值分别为53.3、52.8和53;出口市场保持稳定,2018年4月至6月,日本分别实现贸易顺差6259.8亿日元、贸易逆差5783.21亿日元、贸易顺差662.46亿日元。

2. 主要政策措施

货币政策方面,日本央行维持基准利率-0.1%不变,维持年均增长额800亿日元规模持续购进国债,以实现10年期国债收益率0%的目标。

财政政策及其他政策方面,日本政府2017年税收收入58.7875万亿日元,创26年来新高。其中,所得税、法人税以及消费税均实现增长。此外,日本政府出台"综合技术革新战略"草案,包括到2025年每年培养人工智能领域IT人才万人以上、促进研究开发型高新技术企业创立、全面引入国立大学教师年薪制等。日本内阁会议通过新修订的"能源基本计划",明确将太阳能、风能等可再生能源发电定位为"主力电源",到2030年实现可再生能源发电占总发电量24%的目标。

（四）新兴经济体

1. 主要经济指标

2018年二季度，新兴经济体经济增长分化，其中，亚洲新兴经济体发展势头相对良好，但经济结构性问题仍然存在，潜在经济增长率仍偏低，新兴经济体风险不容忽视。世行预计2018年新兴经济体GDP增速为4.9%。

由于农业产出增加、货币政策效果显著、卡车司机罢工事件影响有限，巴西经济韧性有所增强。2018年一季度巴西GDP同比增长1.2%，环比增长0.4%，其中农业环比增长1.4%，工业环比增长0.1%，服务业环比增长0.1%。2018年一季度巴西失业率13.1%，环比增长1.3个百分点；2018年4月至6月通货膨胀率分别为2.76%、2.86%、4.39%，接近4.5%的通货膨胀目标。

改革政策继续支持印度经济走强。印度2018年一季度GDP增速为7.9%。2018年4月至5月，印度通货膨胀压力加剧，CPI同比上升5.47%和5.76%，涨幅创19个月新高。

受建筑业和服务业大幅增长提振，印度经济持续向好。2018年一季度印度GDP增速为7.7%，达两年来最高水平。2018年4月至6月，印度CPI同比分别增长4.58%、4.87%、5%；印度制造业PMI为51.4、51.2、53.1，实现2017年12月以来最强劲增长。

由于工业、农业部门增长稳定，俄罗斯经济基本实现稳定增长。2018年上半年俄罗斯GDP同比增长1.7%，2018年一、二季度GDP同比分别增长1.5%和1.8%。俄罗斯2018年二季度失业率为4.8%，2018年4月至6月CPI同比分别增长2.4%、2.4%、2.3%，远低于通货膨胀目标4%。

由于农业、矿业和制造业大幅下滑，南非经济再度陷入负增长。2018年一季度南非GDP环比下降2.2%，为9年来最大季度降幅，其中农业部门产出环比下降24.2%，矿业环比下降9.9%，制造业环比下降6.4%。2018年4月至6月，南非CPI同比分别上涨4.5%、4.4%、4.6%。2018年二季度南非失业率27.2%，环比上升0.5个百分点，青年失业率高达52.4%。

2018年二季度，亚洲新兴经济体经济增长强劲，土耳其、阿根廷经济金融市场出现大幅波动，目前仍未见明显改善。东盟国家中，越南、菲律宾经济表现亮眼，越南2018年上半年GDP同比增长7.08%，创8年来新高。马来西亚、印度尼西亚、泰国等保持中高速增长，经济增速约为5%左右。土耳其经济保持较高增速，通货膨胀高企，2018年一季度GDP同比增长7.4%，2018年6月CPI同比上涨15.39%，创2004年以来最高涨幅，土耳其里拉大幅贬值。阿根廷经济面临下行压力，通货膨胀水平高居不下，2018年一季度阿根廷GDP同比增长3.6%；失业率9.1%，同比下降0.1%，年化通货膨胀率高达26.4%。从短期看，美国财政刺激政策和欧元区经济复苏或对新兴经济体产生正面影响,但美联储加息、全球贸易与投资开放度下降、债务水平高企等问题是新兴经济体面临的共同挑战。

2. 主要宏观经济政策

货币政策方面,为平衡潜在通货膨胀风险,巴西央行保持基准利率6.5%不变,结束10年来最激进降息周期;由于增长前景进一步改善,印度央行上调基准利率25个基点至6.25%,为4年来首次加息;为提振通货膨胀水平,俄罗斯央行维持基准利率7.25%不变;为应对通货膨胀风险上升和增长前景恶化,南非央行维持现金利率6.5%不变。

财政政策和结构性改革政策方面,印度继续推进结构性调整并下调财政赤字率至,着力为农业、社会部门、数字化支付、基础设施和创造就业提供充足资金,预计2018—2019财年总支出24.4万亿卢比;巴西推进监管框架现代化等一系列措施,加快对外开放,提高巴西企业在国际市场的竞争力;俄罗斯对美国加征钢铝关税采取反制措施,对从美国进口的部分商品加征25%~40%的关税;南非将于近期出台专项经济举措帮助民众对冲油价上涨和增值税税率上调带来的负面影响。

整体而言,主要经济体贸易摩擦加剧、债务水平不断上升以及发达经济体宏观经济政策外溢效应是新兴经济体面临的潜在风险,各经济体需继续推进结构性改革,综合财政、货币政策促进经济发展的效率与公平,提高应对外部风险的能力。

三、大宗商品及资本市场价格走势

(一)大宗商品市场

2018年二季度,OPEC和非OPEC产油国产量均有所增加,OECD国家原油库存低于近5年均值,基本实现减产目标。由于需求小幅上升,全球原油市场再平衡进程持续推进,国际油价继续上行,全球大宗商品价格延续上涨趋势。2018年4月能源类大宗商品价格上涨8.22%,其中原油价格上涨7.2%,均价为68.79美元/桶,非能源类大宗商品价格上涨1.97%。2018年5月能源类大宗商品价格上涨7.39%,其中原油价格上涨6.75%,均价达73.43美元/桶,非能源类大宗商品价格上涨0.13%。受贸易战等因素的影响,预测OPEC原油需求将增加,全球闲置产能进一步减少或将稳定油价趋势。

(二)全球资本市场

2018年二季度,全球主要股指多数呈现涨势。截至2018年6月29日,美国道琼斯工业指数累计上涨 0.7%，报 24271.41 点；标准普尔 500 指数累计上涨 2.93%，报 2718.37 点；纳斯达克综合指数累计上涨 6.33%，报 7510.3 点；英国富时指数累计上涨 8.22%，报 7636.93 点；法国 CAC40 指数累计上涨 3.02%，报 5323.53 点；德国 DAX30 指数累计上涨 1.73%，报 12306 点；上证指数累计下跌 1.01%，报 2847.42 点；深证指数累计下跌 1.37%，报 9379.47 点；香港恒指累计下跌 3.78%，报 28955.11 点；日经 225 指数累计上涨 3.96%，报 22304.51 点；韩国 KOSPI 指数累计下跌 4.89%，报 2326.13 点。

2018 年二季度美元延续跌势，2018 年 4 月人民币开始贬值，欧元、日元相对升值。受货币政策预期和贸易战等因素影响，2018 年二季度美元指数上涨 5.04%，升至 94.5201，扭转了连续五个季度的疲软态势，人民币相对贬值。2018 年 6 月 29 日，在岸市场美元兑人民币汇率中间价报 6.6166，2018 年二季度升值 5.22%；人民币对一揽子货币汇率指数为 95.66，2018 年二季度跌幅为 1.11%。随着美元走弱，以及市场对欧元区和日本货币政策收缩的预期，欧元和日元作为避险货币升值势头较猛，兑美元汇率分别下跌 5.19% 和 4.26%。

四、2018 年第三季度世界经济形势展望

2018 年三季度，全球经济有望延续复苏态势，但下行风险犹存。美欧日等发达经济体预计将维持增长势头，新兴市场经济体则面临更大压力。主要国际机构在最新预测中维持了 2018 年世界经济增长预期，IMF、世界银行、经济合作与发展组织预测值分别为 3.9%、3.1%、3.8%。

未来一段时间，全球经济主要面临三大挑战：第一，内向型政策和贸易摩擦升级将破坏全球经济复苏进程。美国政府奉行贸易保护主义和单边主义政策，无视 WTO 程序和规则，对其主要贸易伙伴征收高额关税并引起各方采取报复性措施或将导致贸易摩擦持续升级，破坏全球产业链，削弱国际贸易和投资复苏，影响全球潜在生产率，最终阻碍全球经济增长。第二，发达经济体收缩流动性预期增强。美联储 2018 年 6 月最新会议纪要显示，美国加息进程暂未考虑贸易战影响，预示加息次数或将超出预期。美元利率和汇率同时提高将加剧新兴经济体资本外流风险，对新兴市场经济体中的"双赤字"国家造成冲击。第三，地缘政治紧张局势加剧，美国加大对伊朗制裁力度，中东冲突不断乱局依旧，随时可能影响大宗商品市场和全球经济复苏进程。

（贾静航）

2018年三季度世界经济形势分析及展望[*]

2018年三季度，世界经济继续保持温和增长态势，整体表现较2018年二季度有所回调。美国经济增速有所回落，欧盟与欧元区经济增势稳定，日本经济温和扩张。金砖国家中，巴西经济仍存在不确定性，印度经济稳步加速，俄罗斯经济缓慢复苏，南非经济或陷入衰退。大宗商品价格趋势分化，美元指数温和上涨。2018年9月，美联储宣布再次加息，主要经济体货币政策正常化进程仍将显著影响全球金融稳定与经济增长。展望2018年四季度，全球经济复苏步伐或将放缓，贸易摩擦升级、全球流动性收紧等下行风险进一步突出或对全球经济造成负面影响。

一、2018年三季度世界经济总体情况

2018年三季度，主要发达经济体稳步复苏，就业市场持续向好。美国经济持续增长，就业市场表现强劲。特朗普宣布更多保护主义措施，美国与主要经济体特别是与中国贸易摩擦升级。欧盟和欧元区失业率稳步下降，劳动力市场持续改善，经济复苏进程进一步巩固；日本经济持续温和扩张，欧日签署"经济伙伴关系协定"（EPA）。主要新兴经济体经济增长总体承压，外部风险与内部结构性问题或制约其全面复苏。

二、主要经济体经济表现

（一）美国

1. 主要经济指标

2018年三季度，美国经济保持增长态势，就业市场稳中向好，通货膨胀水平达10年来高点，制造业活动稳健扩张，房地产市场企稳复苏，消费支出小幅增

[*] 本文写于2018年10月26日。

长，贸易逆差有所扩大。综合来看，受贸易逆差拖累，2018年三季度美国GDP增速或为3.5%左右，较2018年二季度有所回落，劳动力市场强劲支撑美联储于2018年9月再次加息。

就业市场稳中向好。2018年三季度，美国就业市场延续强劲表现，各项指标均保持稳中向好趋势。2018年7月至9月，美国新增非农就业岗位分别为15.7万人、20.1万人、13.4万人；失业率分别为3.9%、3.9%、3.7%，达1969年以来最低水平。劳动参与率保持稳定，2018年7月至9月分别为62.9%、62.7%和62.7%。就业市场的强劲表现成为美联储在2018年9月加息的重要依据。

通货膨胀水平再创新高。2018年7月至9月，美国CPI环比分别上升0.2%、0.2%、0.1%，同比分别上涨2.9%、2.7%、2.3%。剔除食品和能源，2018年7月至9月核心CPI环比分别上涨0.2%、0.1%、0.21%，同比分别上涨2.4%、2.2%、2.2%。2018年7月数据创2008年9月以来最大增幅。2018年7月至8月核心PCE物价指数同比涨幅均为2%，实现美联储2%目标。

制造业活动持续扩张。受劳动力市场持续向好和需求强劲等积极因素影响，2018年三季度美国制造业活动延续扩张态势。2018年7月至8月ISM制造业指数分别为58.1、61.3，连续24个月高于荣枯线，显示制造业继续稳健扩张。但新出口订单和进口指数下滑，表明中美贸易紧张局势已经为美国制造业带来负面影响。

消费支出小幅增长。2018年7月至8月美国个人可支配收入环比均增长0.3%；个人消费支出环比分别增长0.4%、0.3%。2018年7月至9月美国谘商会消费者信心指数分别为127.4、134.7、138.4。

房地产市场现企稳迹象。2018年三季度美国房地产市场销售数据小幅回升，营建支出略有上升。2018年7月至8月美国新屋销售年化总数分别为60.8万户和62.9万户，环比分别下降1.6%、增长3.5%。2018年7月至8月成屋销售年化总数均为534万户。2018年7月至8月营建开支小幅上升。

贸易逆差增幅达历史高位。由于出口下降，2018年三季度美国贸易逆差持续扩大，商品贸易逆差增加，服务贸易盈余小幅上升。2018年7月至8月贸易逆差分别为501亿美元、532亿美元，创6个月以来新高。其中对华贸易逆差扩大至341亿美元。

2. 主要政策措施

货币政策方面，美联储继续实行渐进加息政策，稳步推进货币政策正常化进程。2018年9月26日，美联储宣布将联邦基金利率提高25个基点，目标区间升至2.00%~2.25%，为2018年以来第三次加息。同时，美联储对未来两年加息节奏预期维持不变，预计2018年还将加息一次，2019年和2020年将分别加息三次和一次。尽管特朗普多次抨击美联储货币政策，但12月进行第四次加息仍是大概率事件。

财政政策及其他政策方面，2018年7月11日，美国贸易谈判代表办公室公布对 2000 亿美元中国输美商品征税清单，共含 6031 项商品。2018 年 7 月 16 日，美国在 WTO 对中国、欧盟、加拿大、墨西哥及土耳其发起贸易争端诉讼，理由为上述国家对美国加征钢铝关税实行的反制措施缺乏法律基础。2018 年 8 月 8 日，美国贸易代表办公室宣布对 160 亿美元中国进口商品加征 25% 关税，2018 年 8 月 23 日起生效。2018 年 9 月 24 日，美国对约 2000 亿美元的中国输美商品加征 10% 关税，且税率将于 2019 年 1 月 1 日起升至 25%。2018 年 9 月 30 日，美墨加三国达成"美国—墨西哥—加拿大协议"（USMCA），取代已实施 24 年的 NAFTA。新协议文本包括市场准入、原产地规则、农业、贸易救济、投资、数字贸易、争端解决、知识产权等 30 多章，还包括美墨、美加就部分问题达成的附加双边协议。

（二）欧洲

1. 主要经济指标

2018 年二季度欧盟和欧元区 GDP 同比均增长 2.1%。在能源、服务业、食物和烟酒价格支撑下，欧盟和欧元区通货膨胀率稳定在 2% 以上。2018 年 7 月至 8 月，欧盟通货膨胀率分别为 2.2% 和 2.1%；欧元区通货膨胀率分别为 2.1% 和 2%。欧委会预计，欧元区 2018 年、2019 年通货膨胀率将均为 1.7%。劳动力市场进一步改善。2018 年 7 月至 8 月，欧盟失业率分别为 7.5% 和 6.8%，为 2008 年 4 月以来最低；欧元区失业率分别为 8.2% 和 8.1%，为 2008 年 11 月以来最低。欧洲中央银行维持欧元区 2018 年失业率预期不变，但将长期失业率预期下调 0.1 个百分点至 7.4%。欧元区制造业扩张速度放缓至两年以来最低。2018 年 7 月至 9 月，欧元区制造业 PMI 分别为 55.1、54.6 和 53.2。受贸易战影响，欧洲中央银行预计欧元区 2018 年 GDP 增速将达 2.2%，较前值下调 0.2 个百分点。

欧洲主要经济体中，能源价格上升带动德国通货膨胀率持续上涨。2018 年 7 月至 9 月，德国通货膨胀率分别为 2%、2% 和 2.3%。德国劳动力市场表现稳定。2018 年 7 月至 8 月，德国失业率均为 3.4%，就业人数上升至 4480 万人，为德国统一以来最高。受去全球化和贸易保护主义影响，德国政府下调 2018 年 GDP 增速预期至 1.8%。由于食品价格下降，英国通货膨胀率略有下降。2018 年 7 月至 9 月，英国通货膨胀率分别为 2.3%、2.4% 和 2.2%。英国劳动力市场持续改善。英国 2018 年 6 月至 8 月失业率为 4%，环比下降 0.1 个百分点。英国央行预计 2018 年 GDP 增速将为 1.75%，较此前预期下调 0.1 个百分点。法国通货膨胀率略微下降。2018 年 7 月至 9 月，法国通货膨胀率分别为 2.3%、2.3% 和 2.2%。法家庭信心指数进一步下降。2018 年 7 月至 9 月，法国家庭信心指数分别为 97、97 和 94，创 2016 年 4 月以来新低。法国经济和财政部将下调 2018 年 GDP 增长预期 0.1 个百分点至 1.7%。

2. 主要政策措施

货币政策方面，欧洲中央银行维持现行货币政策不变，即维持主要再融资操作利率、隔夜存款利率、隔夜贷款利率0%、-0.4%、0.25%不变；2018年10月至12月的月资产购买规模将由300亿欧元缩减至150亿欧元。英国央行基准利率加息25个基点至0.75%，维持资产购买规模4350亿英镑不变，以支持经济持续增长、促进就业与实现2%的通货膨胀率目标。

其他政策方面，一是欧委会提出，将允许英国在"脱欧"过渡期到期后继续留在欧盟关税联盟和内部市场；二是欧委会计划在未来两年提供2亿欧元用于高性能蓄电池研发，以增强欧盟蓄电池的全球竞争力。

（三）日本

1. 主要经济指标

2018年三季度，在中美贸易摩擦、原材料价格上涨等背景下，日本经济保持温和扩张，2018年二季度GDP终值年化季率3.0%，环比增长0.7%。具体来看，CPI出现小幅改善，但仍低于央行2%的通货膨胀目标，日本2018年7月至8月CPI分别为101和101.6，同比分别增长0.9%和1.3%；PPI同比分别增长2.6%和0%；就业形势稳定，2018年7月至8月，失业率分别为2.5%和2.4%；工业有所改善，2018年7月至8月，工业产出指数分别为102.3和102.5；制造业保持平稳，2018年7月至9月，制造业PMI分别为51.6、52.5和52.9；出口市场保持稳定，2018年7月至8月，贸易逆差分别为2312亿日元和4446亿日元。其中，出口额同比分别增长3.9%和6.6%；进口额同比分别增长14.6%和15.4%。

2. 主要政策措施

货币政策方面，日本央行维持基准利率-0.1%不变。维持年均增长额800亿日元规模持续购进国债，以实现10年期国债收益率0%的目标。

财政政策方面，日本政府2019财年预算申请超102.5万亿日元，创历史新高。医疗等社保支出及防卫费用增至峰值，用于偿还借款的"国债费"也推高了预算总额。

贸易政策方面，2018年7月欧日签署"经济伙伴关系协定"（EPA），欧盟取消对约99%日本商品关税，日本取消对约94%欧盟商品关税，其中包括82%的农产品和水产品，该比例未来数年内也将上升至99%。此外，美日同意就双边贸易协定开启谈判。日本出版2018年《通商白皮书》，批评美国贸易保护主义政策是对WTO自由贸易体制的挑战，对全球经济造成负面影响；还指出，中国政府补贴制度扭曲导致钢铁、半导体行业面临生产过剩危机。

（四）新兴经济体

1. 主要经济指标

2018年三季度，新兴经济体经济增长总体承压，其中，亚洲新兴经济体发展势头相对良好，但经济结构性问题仍然存在，制约其经济全面复苏。新兴经济体面临的美元升值、美联储加息、金融市场动荡、贸易摩擦升级等外部风险冲击不容忽视。

受国际金融市场不确定性和国内政局动荡等因素影响，巴西经济复苏前景仍存在不确定性。2018年上半年，巴西名义GDP增长3.7%，实际增长1.1%；2018年二季度GDP同比增长1%，出口环比下降5.5%，进口环比下降2.1%。2018年7月至9月，巴西通货膨胀率分别为0.33%、0.24%、0.48%。2018年6月至8月，巴西失业人口1270.7万，失业率12.1%，环比下降0.2个百分点，同比下降0.5个百分点。

印度经济稳步加速。2018年上半年，印度名义GDP同比增长8%，其中，2018年一季度GDP同比增长7.7%，2018年二季度GDP同比增长8.2%。2018年7月，印度CPI同比增长4.17%，2018年8月为3.69%，达10个月以来最低水平。2018年4月至8月，印度累计出口同比增长16.13%，累计进口同比增长17.34%。

由于农业领域经济指标急剧下滑，交通运输、工业生产和建筑业发展呈消极态势，俄罗斯经济增速放缓。2018年7月，俄罗斯GDP增速1.8%，2018年8月降至1%。2018年7月，俄罗斯经季调后失业率4.7%，2018年8月为4.6%。受食品价格快速上涨推动，2018年8月俄罗斯CPI同比增长3.1%，2018年9月进一步加快至3.4%，为2017年7月以来最高，但已第15个月低于俄罗斯央行4%的通货膨胀目标。

亚洲新兴经济体经济增势分化，阿根廷、南非经济持续走软。得益于出口和旅游业扩张，泰国经济有所增长。2018年二季度，泰国GDP同比增长4.6%，较2018年一季度有所放缓（4.9%）。菲律宾受美联储加息、中美贸易摩擦加剧及国际市场环境不利等因素影响，经济增长面临下行压力，2018年二季度实际GDP增速为6.6%，环比下降0.6个百分点。受益于家庭消费增长，印度尼西亚经济增速可观。世界银行预计，2018年印度尼西亚GDP增速有望达到5.2%。由于新兴市场汇率波动，兰特持续走弱，南非经济或陷入"技术型衰退"。2018年一季度，南非GDP环比下降2.2%，2018年二季度环比下降0.7%。受美元升值、外汇储备减少及偿债压力大等因素影响，土耳其财政、贸易双赤字隐忧显现。2018年二季度，土耳其GDP同比增长5.2%。受自然灾害、腐败丑闻、借贷成本上升等因素影响，阿根廷经济面临下行压力。2018年上半年，阿根廷GDP负增长0.5%。

2. 主要宏观经济政策

货币政策方面，为平衡潜在通货膨胀风险，巴西央行维持基准利率6.5%不变，为历史最低水平。受通货膨胀率走高等因素影响，2018年8月1日，印度央行宣布上调基准利率25个基点至6.5%，为2018年第二次加息；2018年10月5

日，印度央行宣布维持基准利率6.5%不变。为提高储蓄吸引力和平衡消费增长，俄罗斯央行2018年9月14日上调基准利率0.25个百分点至7.5%，为2014年以来首次加息。为应对兰特持续走弱及进口汽油价格潜在的大幅上涨，南非央行维持基准利率6.5%不变，维持贷款利率10%不变。

财政政策和结构性改革政策方面，印度继续推进一系列经济改革，限制非必须进口、大力促进出口，缩减贸易赤字，同时加强基建贷款审核，取消对外资持有印度公司债券的一系列限制。巴西财政政策受国内政局影响较大，结构性改革仍面临重大不确定性，若巴西经济复苏缓慢，庞大的财政赤字以及不断上升的债务将严重限制巴西新政府的政策灵活性。俄罗斯继续采取激励措施，大力支持现代化基础设施和物流建设，消除运输瓶颈，提高农业出口潜力。南非采取一系列刺激计划以提振经济，含农业、旅游业、制造业、医疗业等多个领域，总规模达35亿美元；且设立南非基础设施基金，计划未来三年至少注资279亿美元。

三、大宗商品及资本市场价格走势

（一）大宗商品市场

2018年三季度，OPEC原油产量增至3276万桶/日，为近一年来最高水平，非OPEC产油国继续稳步恢复产量；OECD国家2018年8月原油库存仍低于5年均值，全球原油市场去库存趋势仍将继续。在OPEC国家保证减产执行率100%且不考虑额外增产的情况下，全球原油产能将逐步萎缩或令原油市场供应紧张加剧。中美贸易摩擦持续升级使得油价大幅回落，整个三季度，国际油价呈"V"形走势。2018年7月能源类大宗商品价格上涨1.01%，其中原油价格上涨0.96%，均价为72.67美元/桶，非能源类大宗商品价格下跌4.29%。2018年8月能源类大宗商品价格下跌1.63%，其中原油价格下跌2.2%，均价为71.08美元/桶，非能源类大宗商品价格下跌1.75%。2018年9月能源类大宗商品价格上涨5.04%，其中原油价格上涨6.02%，均价为75.36美元/桶，非能源类大宗商品价格下跌1.94%。受贸易战等因素影响，预测OPEC原油需求增速将逐步放缓，全球闲置产能不足将导致增产乏力，国际油价或将保持强势。

（二）全球资本市场

2018年三季度，全球主要股指涨跌参半。截至2018年9月29日，美国道琼斯工业指数累计上涨9.01%，报26458.31点；标准普尔500指数累计上涨7.2%，报2913.98点；纳斯达克综合指数累计上涨7.14%，报8046.35点；英国富时指数累计下跌1.66%，报7510.2点；法国CAC40指数累计上涨3.19%，报5493.49

点；德国 DAX30 指数累计下跌 0.48%，报 12246.73 点；上证指数累计下跌 0.92%，报 2821.35 点；深证指数累计下跌 10.43%，报 8401.09 点；香港恒生指数累计下跌 4.03%，报 27788.52 点；日经 225 指数累计上涨 8.14%，报 24120.04 点；韩国 KOSPI 指数累计上涨 0.73%，报 2343.07 点。

2018 年三季度美元指数上涨 0.71%，升至 95.19，近一年来首次突破 95 大关。2018 年 9 月 29 日，在岸市场人民币兑美元汇率中间价报 6.8792，2018 年三季度升值 3.97%；人民币对一揽子货币汇率指数为 92.35，2018 年三季度跌幅为 3.46%。欧元和日元仍保持升值势头，兑美元汇率持续下跌，跌幅分别为 0.68% 和 2.65%。

四、2018 年第四季度世界经济形势展望

2018 年四季度，全球经济复苏将现放缓迹象，下行风险因素更为突出。美欧日等发达经济体增速分化，部分新兴市场金融风险上升。主要国际机构近期普遍下调 2018 年世界经济增长预期，IMF、世界银行、经济合作与发展组织预测值分别为 3.7%、3.1%、3.7%。未来一段时间，全球经济将维持复苏状态，但增速较 2018 年上半年有所放缓，下行风险和挑战不断积累。一是贸易冲突升级，贸易战负面影响逐渐显现，将破坏多边贸易体系运行，严重威胁全球经济复苏。美国政府对主要贸易伙伴征收高额关税并引发各方报复性措施，加征钢铝进口关税尚未撤销，加征汽车关税立场仍未缓和。从短期看，美国贸易政策不确定性将损害市场信心，打击贸易和投资。从长期看，关税提高将破坏全球产业链，阻碍科技传播，影响全球潜在生产率提升。二是发达经济体收缩流动性预期增强，全球金融和债务风险上升，"双赤字"新兴市场经济体金融动荡加剧。美联储货币政策正常化进程加快，欧日加息可能性也在提升，全球金融周期正在进入拐点，金融风险不断累积。美元利率和汇率同时提高将加剧新兴经济体资本外流风险或将对全球经济造成冲击。三是地缘政治紧张局势持续，全球增长不确定性增加。美国加大对伊朗制裁力度，导致国际油价大幅波动。意大利债务风险突出，英国"脱欧"谈判陷入僵局，欧洲民粹主义抬头，全球经济增长不确定、不稳定因素持续增加。

（胡嫣洁）

2018年四季度世界经济形势分析及展望*

2018年四季度，全球经济复苏整体承压，下行压力日益凸显。美国经济增长势头稳固，欧盟与欧元区经济复苏放缓，日本经济温和扩张。在金砖国家中，巴西经济仍存在不确定性，印度经济稳步加速，俄罗斯经济发展总体稳定，南非经济现复苏迹象。2018年四季度国际油价呈下跌趋势，全球主要股指全盘下跌。美联储宣布2018年第四次加息，并暗示加息节奏或将放缓，欧洲中央银行、日本央行维持政策利率水平不变。展望2019年，全球经济整体上有望保持增长态势，但下行压力预计进一步加大，经济增速将继续放缓。

一、主要经济体表现

2018年四季度，主要发达经济体虽复苏承压，但就业市场进一步改善。美国经济基本面稳定，就业市场表现强劲。欧盟和欧元区就业情况向好，失业率均创十余年来最低值，经济复苏步伐放缓。日本经济温和扩张，日本国会通过了日欧经济伙伴关系协定（EPA）。主要新兴经济体经济增长总体承压，外部冲击与内部结构脆弱性继续制约其全面复苏。

（一）美国

1. 主要经济指标

2018年四季度，美国经济保持增长态势，就业市场表现亮眼，通货膨胀水平小幅回落，制造业活动扩张减速，房地产市场表现不尽如人意，消费支出增速下滑，贸易逆差有所扩大。综合来看，经济增长已接近"阶段性高点"，2018年四季度美国GDP增速或低于3%，相较2018年三季度有较大幅度回落，但就业市场强劲支撑美联储2018年12月再次加息。

就业市场表现亮眼。2018年四季度，美国就业市场的强劲表现超出预期，各

---

* 本文写于2019年1月31日。

项指标均保持稳中向好趋势。2018年10月至12月，美国新增非农就业岗位分别为25万人、15.5万人、31.2万人；失业率分别为3.7%、3.7%、3.9%，维持1969年以来最低水平。劳动参与率保持稳定，2018年10月至12月分别为62.9%、62.9%和63.1%。就业市场的强劲表现成为美联储坚持在2018年12月加息的重要依据。

通货膨胀水平有所回落。2018年10月至12月，美国CPI环比分别上升0.3%、0%、-0.1%，同比分别上涨2.5%、2.2%、1.9%。剔除食品和能源，2018年10月至12月核心CPI环比均上涨0.2%，同比均上涨2.2%，基本符合预期。2018年10月至12月核心PCE物价指数同比涨幅分别为1.8%、1.9%、1.9%，低于美联储2%目标。

制造业活动扩张势头放缓。2018年10月至12月ISM制造业指数分别为57.7、59.3、54.1，为2008年10月以来最大降幅，表明主要经济体增长放缓以及中美贸易摩擦已对美制造业发展造成严重负面影响。

消费支出增幅下降。2018年10月至11月美国个人可支配收入环比分别增长0.5%、0.2%；个人消费支出环比分别增长0.8%、0.4%。2018年10月至12月美国谘商会消费者信心指数分别为137.9、136.4、128.1。

房地产市场不尽如人意。受房屋抵押贷款利率上涨等因素影响，2018年四季度美国房地产市场数据较为暗淡。2018年10月至11月成屋销售年化总数分别为522万户和532万户，环比分别增长1.4%和1.9%，2018年11月数据同比下跌7%，创2011年5月以来最大同比跌幅。2018年10月至11月营建开支小幅下降。

贸易逆差增幅达历史高位。2018年四季度美国商品贸易逆差增加，服务贸易盈余小幅上升，贸易逆差持续扩大。2018年10月贸易逆差达555亿美元，创2008年10月以来新高，其中对华贸易逆差扩大至431亿美元。

2. 主要政策措施

货币政策方面，美联储继续实行渐进加息政策，稳步推进货币政策正常化进程。2018年12月20日，美联储上调联邦基金利率目标区间25个基点至2.25%~2.50%，为2018年第四次加息，同时继续维持每月500亿美元的缩表规模。美联储暗示未来两年加息节奏将有所放缓，预计2019年和2020年分别加息两次和一次。

财政政策及其他政策方面，2018年10月15日，美国财政部数据显示，2018财年联邦政府财政赤字增长17%至约7790亿美元，创2012年来新高，财政赤字占美国GDP比重由2017年的3.5%升至3.9%。2018年11月13日，美国财政部数据显示，2018年10月美国联邦政府财政收入2526.92亿美元，同比增长7.3%；财政支出3531.83亿美元，同比增长18.3%；2018年10月财政赤字突破1000亿美元，较2017年同期的630亿美元大幅增加。2018年11月12日，美国、日本、欧盟等在WTO货物贸易理事会上提交WTO改革方案。该方案提出，如成员国在未通报WTO的情况下持续对本国产业采取优惠措施，WTO应予以处罚。如未通报国家在两年之内不调整其相关政策，该国将无法担任WTO理事会主席等职务；如一年后仍不改正，则将被认定为"停止活动国"，限制其发言机会。2018年12月22日，由于特朗普与国会未能就临时支出法案达成一致，部分联邦政府机构陷入停摆状态。

（二）欧洲

1. 主要经济指标

2018年三季度，欧盟和欧元区GDP同比分别增长1.8%和1.6%，较2018年二季度均有所下降。受能源价格拖累，欧盟和欧元区通货膨胀率持续下滑。2018年10月至11月，欧盟通货膨胀率分别为2.2%和2%；2018年10月至12月，欧元区通货膨胀率分别为2.2%、1.9%和1.6%。欧洲中央银行预计，2019—2021年，欧元区通货膨胀率分别为1.6%、1.7%和1.8%。就业市场进一步改善。2018年10月至11月，欧盟失业率均为6.7%，为2000年1月以来最低；欧元区失业率分别为8%和7.9%，为2008年10月以来最低。欧洲中央银行预计，2018—2020年，欧元区失业率分别为8.2%、7.8%和7.5%。欧元区制造业增速放缓至2016年2月以来最低。2018年10月至12月，欧元区制造业PMI分别为52、51.8和51.4。欧洲中央银行预计，欧元区2018—2019年GDP增速分别为2%和1.8%。

欧洲主要经济体中，能源价格下行导致德国通货膨胀率明显下降。2018年10月至12月，德国通货膨胀率分别为2.5%、2.3%和1.7%。德国劳动力市场略有改善。2018年10月至11月，德国失业率均为3.3%，就业人数上升至4510万人。受保护主义抬头等不确定性因素影响，德国央行预计，2018—2021年，德国GDP增速将分别为1.5%、1.6%、1.6%和1.5%。英国通货膨胀率略有下调。2018年10月至11月，英国通货膨胀率分别为2.4%和2.3%。英劳动力市场进一步改善。2018年英国8月至10月失业率为4.1%，就业率为75.7%，为1971年以来最高。受全球经济放缓和"脱欧"影响，英国央行预计英国2018年GDP增速为1.3%，较前值下调0.1个百分点。受能源、烟草和服务业价格影响，法国通货膨胀率持续下降。2018年10月至12月，法国通货膨胀率分别为2.2%、1.9%和1.6%。法国家庭信心指数延续下降态势。10月至12月，法国家庭信心指数分别为95、92和87，为2014年11月以来最低。受"黄马甲"运动冲击影响，法国央行将2018年四季度GDP增速由0.4%下调至0.2%，预计2018年法国GDP增速为1.7%。

2. 主要政策措施

货币政策方面，欧洲中央银行维持现行货币政策不变，即维持主要再融资操作利率、隔夜存款利率、隔夜贷款利率0%、-0.4%、0.25%不变；资产购买计划定于2018年12月底结束。英国央行维持基准利率0.75%不变，维持资产购买规模4350亿英镑不变。

英国"脱欧"进程方面，欧盟与英国进一步就"脱欧"后关系进行磋商，推动建立"广泛、深入和灵活的伙伴关系"。

（三）日本

1. 主要经济指标

2018年四季度，在中美贸易摩擦长期化、原材料价格上涨等背景下，日本经济保持温和扩张。此前，2018年三季度GDP终值年化季率-2.5%，环比下降1.3%。具体来看，2018年四季度CPI出现小幅改善，但仍低于央行2%的通货膨胀目标；2018年10月至12月，CPI分别为102、101.8和101.2，同比分别增长1.4%、0.8%和0.3%；2018年10月至11月，PPI同比分别增长2.9%和3.0%；就业形势稳定，2018年10月至11月，失业率分别为2.4%和2.5%；工业有所改善，2018年10月至11月，工业产出指数分别为105.9和104.7；制造业保持平稳，2018年10月至12月，制造业PMI分别为52.9、51.8和52.6；出口市场保持稳定，2018年10月至11月，贸易逆差分别为4493亿日元和7373亿日元，其中，出口额同比分别增长8.2%和0.1%；进口额同比分别增长20.0%和12.5%。

2. 主要政策措施

货币政策方面，日本央行将维持短期基准利率-0.1%不变，长期基准利率控制在0%左右。

财政政策方面，日本政府2019财年预算达101.4564万亿日元，同比增加约3.7万亿日元。2019财年日本政府防卫预算5.26万亿日元，政府社会保障预算34.0587万亿日元，均创历史新高。

综合改革措施方面，2018年12月，日本国会批准与欧盟的经济伙伴关系协定（EPA），标志日方已完成国会程序，日欧EPA一旦生效将生成全球最大自由贸易区。

（四）新兴经济体

1. 主要经济指标

2018年四季度，新兴经济体经济增长总体承压，但通货膨胀水平相对稳定。尽管中美达成临时协议释放良好信号，但美元升值、美联储加息、能源价格上涨、贸易保护主义等外部冲击依然存在，加之自身金融系统脆弱，新兴市场经济发展风险不容忽视。

受外部不确定性及国内政局动荡因素影响，巴西经济复苏前景仍存在较大变数。2018年三季度巴西GDP增长0.8%，达1.716万亿美元。2018年四季度，出口额624亿美元，进口额459亿美元；2018年进出口总额4207亿美元，同比增长13.7%，为近5年来最高值。2018年10月至11月，通货膨胀率分别为0.45%和−0.21%。2018年9月至11月失业率为11.6%，环比下降0.5个百分点，同比下降0.4个百分点。

印度经济发展稳步加速。印度财政部发布《2018年年终评估报告》称，2014—2015财年至2017—2018财年，印度经济年均增速7.3%，为世界主要经济体中最快。2018年10月通货膨胀率为3.38%，环比增长0.29%；2018年11月预计为2.33%，环比增长0.07%。2018年4月至11月，累计出口同比增长15.48%，累计进口同比增长16.86%。

俄罗斯经济发展总体稳定。2018年1月至10月，俄罗斯GDP增长1.7%，预计全年增长1.8%；2018年三季度，俄罗斯失业率4.6%，2018年10月、11月分别为4.7%、4.8%。2018年10月CPI同比增长3.5%，环比增长0.4%；2018年11月同比增长3.8%，环比增长0.5%。2018年前11个月，俄罗斯外贸额同比增长20%，贸易顺差达1756亿美元。

南非经济现复苏迹象。2018年三季度，南非GDP环比增长2.2%，结束近14年来第二次衰退；其中，制造业、交通运输业、金融和贸易等行业提振作用较大。2018年三季度失业率为27.5%；2018年10月、11月通货膨胀率分别为5.1%、5.2%。

其他新兴经济体经济走势分化。泰国2018年三季度GDP增长3.3%，预计2018年增长4.2%，2019年增长3.5%~4.5%；2018年10月与2018年11月失业率均为1.0%，2018年11月失业人数同比减少4.6万人。菲律宾2018年三季度GDP增速放缓至6.1%；2018年10月失业率为5.1%，同比上升0.1个百分点；2018年10月进出口额同比分别增长21.4%、3.3%。印度尼西亚2018年三季度GDP同比增长5.17%；2018年11月进出口额分别为168.8亿美元、148.3亿美元；2018年12月通货膨胀率为0.62%。马来西亚2018年三季度GDP增速4.4%，环比下降0.1个百分点；2018年10月、11月CPI同比增长0.6%、0.2%；2018年10月失业率3.3%，同比下降0.1个百分点。土耳其2018年三季度GDP同比增长1.6%，环比下降3.7个百分点；2018年12月CPI环比下降0.4%；2018年11月贸易赤字为6.51亿美元，同比下降89.8%。阿根廷2018年11月CPI环比上升3.2%，2018年1月至11月出口额同比上升4.2%，进口额同比减少0.1%，贸易总额达9.79亿美元，同比增长54.73亿美元。

2. 宏观经济政策

货币政策方面，因巴西经济平缓复苏、全球金融市场避险情绪上升，巴西央行2018年12月维持基准利率6.50%水平不变。印度通货膨胀预期大幅下调，印度央行维持基准利率6.50%不变。为对抗高通货膨胀风险，2018年12月14日，俄罗斯央行提高基准利率0.25个百分点至7.75%；2018年11月22日，南非央行提高基准利率0.25个百分点至6.75%。

财政政策和结构性改革政策方面，2018—2019年，印度财政预算将向农业、医疗保健和铁路基础设施等领域倾斜，政府将全面改革外国直接投资政策，重点聚焦沿海地区互联互通。2018年，巴西前11个月累计初级财政赤字671.25亿雷亚尔，为2015年来最低水平；2018年11月公共部门净债务3644万亿雷亚尔，占GDP的53.6%。巴西总统发表就职演说，承诺采取措施改善公共财政状况，推动经济可持续发展。俄罗斯拟进一步扩大农业出口规模，依靠现代技术提高企业劳动生产率；2019—2021年俄罗斯联邦财政将拨款2.3万亿卢布支持经济发展。南非财政政策空间有限，政府2018年9月发布经济刺激计划，将创造就业和基础设施建设列为财政支出重点。

二、大宗商品及资本市场价格走势

（一）大宗商品市场

2018年四季度，OPEC原油产量降至3297万桶/日，减产协议已正式执行，预计2019年原油产量将继续下降；美国等非OPEC国家原油产量继续增加，且高于全球需求增速，2019年原油市场或现供大于求情况。受贸易摩擦影响，2018年整个四季度国际油价呈下跌趋势。2018年10月能源类大宗商品价格上涨1.29%，其中原油价格上涨1.81%，均价76.73美元/桶；非能源类大宗商品价格上涨1.37%。2018年11月能源类大宗商品价格下跌15.44%，其中原油价格下跌18.78%，均价62.32美元/桶；非能源类大宗商品价格下跌1.36%。2018年12月能源类大宗商品价格下跌11.31%，其中原油价格下跌13.41%，均价53.96美元/桶，非能源类大宗商品价格下跌0.39%。目前OPEC成员国闲置产能水平较低，若未来突然出现原油供应短缺，油价或短期大幅上升。

（二）全球资本市场

2018年四季度，全球主要股指全盘下跌。截至2018年12月31日，美国道琼斯工业指数累计下跌11.83%，报23327.46点；标准普尔500指数累计下跌13.97%，报2506.85点；纳斯达克综合指数累计下跌17.54%，报6635.28点；英国富时指数累计下跌10.41%，报6728.13点；法国CAC40指数累计下跌13.89%，报4730.69点；德国DAX30指数累计下跌13.78%，报10558.96点；上证指数累计下跌11.61%，报2493.9点；深证指数累计下跌13.82%，报

7239.79 点；香港恒生指数累计下跌 6.99%，报 25845.7 点；日经 225 指数累计下跌 17.02%，报 20014.77 点；韩国 KOSPI 指数累计下跌 12.89%，报 2041.04 点。

2018 年四季度美元指数上涨 0.92% 至 96.06，其中 2018 年 11 月升至年度最高水平，达 97.2。2018 年 12 月 28 日，在岸市场人民币兑美元汇率中间价报 6.8632，2018 年四季度贬值 0.23%；人民币对一揽子货币汇率指数为 93.28，2018 年四季度涨幅为 1.01%。2018 年四季度，欧元兑美元汇率持续下跌，跌幅为 1.19%；日元兑美元汇率上涨 3.75%。

三、2019 年世界经济形势展望

2019 年，全球经济增长预期较 2018 年将有所放缓。近期，主要国际机构再次下调世界 2019 年经济增长预期，IMF、世界银行、经济合作与发展组织最新预测值分别为 3.5%、2.9%、3.5%。美欧日等发达经济体增速已渐放缓，新兴市场经济体金融风险进一步上升。

从经济基本面来看，推动增长的周期性因素在减弱，但全球经济陷入严重衰退可能性不大。失业率将继续保持低位，美国失业率处于金融危机后的最低水平，欧洲就业状况持续改善，新兴市场除个别国家经济形势较为严峻外，整体表现平稳；通货膨胀压力小幅提升，发达经济体价格水平均有所提升，但仍处于可控范围。贸易增长疲弱，随着保护主义加剧，全球贸易增长预计进一步放缓，WTO 2018 年 9 月预测 2018 年和 2019 年全球货物贸易增长率分别为 3.9% 和 3.7%，低于此前预期。国际投资持续低迷，联合国贸发组织数据显示，2018 年全球 FDI 下滑 19%。受经济放缓及贸易战拖累，预期 2019 年全球投资将继续疲弱。国际大宗商品价格在 2018 年经历了先升后降，预期 2019 年石油、金属和农产品价格将有所企稳。

未来一段时间，全球经济有望保持增长态势，但增速将有所放缓，下行风险和挑战越发突出。一是贸易摩擦或进一步加剧，拖累全球经济增长。尽管中美贸易谈判正有序开展，美国计划 2018 年与欧日进行贸易谈判，但不排除贸易冲突升级、美国继续加征关税的可能。若保护主义和贸易战不能得到有效遏制，必然损害企业和投资者信心，阻碍全球贸易增长，破坏全球供应链，最终拖累全球经济增长步伐。二是美国经济强势增长周期步入尾声。随着减税红利消退、货币政策收紧，美国经济强势增长的可持续性面临较大挑战，经济衰退可能性上升。投资者信心高度敏感，若美国经济出现颓势，将通过股市和债市迅速传递，冲击全球金融市场。三是全球流动性将进一步收紧。随着美元利率和汇率同时提高，英欧日加息可能性提升，"双赤字"新兴经济体资本外流和货币贬值风险加剧或出现金融动荡和国际收支危机。四是地缘政治风险因素犹存。美国从叙利亚仓促撤军将

再次搅乱中东格局,俄罗斯和乌克兰冲突持续。法国、意大利、西班牙等多国民粹主义抬头或将冲击欧盟经济一体化进程和欧盟经济。全球经济增长不确定、不稳定因素持续累积。

(胡嫣洁)

| 第二部分 |

亚非经济

日本"高质量基础设施建设"计划情况分析*

近年来,日本高调宣扬"高质量基础设施建设",并推出了一系列具体政策措施和标杆项目,在全球层面全面启动"高质量基础设施伙伴关系"计划。与此同时,日本利用APEC、G20、G7等国际平台宣扬、推广、确认其"高质量基础设施"理念,在国际社会引发了较为广泛的影响,对我国"一带一路"相关领域合作带来一定挑战。

一、日本积极推动"高质量基础设施建设"

(一)"高质量基础设施伙伴关系"计划的提出与升级

2015年5月,日本政府公布总额1100亿美元的"亚洲基础设施投资计划",提出建设"高质量基础设施伙伴关系"(以下简称"伙伴关系"),旨在加强日本基础设施领域对外合作。其主要内容包括:一是充分利用日本现有国际合作机制,将针对亚洲基础设施建设的官方发展援助(ODA)增加25%,创新合作方式,加速贷款程序。二是加强与亚洲开发银行(ADB)合作,支持亚洲开发银行(简称亚行)将贷款能力提高50%,筹划在日本国际协力机构(JICA)和亚洲开发银行之间建立新合作机制。三是发挥日本国际协力银行(JBIC)作用,加倍提供高风险项目融资;充分发挥新成立的"海外交通与城市开发事业支援机构"(JOIN)的作用。四是推动"高质量基础设施投资"成为国际标准,提升"高质量基础设施投资"在G20和联合国等国际机制中的重要性。

2016年5月,日本颁布构建"扩展的'高质量基础设施伙伴关系'",即伙伴关系的升级版,宣布将于未来五年提供2000亿美元用于全球基础设施建设,规模为原定目标近两倍,强调政府、国际组织与私营机构多方参与。具体包括:一是

---

* 本文写于2018年4月4日。

扩大基础设施投资范围。由亚洲扩展至全球，项目领域进一步扩展至资源及能源等领域。二是动员更多私营部门资金投入基础设施建设。JICA融资业务增加欧元计价手段，向当地企业出资比例上限也将由25%提高到50%。放宽JOIN以及"海外通信、放送、邮政事业支援机构"（JICT）的筹资限制。三是扩展日本出口和投资保险组织（NEXI）功能。将海外投资保险和出口信用保险覆盖率上限由95%提高到100%。

（二）日本政府向全球推广"高质量基础设施建设"

日本继2014年在北京APEC会议上提出"建设、维护并更新高质量基础设施"后，在主要国际合作机制和重要国际会议上全方位推广"高质量基础设施合作"概念。2014年，在日本提议下，《G20首脑布里斯班峰会公报》提出"全球基础设施建设构想"。2015年5月，安倍在第21次国际交流会议上宣传"高质量基础设施伙伴关系"。2016年6月，日本主持召开G7伊势志摩首脑会议，推动签署《G7伊势志摩首脑会议推进高质量基础设施投资基本原则》。2016年9月，日本推动G20杭州峰会公报强调"高质量基础设施"投资的重要性。2016年11月，APEC秘鲁峰会领导人宣言再次提及有关内容。

其中，G7伊势志摩首脑会议确定了"高质量基础设施建设"的基本内涵：一是确保项目生命周期成本的安全性、可靠性、弹性和经济效益。二是须考虑受援国的社会影响和环境状况。三是确保当地工作机会创造以及促进专业技术与知识转移。四是须与受援国的经济发展战略保持一致。五是按照经济合作与发展组织规定制定适当的贷款条件，充分考虑东道国的偿付能力。同时，日本扩大"高质量基础设施"涵盖领域，除铁路、公路、桥梁、机场与港口等传统基础设施建设之外，又将能源、交通、灾害管理领域人才培养和法制建设等纳入其中。

二、日本"高质量基础设施建设"具体进展

亚洲是日本"高质量基础设施"政策重点区域，主要成果集中于三个层面：一是都市区域合作，主要包括越南河内和乐高科技园区构想、印度安得拉州新州都开发、缅甸仰光都市圈开发等。二是交通基础设施及沿线开发，如印度德里—孟买产业大动脉构想（DMIC）、印度孟买—艾哈迈达巴德高铁项目、菲律宾马尼拉地铁公共交通运输能力建设工程等。三是地区范围的经济产业战略走廊项目，如缅甸德林达依区土瓦经济特区，印度金奈—班加罗尔产业走廊构想（CBIC），孟加拉湾产业带建设等。同时，亚洲也是日本与中国激烈竞争的主要地区。如2015年年底，日本战胜中国夺得印度首个高速铁路项目——连接印度金融中心孟买和西部城市艾哈迈德巴德的孟艾高铁项目，全长约500公里，耗资约9800亿卢

比（约合 946 亿元人民币），由日本提供低息贷款，并使用日本高铁技术和标准。

此外，日本在全球范围极力推行其伙伴关系。第一，新兴经济体方面。一是积极参与中南美地区基础设施投资。2016 年 4 月，日本政府宣布与美洲开发银行（IDB）携手投入 30 亿美元，设立 500 万美元专项基金，以支持中南美地区基础设施建设，并将 JICA 贷款期限延长至 2020 年度，贷款对象加入巴西、墨西哥等国。二是增强非洲基础设施投资力度。2016 年 8 月，安倍在第六届非洲开发会议上宣布三年内对非增资 300 亿美元，通过公共和私人企业的渠道，与非洲发展银行合作，向基础设施建设投资 100 亿美元，向制造业、医疗保健和培训等领域投资 200 亿美元。第二，发达经济体方面，日本谋求扩大对美基础设施投资。2017 年 2 月，安倍表示希望与美国就基础设施建设展开合作，包括加强在美国之外全球范围内合作。JICA 成为得克萨斯和加州高铁项目合作伙伴，为其提供长期融资。日本还积极参与俄罗斯西伯利亚和远东地区基础设施建设。2016 年 4 月，安倍提出 8 项对俄罗斯的经济合作，两国决定合作推进俄罗斯公共交通网和垃圾处理设施建设，在俄罗斯西南部城市沃罗涅日实施示范工程并予以推广。

三、几点分析

（一）日本"高质量基础设施"理念及政策影响不容忽视

日本"高质量基础设施"理念及合作计划，在国际社会产生广泛影响，得到相当程度肯定。ADB、IDB 等多边机构与其合作设立融资机制，开展项目合作。"高质量基础设施建设"进入 G7、G20、APEC 等机制合作范畴，并在实施层面稳步推进。2018 年 2 月 23 日举行的 G20 投资工作组会上，日本代表提出的相关政策建议得到英国、法国、墨西哥、新加坡等国的积极响应。究其原因，主要有三个方面：一是"高质量基础设施"理念是经济社会发展的客观要求，关注项目投资及实施的透明度、注意劳工及环保标准已成为普遍认可的原则。二是第二次世界大战后日本经济高度发达，日本制造在全球拥有广泛声誉，为推动相关合作提供了良好基础。三是日本伙伴关系优先区域与"一带一路"方向与内容高度重合，对华战略竞争意图明显，但客观上为相关地区和国家提供了更多合作选择，带来更多先进技术、管理、资金资源，因而受到国际社会普遍欢迎。

（二）日本借此提振经济增长同时服务全球战略

日本经济历经长期低迷和通货紧缩，消费需求不振，企业投资意愿低迷，政府希望增加基础设施出口，提振相关需求，刺激经济复苏。伙伴关系计划作为安倍政府国际合作新举措，同时也服务于日本全球战略：一是配合美国对华遏制战略。日本坚定支持美主导的国际秩序，担忧我国对"一带一路"沿线地区投放政治和经济影响力，改变既有国际规则和秩序。"伙伴关系"与"一带一路"形成战略竞争，鼓吹"高质量基础设施"客观上可能离间相关国家与中国的合作。二是增强对外影响力。日本高调鼓吹其在质量和环保等方面"优势"，宣传日本基建成功经验，推广先进技术和管理经验，意在提升日本在相关国家地区"亲和力"，增强其对地区事务影响力和主导权。三是为"入常"筑牢民意基础。日本一直希望能在联合国安理会改革中增选成为常任理事国，为此，亟须营造良好国际关系，为"入常"累积民意。日本甚至考虑条件成熟时参与"一带一路"，以赢得中国认可。

（三）日本对外基建合作具备优势也存在短板

一方面，日本对外基建合作优势明显。日本对外经济合作起步较早，第二次世界大战后不久即在东南亚建立制造业中心，与基建需求国的经济融合度较高。亚洲开发银行由日本主导成立，基建投资经验丰富，是日本开展相关国际合作的重要抓手。日本基建项目技术先进、安全性高，新干线等一系列招牌项目为其赢得良好口碑。另一方面，日本对外基建合作也存在短板。从援助条件上看，强调受益国构建"基于普世价值的秩序"，过度强调环保标准、附加贷款条款过多容易引发受益国反感，影响合作意愿和具体实施。从资金规模上看，日本与中国政府相关资金投入相形见绌，2017年我国对"一带一路"沿线国家非金融类直接投资达143.6亿美元，而日本2018财年ODA预算仅约52.23亿美元。从国际环境看，2017年，我国与"一带一路"沿线国际贸易额明显增长，投资状况持续好转，东南亚地区也仍然是中国最大贸易伙伴和投资重点区域，合作伙伴地位有所上升，日本与我国在全球范围竞争面临的国际经济格局远非理想。

（四）积极应对日基础设施计划带来的挑战

第一，加大宣传力度。日本"高质量"基建之所以产生广泛影响，离不开政府主导的广泛宣介工作。针对当前国际上仍不乏对"一带一路"质疑声音，我国应加大信息公开和宣传力度，将宣传工作作为海外基建项目组成部分，贯穿项目运行始终，为"一带一路"营造良好国际舆论环境。第二，积极补充短板。日本借"高质量"对华采取差异化竞争，取得一定竞争优势。为此，中国在对外开展基建项目中，应进一步提高项目工程质量，提高项目效益。应对受益国履行相应社会责任，重视当地生态环境保护。加强对教育、医疗、卫生等民生类基建投入力度，注重发挥NGO和公益机构作用，通过"二轨外交"和民间外交增进与受益国人文交流。在项目选择上，我国应聚焦可投资项目，不给日美等对我国指责以口实。第三，多元化参与主体。一方面，我国应推动国家开发银行、丝绸之路基金、亚洲基础设施投资银行（简称亚投行）等政策性机构和多边开发机构在基建融资方面的作用，学习借鉴世界银行、亚洲开发银行等国际机构在项目开发领域的先进经验。另一方面，更多发挥民间企业作用，妥善利用PPP等模式，鼓励私营部门积极参与对外基建投资项目。

附表：

日本近期"高质量基础设施建设"部分标杆项目

国家	项目名称	项目说明
菲律宾	马尼拉地铁公共交通系统运力提高工程	提出"高质量基础设施伙伴关系"后第一笔投资，资金规模2400亿日元（2015年）；日本通过ODA贷款实现LRT1号线两阶段扩容，为ODA一次性贷款中最大规模
菲律宾	薄荷岛机场建设和可持续环境保护项目工程	采用日本特色"生态机场"概念技术，项目涉及东盟海洋经济走廊
柬埔寨	奈良大桥项目工程	为柬埔寨在湄公河上修建的第二座大桥，日本在柬埔寨援建的第三座大桥。JICA为合作伙伴，帮助避免、减少项目施工造成的当地居民迁移
泰国	曼谷"紫色捷运"公共交通工程	日本列车车厢首次被引入曼谷城市铁路项目，日本铁路公司首次海外火车维修订单。项目资金约1700亿日元（2016年）
越南	河内内拜国际机场第二航站楼建设工程	日本外务省、国土交通省、JICA、新关西国际机场工程有限公司和成田国际机场公司提供技术合作以支持机场的运行和维护
印度	孟买—艾哈迈达巴德铁路系统	孟买—艾哈迈达巴德高铁是印度首列高速列车，该项目被视为印度铁路系统在印度独立后取得的最大变革。日本国际合作机构（JICA）为其提供资助
印度	班加罗尔核心区域交通信息和管理系统项目	2018年1月24日，JICA与印度政府签署赠款协议，为项目提供12.76亿日元资助
印度	班加罗尔地区给水排水项目	2018年1月24日，JICA与印度政府签署协议，为班加罗尔地区给水排水项目（第三阶段）提供450亿日元ODA优惠贷款；排水项目贷款利率1.3%，安全水部分1.5%和咨询服务0.01%，还款期为30年

参考资料：

"Quality Infrastructure Investment" Casebook（日本外务省）等。

（于晓　刘猛　胡嫣洁　陈立宏）

安倍经济政策和成效简析[*]

安倍政府发布报告,全面回顾2012年年底安倍执政以来日本经济政策及经济运行情况。报告称安倍经济政策适当,有效促进了日本经济增长。有关情况及分析如下,供参考。

一、日本经济持续多年向好

2012年12月,安倍再次就任首相,2013年启动"日本复兴战略",陆续推出"三支箭"、"新三支箭"和"新经济政策"措施。此后,日本GDP保持连年增长,名义GDP由2012财年的494万亿日元增至2016财年的539万亿日元,预计2017财年、2018财年将分别增至550万亿日元和564万亿日元,逐渐接近此前设定的600万亿日元目标。到2017财年第三季度,日本经济已实现连续8个季度增长,企业经营、就业形势、财政状况等均有积极表现。

从企业运营看,企业利润和私人非居民投资均保持逐年增长。2011—2016财年,日本企业利润由45.3万亿日元增长至75万亿日元,私人非居民投资由70.4万亿日元增至83.6万亿日元。其中,2013财年增长最快,2016财年增速放缓。从就业形势看,就业人数不断增加。2012—2017年,就业总人数由6280万人升至6600万人,女性就业人数由2640万人升至2900万人,女性就业人数占总就业人数比重由42%提高至43.9%。2011—2017年,正式就业岗位的有效求人倍率由0.44倍上升至1.07倍,失业率由4.5%下降至2.4%。从税收情况看,税收收入不断增加,2011—2017财年由40.9万亿日元增至57.7万亿日元,预计2018财年将进一步增至59.1万亿日元。从政府债务情况看,财政整固取得成效,债务依存度逐渐下降。2011—2016财年期间,政府债券发行量由44.3万亿日元下降至34.4万亿日元,预计2017财年同比持平,2018财年将继续降至33.7万亿日元。政府债务依存度也由2011财年的47.9%下降至2017财年35.3%,预计2018财年

---

[*] 本文写于2018年5月15日。

将降至34.5%。

二、各项经济改革取得成效

安倍政府称日本面临的头号问题是"社会快速老龄化和人口规模缩减",正在探索通过"供给体系创新"和"人才培养改革",激发经济活力,为"老龄化社会"探索解决之道。

(一)开展供给体系创新和人才培养改革

1. 开展供给体系创新

鼓励资本投入,提高工资,刺激消费,提升劳动生产率。包括改革就业机制,制订"非正式"就业人员同工同酬法规,鼓励远程工作、兼职工作、多元化就业和弹性工作制。利用物联网、大数据、人工智能和机器人等技术打造"社会5.0"①。放松监管,开放政府数据,改善创业生态环境,鼓励产学研合作机制等,推动生产生活各领域创新。

2. 改革人才培养体系

一是人力资源开发,为低收入家庭子女免除高等教育费用,加快提供免费学前教育,加强支持继续教育和再就业等。二是加强就业社会支持,消除待机儿童问题②,确保保育人员足额在岗,保障女性劳动权益,鼓励妇女产假期再教育,提供女性领导力培训,推迟退休年限,支持企业雇佣老龄就业者,鼓励外国人来日本就业等。2012—2017年,女性就业增加了200万人,私营部门管理岗女性比例接近10%,65岁以上就业率提高了3.5%,外国人在日本就业人数由68万人增至128万人。

(二)改革政府管理体制

1. 医疗卫生改革

推行灵活监管框架,修改《日本药事法》,优化授权审批系统,便利海外药物准入,加速相关新药、医疗设备、再生药物审批程序,将国家战略特区打造成为心脏、眼科等治疗中心,使日本成为全球再生医学发展中心。

2. 农林水产业改革

推动去监管化,改革农业协作体系,鼓励企业化经营方式,降低农业成本,

---

① 社会5.0:2016年1月日本内阁会议在决定的5年科学技术政策基本指针"第5期科技技术基本规划"中首次使用该词汇,意在最大限度应用信息通讯(ICT)技术,通过网络空间与物理空间(现实空间)的融合,共享给人人带来富裕的"超智慧社会"。其特征为:立足整个经济社会,不仅提升产业生产性,还要提升生活便捷性,解决少子高龄化、环境和能源等社会课题。

② 因保育设施不足等待进入保育机构的儿童。

提高全球竞争力，通过日本食品海外推广中心推动出口。农产品出口连续5年破纪录，由2012年的4500亿日元增长至2017年约8070亿日元，吸引更多年轻从业人员，2016年49岁以下约2.2万人投向农业。

3. 能源改革

推动能源体系全面改革，开拓新进口渠道，提高国际竞争力，着力促进电力和天然气市场竞争，打造生态友好型和持续发展的能源产业。2016年、2017年先后实现电力零售市场、天然气零售市场完全自由竞争，453家电力企业、1422家天然气企业新加入市场。

4. 设立国家战略特区

2013年起，选定"环首都经济圈"、"关西经济圈"、冲绳县、新潟市等10地为国家战略特区，在特区试行结构性改革措施，将其经验向全国推广，至今已实施改革措施260余项，如4月在京都、新潟等地接受专业技术人员从事农业生产。

（三）把握全球机遇

融入全球经济是日本经济稳定增长的关键，安倍政府积极维护国际贸易体系，参与全球基础设施建设，寻求与伙伴国家"互利共赢"。

1. 支持自由贸易

加快双边自贸谈判，截至2018年3月已签订或生效FTA按贸易额计算占比40.0%，基本达成FTA占11.9%，拟于2018年将FTA覆盖率提升至70%；积极推进RCEP、中日韩FTA等多边协商，2017年12月签署欧日经济伙伴关系协定，2018年3月签署了TPP11。

2. 扩大高质量基础设施出口

宣布提供2000亿美元全球基础设施融资，鼓励私人资本参与投融资，强化国际协力机构（JICA）、国际协力银行（JBIC）等参与。日本基础设施订单由2010年的10万亿日元增至2015年的20万亿日元，预计2020年可实现30万亿日元。

3. 推动旅游业发展

加强目的地营销与管理，推动国家公园品牌化，发挥文化类资产作用，提升Wi-Fi、ATM等硬件服务，打造在全球具有吸引力旅游线路。2012—2017年，日本入境游客由800万人快速增至2900万人，预计2020年可达4000万人；旅游收入由1.1万亿日元升至4.4万亿日元，预计2020年可达8万亿日元。

4. 提升中小企业竞争力

支持中小企业国际扩张，鼓励金融机构加大支持，加快建设数据平台支持企业提升生产率，促进产品和服务创新，推动对接国际标准，促进中小企业现代化。2010—2016年，日本中小企业盈利由10.3万亿日元增长至18.3万亿日元。

(四) 优化营商环境

1. 加强企业治理,提高透明度,增强投资者信心

制定"公司治理准则"(CGC),推动上市公司决策透明、公正、及时和果断。制定管理守则,推动机构投资者与被投资公司建设性参与和高效对话。调整披露准则,强化信息快速完整披露。目前CGC已应用于逾2000家企业。

2. 改革企业税,强化增长导向

2013—2016财年,企业税率由37%降至29.97%,2018财年将进一步降至29.74%,6年间降幅超过7%。其中,主动提高工资和增加投资的企业有效税收负担率将降至最低25%,积极投资前沿IT产业的公司将享受进一步减税,企业有效税收负担率降至20%。与税改前相比,企业税率虽然调低,但企业税收入年增长接近7万亿日元。

三、几点看法

(一) 安倍此时"炫耀"经济政绩意在摆脱丑闻窘境

近期,受"加计学园""森友学园"等丑闻事件影响,安倍声望遭受严重打击,内阁支持率跌破30%大关,安倍甚至面临下台风险。此时安倍全面回顾经济政策成效,意在挽回政治影响,拯救日益下滑的民意,为其在2021年秋季结束任期之前完成修宪和消费税增税等重大目标夯实基础。事实上,日本经济离"安倍经济学"政策目标尚有不少差距,如目标是GDP名义和实际增长3%、2%,2013—2017财年名义GDP和实际GDP年均增长分别仅为2.3%、1.3%;目标是总和生育率提高到1.8,但几年来始终没有明显改善,2016年仅为1.44。

(二) 经济结构性问题将中长期困扰日本

尽管日本经济持续回暖,但中长期前景仍有诸多隐患。日本经济"失去的20年"主要源于全要素生产率增速下滑,以及人口老龄化导致经济活力不足。从20世纪90年代起,基于微观生产效率和要素配置效率的下降,日本全要素生产率增速放缓,表现为创新能力减弱,企业进步缓慢,国际竞争力相对下降,经济发展模式固化,企业管理结构僵化,要素分配难以从低效率领域转向高效率产业和企业,经济增长陷入停滞不足为奇。与此同时,少子老龄化加重,生育率多年持续走低,使得日本社会活力下降,消费意愿不足,社保负担加重,已被安倍定义为日本"国难"。

(三) 适时加强中日经贸多双边合作

中日经济仍具较强互补性和依赖性。作为全球第二和第三大经济体，中日仍应继续加强双边经贸合作，并就区域和全球宏观政策加强协调。一是推动亚洲经济一体化。唯有中日加强对话并形成共识，才有望真正推动中日韩、RCEP等相关合作，才能推进亚洲经济一体化进程。二是加强在全球层面宏观政策协调。中日在维护全球化、反对贸易保护主义等问题上立场趋同，双方应加强相关政策沟通与协调，共同维护好经济全球化这一大局。三是推动日本参与我国相关国际合作倡议，包括在"一带一路"项下开展务实合作等，同时警惕日本借其"高质量基础设施"对我国"一带一路"建设造成干扰。

（陈立宏　刘猛）

《韩国 2019 年预算案》简析*

2018 年 12 月 8 日，韩国国会通过总额高达 469.6 万亿韩元（按现价，约合人民币 2.87 万亿元）的《2019 年财政预算案》，旨在刺激经济增长、促进就业、提高公民福祉。该预算案规模创近十年来最大增幅，展现韩国政府针对经济下行压力通过财政手段刺激经济增长的决心，引各方关注。现对预算案主要内容分析如下，供参考。

一、出台背景

当前，全球贸易摩擦加剧、保护主义抬头，对外依存度较高的韩国经济面临下行风险，韩国政府将韩国 2018 年经济增长预期下调至 2.6%～2.7%，较此前预期低 0.2～0.3 个百分点。受半导体价格下滑、石油制品增速放缓、美中贸易摩擦加剧等因素影响，预计 2019 年韩国出口增幅仅为 3.1%，约为 2018 年 1/2 左右。劳动力市场持续低迷，韩国 2018 年 1 月至 8 月月均失业率创 1999 年来新高，失业补助金额创 2010 年来新高。韩国最新民调显示，70.9% 受访者对 2019 年经济前景持悲观态度。因此，韩国政府决定通过扩大财政支出规模等手段刺激经济增长和稳定民生。

二、2019 年预算案主要内容

（一）整体情况

2019 年韩国预算支出总额 469.6 万亿韩元，同比增长 9.5%；收入总额 476.1 万亿韩元，同比增长 6.5%。其中，税收收入 299.3 万亿韩元，同比增长 11.6%。财政赤字占 GDP 比重 2.0%，同比增长 0.4%。此外，新增国债 1.3 万亿韩元，政

---

* 本文写于 2018 年 12 月 18 日。

府债务占 GDP 比重 39.4%，同比减少 0.1%（如表 1 所示）。

表 1　　　　　韩国追加预算前后各项财政指标变化　　　单位：万亿韩元

年份	2018 年预算		2019 年预算（B）	增加（B-A）
	追加预算前（A）	追加预算后		
总收入	447.2	447.7	476.1	28.9%
总支出	428.8	432.7	469.6	40.7%
综合财政平衡	-28.5	-31.4	-37.6	-9.0%
占 GDP 比重	-1.6	-1.7	-2.0	
政府债务	708.2	700.5	740.8	32.6%
占 GDP 比重	39.5	38.6	39.4	

（二）重点支出领域

1. 提高社会保障水平

该预算案社保支出高达 161.0 万亿韩元，同比提高 11.3%，将主要用于：一是增加低收入家庭基本社保福利和其他福利，如老年人基本养老金、单亲家庭和孤儿福利等。二是继续对小企业提供工资支持，提高对自由职业者和小商业者的失业保险支持。三是巩固就业保障网，扩大失业救济金支付金额、持续期限和覆盖范围，为小企业支付社保缴纳份额的 90%，为年轻求职者设立为期半年、每月 50 万韩元求职福利金。四是提高生育率，扩大产妇津贴和儿童保育覆盖范围，为新婚夫妇提供 1.5 万套住房。

2. 增加就业和稳定民生

投入 23.5 万亿韩元用于缓解劳动力市场低迷，同比增加 22.0%，主要措施有：一是促进私营部门就业，大力支持企业雇用青年员工，鼓励含自由职业者在内的中年退休人群就业。二是支持女性、老年人与残疾人就业。三是为公共部门创造更多就业岗位，增设 6 万个社会服务岗位、2.1 万个含警务人员与邮政人员在内的公务员职位。四是提供在职培训，并支持勤工俭学项目。此外，支出 8.7 万亿韩元用于社区娱乐基础设施建设。

3. 支持"创新增长动力战略"实施

为应对第四次工业革命，韩国积极推进"创新增长动力战略"，高度重视支柱产业和新兴产业培育与发展。一是增加研发预算至 20.5 万亿韩元。其中，1.7 万亿韩元用于未来科技基础研究，3.7 万亿韩元用于支持中小企业研发。二是支出 5.1 万亿韩元用于创新发展。其中，1.5 万亿韩元用于大数据分析、人工智能等数字平台搭建，3.6 万亿韩元用于 8 个试点项目开发。三是投入 2500 亿韩元用于旧工业园区改造以及初创企业发展。

4. 保障国家安全

国防支出 46.7 万亿韩元,同比增加 8.2%,主要用于以下方面:一是改善军队福利并增加后备力量训练经费。二是提高公民安全,为预防自杀提供精神保健服务,加强施工现场安全与道路安全。三是将朝韩合作基金增加至约 1.1 万亿韩元,以支持朝韩基础设施建设、文化交流和离散家属团聚等。

(三)经国会审议后增加的主要内容

韩政府于 2018 年 8 月底向国会提交了总额达 470.5 万亿韩元的《2019 年预算草案》,2018 年 12 月 8 日经国会审议通过预算案规模为 459.6 万亿韩元,较政府提交方案略微削减 0.9 万亿韩元,并增加以下重点施政内容。

第一,提升经济活力和增长潜力。一是加强智能产业园建设。推广智能工厂,增加示范点;提高出口市场多样化,支持进军东盟国家的新南方市场企业,为其提供 90 亿韩元信用、技术担保;加大对危机地区中小企业扶植力度,促进行业结构调整。二是加大未来投资,支持基础研究,提前建设 5G 测试房,推进 5G 商用化。三是加强国家基干交通网建设。投入 1.2 万亿韩元用于道路、铁路等国家基干交通网扩充,加强城市铁路老旧设施改建。四是投入 1481 亿韩元用于促进地区经济发展。完善产业园、自贸区等建设,210 亿韩元用于产学融合区建设。

第二,加强社会安全网,扩展韩国经济、社会包容性。一是针对低出生率、老年人、残疾人等特殊问题与群体提供福利保障。全面发放儿童津贴,扩大发放对象范围;加大对老年人医疗保险补贴支出力度。二是支持小微型企业发展。拨款 419 亿韩元用于建设小微企业综合援助中心。三是加强弱势群体保障。改善大学小时制讲师待遇;配备性暴力、儿童虐待受害者专职国选律师,为老年人与幼儿增设 3 处专项保护机构;加强儿童、青少年精神健康咨询支援。

第三,构建国民安心社会。一是改善军人生活质量。二是加大自然灾害防治投资,提升灾难与安全事故预防基础设施质量。三是倡导绿色出行方式,推广电动、氢能汽车。四是加强水利基础设施建设,以应水危机对频发。五是履行韩朝协议,维护半岛和平。为高龄离散家属团聚创造条件;继续履行军事协议后续措施;促进生态和平观光。

三、韩国未来五年(2018—2022 年)国家财政管理计划

(一)重点政策

一是未来五年财政政策将持续扩张,资源管理侧重创造就业,支持"创新增

长动力战略",提高生育率,确保国家和公民安全,支持低收入家庭。二是确保财政可持续性,提高财政支出效率,增加税收收入,支持包容性增长。三是扩大对环境、安全和人权等公民福祉投资,进行税制重组以增加地方政府税收收入。四是财政支出着力反映民众诉求。

(二)中期财政展望和管理目标

一是政府收入和支出中期展望。2018—2022年,政府总收入和总支出预计年均分别增长5.2%和7.3%(如表2所示)。

表2　政府收入和支出的中期展望　　　　　　　　　单位:万亿韩元

年份	2018		2019	2020	2021	2022	年增长率(%)
	追加预算前	追加预算后					
总收入	447.2	447.7	481.3	504.1	525.4	547.8	5.2
－税收	268.1	268.1	299.3	312.7	325.7	340.3	6.1
总支出(增长率%)	428.8 (7.1)	432.7 (8.0)	470.5 (9.7)	504.6 (7.3)	535.9 (6.2)	567.6 (5.9)	7.3

二是财政收支平衡与政府债务中期展望。2018—2022年,扣除社会保障金的综合财政赤字占GDP比重约3%,政府债务占GDP比重将略高于40%(如表3所示)。

表3　政府收支和政府债务的中期展望　　　　　　　单位:万亿韩元

年度	2018	2019	2020	2021	2022
综合财政收支减社会保障(占GDP比重,%)	－28.5 (－1.6)	－33.4 (－1.8)	－44.5 (－2.3)	－54.2 (－2.6)	－63.0 (－2.9)
政府债务(占GDP比重,%)	708.2 (39.5)	741.0 (39.4)	790.8 (40.2)	843.0 (40.9)	897.8 (41.6)

注:2018年的数据不含追加预算。

(三)财政管理结构优化重组

一是管理财政支出,支持经济包容性增长,2022年政府总支出预计达567.6万亿韩元。二是防范税务欺诈,取消不必要的税收抵免,提高税收收入。三是提升安全、人权与环保方面投资,确保公民福利。四是着力提高地方政府税收收入至30%(如表4所示)。

表4　　2018—2022年各领域预算分配计划　　单位：万亿韩元

年度	2018	2019	2020	2021	2022	平均增长（%）
总支出	428.8	470.5	504.6	535.9	567.6	
（增长,%）	(7.1)	(9.7)	(7.3)	(6.2)	(5.9)	(7.3)
健康、福利、就业	144.6	162.2	179.0	196.4	214.3	
（增长,%）	(11.7)	(12.1)	(10.4)	(9.7)	(9.1)	(10.3)
教育	64.2	70.9	76.0	80.1	84.0	
（增长,%）	(11.8)	(10.5)	(7.2)	(5.3)	(4.9)	(7.0)
文化，体育，旅游	6.5	7.1	7.4	7.8	8.0	
（增长,%）	(-6.3)	(10.1)	(4.7)	(4.3)	(3.0)	(5.5)
研发	19.7	20.4	21.4	22.6	24.0	
（增长,%）	(1.1)	(3.7)	(5.1)	(5.5)	(6.3)	(5.2)
工业，中小企业，能源	16.3	18.6	19.4	19.9	20.2	
（增长,%）	(1.8)	(14.3)	(3.9)	(2.8)	(1.3)	(5.5)
SOC社会间接成本	19.0	18.5	18.0	17.7	17.5	
（增长,%）	(-14.2)	(-2.3)	(-2.7)	(-1.8)	(-1.1)	(-2.0)
农业，林业，渔业，食品	19.7	19.9	19.8	19.7	19.6	
（增长,%）	(0.5)	(1.1)	(-0.5)	(-0.5)	(-0.5)	(-0.1)
环境	6.9	7.1	7.0	6.9	6.7	
（增长,%）	(-0.3)	(3.6)	(-2.0)	(-1.9)	(-1.8)	(-0.5)
国防	43.2	46.7	49.9	52.8	55.5	
（增长,%）	(7.0)	(8.2)	(6.8)	(5.9)	(5.0)	(6.5)
外交，家庭重聚	4.7	5.1	5.4	5.7	6.0	
（增长,%）	(3.5)	(7.5)	(6.8)	(5.7)	(5.1)	(6.3)
社会秩序，安全	19.1	20.0	20.9	21.7	22.6	
（增长,%）	(5.2)	(4.9)	(4.3)	(4.1)	(3.8)	(4.3)
公共行政，地方政府	69.0	77.9	84.1	89.2	94.0	
（增长,%）	(9.0)	(12.9)	(7.9)	(6.1)	(5.4)	(8.0)

四、几点分析

（一）旨在促进韩国经济增长和就业，但实际效果有待观察

韩国GDP总量长期排名亚洲前列，但近年来，随着国内投资不断萎缩和国际贸易保护主义抬头，经济下行压力不断加大。2018年韩国月均建设投资基本呈负增长；全球贸易摩擦不断，对韩国企业尤其是汽车行业冲击较大。因此，韩国在增加就业、提高社会福利方面挑战加大，该预算案重点放在创造就业和提高福利方面。福利、卫生和就业支出占预算总额34.3%。其中，用于创造就业支出同比增加22%，反映出政府在促进就业、刺激经济增长和巩固社保方面的努力。但由于"超级预算案"资金规模较大，增幅创10年来新高，遭到韩国在野党批评，认为将为财政预算平衡埋下诸多隐患，对财政可持续性造成压力。此外，批评人士指出，针对就业的预算恐难见成效。文在寅上台以来推出一系列促进就业政策，但受劳动人口缩减、产业重组、企业招聘放缓等因素影响，就业率上涨缓慢，最低工资也只是小幅提振，就业市场前景较为悲观。因此，预算案实际效果仍有待观察。

（二）韩国"创新增长动力战略"值得关注

为打造新的经济增长引擎，更好地应对第四次工业革命，韩国政府高度重视主力产业和新兴产业培育与发展。韩国政府积极推动一系列相关规划，"创新增长动力战略"为其中之一。该预算案中，研发预算逾20万亿韩元，增幅达4.4%；工业、中小企业与能源领域预算支出增幅达15.1%，加大对技术研究与企业研发的支持力度，反映出战略实施的连贯性与统一性。特别是提早布局5G及相关基础设施建设，推进5G商用化，旨在取得技术标准引领地位，抢占5G和物联网时代制高点。同时，力推人工智能、大数据等新技术项目，瞄准未来增长动力领域，对新兴产业予以大力支持，展现刺激创新增长型经济发展的决心。

（三）应密切关注韩国经济走势及中韩、韩朝关系变化可能带来的影响

一方面，应密切跟踪研究韩国经济外溢影响。目前韩国在亚洲乃至全球经济中系统重要性不断加大，其宏观经济表现和政策外溢影响逐渐显现。因此，应持续关注和预判韩国本轮预算案进展情况和效果，及可能给区域带来的影响。另一方面，应密切跟踪预判中韩、朝韩关系变化及其影响。近期中韩两国关系经历"萨德"坎坷后有所回暖。在全球贸易摩擦加剧背景下，中韩两国作为积极倡导全

球化的重要力量应携手合作，共同反对贸易和投资保护主义。同时，半岛局势缓和也将为地区和平与繁荣创造有利外部环境。中韩两国应把握契机，加强合作，在推进中日韩、东盟与中日韩等区域合作方面发挥更为积极作用。

（胡嫣洁　于晓）

土耳其近期金融市场波动原因简析[*]

2018年5月以来，土耳其外汇和金融市场出现大幅波动。土耳其里拉兑美元单月下跌近10%，年内累计下跌超过20%；国债收益率快速上行，10年期债券收益率一度升至14.58%，创历史新高；伊斯坦布尔股指跌破10万点大关，市值蒸发超过2000亿美元。土耳其成为继阿根廷之后，又一个在金融领域出现波动的新兴市场国家。此番波动背后，既有美联储加息导致资本外流和国际能源价格上涨等外部原因，又有土耳其经常账户长期失衡，宏观政策调控不力的自身问题。债务高企、能源依赖、经常账户失衡、政局不稳、通货膨胀上升等新兴市场经济体存在的共性问题，几乎都能在土耳其身上找到影子。

一、引发此次金融波动的直接原因

（一）美联储连续加息，货币环境快速收紧

美联储实施超宽松货币政策期间，大量外国资金涌入土耳其，主要流向土耳其股市和债市。自2015年12月美联储开启加息周期以来，全球金融环境收紧使得土耳其货币贬值和资本外流的压力加大。特别是2018年以来，美国经济持续向好，美元指数明显反弹，美国10年期国债收益率升至3%以上，市场预期美联储加息节奏可能快于预期，土耳其里拉在过去5年贬值70%的基础上，下行压力进一步加大。

（二）经常账户赤字扩大，外汇储备捉襟见肘

土耳其出口产业竞争力不足，又高度依赖石油和天然气进口，能源对外依存度超过90%，导致经常账户连年赤字。由于全球能源价格走高，土耳其2017年经常账户赤字占GDP比重升至5.5%，为G20国家最高。2018年一季度经常账户赤

---

[*] 本文写于2018年5月31日。

字超过 160 亿美元，几乎是 2017 年同期的两倍。

表 1　　　　　　　　土耳其经常项目余额占 GDP 的比重

年度	2010	2011	2012	2013	2014	2015	2016	2017
GDP 比重（％）	－5.8	－8.9	－5.5	－6.7	－4.7	－3.7	－3.8	－5.5

数据来源：IMF。

（三）央行独立性不足，救市迟缓不力

在 2016 年军事政变后，埃尔多安加快集权进程，原定于 2019 年 11 月的总统和议会选举被提前到 2018 年 6 月进行。由于强势政府存在，土耳其央行名义上独立，实际上一直受到政府压力。埃尔多安认为，经济发展优先于物价稳定，希望保持低利率以刺激经济增长，甚至自称为"利率的敌人"，导致土耳其央行一直未能提高利率以控制通货膨胀，土耳其通货膨胀水平一路上升至近 12%。在此次里拉贬值过程中，对土耳其央行缺少独立性和救市能力不足的负面预期也在一定程度上加剧了市场波动。

二、长期掣肘土耳其经济的结构性问题

（一）全面私有化政策埋下隐患

此次金融市场波动背后，是土耳其经济的结构性问题及增长模式的不可持续性，根源在于土耳其经济的全面私有化。数十年来，发达国家和主要国际机构不顾土耳其具体国情，力主其进行私有化改革，甚至将提高私有化率作为"援助"土耳其的条件。土耳其为向西方靠拢，融入国际经济体系，也乐于对西方的药方"照单全收"。以埃尔多安为首土耳其正发党上台后的 10 年间，土耳其私有化总收入达 535 亿美元，约为 1986—2003 年私有化收入的 6.5 倍。全面私有化使境外资本大量渗透本土行业，国有企业放弃了关乎土耳其国计民生的金融、能源等关键领域，土耳其经济对外依赖逐渐加剧，政府又没能及时建立相应的风险预警和应对机制，导致土耳其经济对外部环境变化高度敏感，主要发达经济体和国际金融市场稍有风吹草动，土耳其首先受到波及。

（二）过度依赖外资导致自主发展能力下降

土耳其经常账户连年赤字，国内储蓄率仅有 12% 左右，属发展中国家最低水平。这意味着土耳其需要大量引入外资以维持经济增长，这不仅导致了土耳其自

主发展能力受限，被牢牢钉在国际金融体系和全球价值链的中低端，也导致土耳其经济周期性波动增强，经济向好时，外资大量流入，经济增速能达到10%以上；经济疲软时，外资大量撤出，经济增速大幅降至3%左右。特别是金融危机以后，流入土耳其的外资中短期资本比例超过50%，"热钱"的投机性、短期性和快速进出进一步推高了土耳其经济泡沫，加剧了金融风险。

表2　　　　　　　　2000年以来土耳其经济增速

年度	2000~2009	2010	2011	2012	2013	2014	2015	2016	2017
GDP（%）	3.8	8.5	11.1	4.8	8.5	5.2	6.1	3.2	7

数据来源：IMF。

（三）外债高企且偿债能力不足

埃尔多安政府为提振经济增长，不断加大财政刺激力度，导致财政赤字上升，财政和贸易"双赤字"使债务规模特别是外债规模不断增加，外债占GDP比重从2011年的不到40%升至2017年的53.2%，其中美元债总额超过2000亿美元。由于土耳其里拉兑美元持续贬值，土耳其美元债务负担不断加重。但土耳其外汇储备仅有1350亿美元，约为短期债务和经常账户赤字总额的一半，还不时需要抛售外汇资产支撑里拉汇率。由于经常账户赤字扩大、外债负担加重以及政治风险上升等原因，主要评级机构近期多次下调土耳其主权信用评级，标准普尔一度将土耳其的主权信用评级降至垃圾级，导致土耳其政府债券吸引力大幅下降，融资成本持续上升。

三、土耳其前景展望和我们的思考

（一）金融市场波动仍将持续，土耳其经济前景难言乐观

此次土耳其金融市场波动的直接原因，是在美元走强和美国国债收益率上升的情况下，国际资本从土耳其大量出逃，导致股债汇市场同时出现大幅下跌。而土耳其贸易财政"双赤字"的困境和对土耳其央行缺少救市能力的预期加剧了市场的恐慌性"踩踏"。上述原因短期看并无改善迹象。美国经济基本面良好，自2018年4月以来美元和美国国债收益率同时走高的情况仍在持续，随着2018年6月美联储可能再次加息，土耳其资本外流的压力将持续加大。若埃尔多安在此次大选中获胜，市场预期"总统制"下的土耳其央行将受到行政当局更大压力，宏观政策风险进一步上升。

(二) "危机"或将继续蔓延,新兴经济体整体风险上升

土耳其是继阿根廷之后,2018年以来第二个出现金融市场波动的新兴经济体,但不会是最后一个。近期,包括印度、俄罗斯、巴西等金砖国家和印尼、马来西亚等主要新兴经济体货币整体承压,随着美联储继续收紧货币政策,还会有更多在高外债、高赤字、高泡沫中"裸泳"的新兴经济体暴露在风险之中。在全球货币环境宽松时期,新兴经济体尚能较为轻松地维护金融市场稳定,甚至还能享受国外热钱流入带来的虚假繁荣,但在美联储持续加息缩表的背景下,考验的就是各国真实的经济实力与宏观调控水平。对于经济基础相对薄弱、外债负担普遍较高、外汇储备相对不足、宏观政策缺少空间的新兴经济体来说,危机可能才刚刚开始。

(三) 吸取土耳其"危机"教训,有序推动国内改革开放

我国作为全球第二大经济体,经济结构和综合实力远非土耳其可比,加之我国前期主动去杠杆,积极防范和化解金融风险,短期内中国金融稳定受到外部冲击的可能性较低。但土耳其包括之前的阿根廷仍有值得我国借鉴之处。第一,经济发展要以我国为主,自主掌握国民经济命脉,抵制私有化和去国有化等错误倾向,不断提升自主发展能力。第二,对外开放要把握好节奏和力度,特别是金融市场开放。中国在亚洲金融危机和全球金融危机期间受冲击相对较小的一个客观原因就是资本市场开放程度不高,资本项目不完全可兑换。在当前复杂多变的外部环境下,更要坚持适度开放、有序开放。第三,继续为实现"两个一百年"奋斗目标,营造良好外部环境。土耳其在自身国力有限的情况下仍自居地区大国,在对外政策上四处出击,先后与西方国家和周边国家交恶并插手中东事务,没有集中有限的资源用于经济建设,更没有为经济社会发展营造有利的外部环境。此次金融市场波动背后是否有美国等西方国家的影子,仍有待进一步观察。

(王虎 周福芳 李悦 郝婕妤)

东亚能源合作机遇与挑战简析[*]

东亚经济迅猛发展，能源消费快速增长，但各国能源需求、要素禀赋、技术水平和市场建设情况复杂多样，区域能源合作潜力巨大，同时也面临诸多挑战，亟待各国共同努力，建设并完善区域能源合作机制，中国应在此过程发挥积极建设性作用。有关情况简要分析如下。

一、东亚能源合作面临历史机遇

（一）区域能源合作潜力巨大

东亚是全球最具发展潜力和活力的地区之一，也是重要的能源生产和消费区。"10+3"国家经济总量近全球1/3，贸易占全球1/4，区域能源需求总量大、增长快。目前，东亚一次能源消费约占全球1/3，中国、日本、韩国三国的石油消费分列全球第二位、第四位、第八位，中国、日本煤炭年消费分别位居全球第一位和第四位。东盟各国人均用能虽低，但增长潜力可观，预计到2040年一次能源消费比2016年增长近一倍。

与此同时，域内能源分布与需求长期处于不均衡状态。总体上富煤贫油，能源富国如印尼、缅甸等开发程度低，基础设施落后。截至2014年年底，中国、日本、韩国能源净进口占使用比例分别为15%、94%和81.7%，文莱、印度尼西亚、马来西亚、缅甸、越南分别为-357.4%、-103.1%、-5.5%、-33%和-6.9%，显示区域各国能源结构互补性较强，能源合作空间巨大。

（二）区域政府间合作机制走向成熟

东亚政府间合作机制不断完善，为深化能源合作提供了政策基础。东亚已形成以东盟为中心、各国广泛参与的区域合作框架，打造了10+1、10+3、10+6、

---

[*] 本文写于2018年4月27日。

10+8等多个对话合作平台。其中，10+3合作机制历经20余年，已建立65个政府间的对话与合作机制，建立了清迈倡议多边化、宏观经济研究办公室、东亚论坛等区域性多边合作平台。目前，东盟共同体已经建成，中国—东盟自贸区实现升级，澜沧江—湄公河等次区域合作稳步推进。这些区域、次区域多层次、全方位对话合作机制为东亚能源合作营造了良好的政策协调环境。

（三）"一带一路"为东亚能源合作提供历史性机遇

能源合作是"一带一路"合作重要内容。中国与东盟各国在资源市场、油气开发与海上运输、水电发展与网络建设、新能源发展等领域都有很强的互补性，双方能源合作起步较早、基础较为坚实。中国在《推动丝绸之路经济带和21世纪海上丝绸之路能源合作愿景与行动》中明确提出加强能源基础设施互联互通为"一带一路"能源合作重点，而电力基建已成为服务一带一路建设最活跃领域之一。东盟能源开发利用相对滞后，人均用电大幅低于世界平均水平，区域能源合作进展缓慢。东盟电网项目发起于1997年，旨在实现东盟电力网络互联互通，但截至2016年东盟电网计划中16个项目仅完成8个。能源合作规模大、跨境特点突出，中国在油气开发、电网建设、新能源开发等领域有显著技术与资金优势，"一带一路"可望为东盟及东亚区域电网建设与互联互通提供新的历史机遇。

二、东亚能源合作面临诸多挑战

（一）区域政治互信有待增强

近些年，东亚主要国家政治信任赤字增加，各国围绕能源开展激烈竞争。能源问题与历史、安全、地缘政治等问题交织，相关区域合作进展缓慢。从历史角度看，朝核、俄日、南海等问题长期存在，冷战思维和意识形态对立仍有影响，区域国家行动缺乏共赢思维，能源领域频现零和博弈。从地缘政治角度看，能源大国以资源为地缘政治筹码，藉其谋取政治和经济利益。如中日围绕"泰纳线"、"大安线"铺设开展竞争，后果是中日俄三方政治互信受损。从资源环境角度看，部分国家受域外势力影响，资源民族主义兴起，对能源项目环境影响过度敏感，影响能源合作项目正常开展，如中缅密松水电站项目自2011年搁置以来至今未能重启。政治互信是区域合作的基础和前提，互信不足以导致东亚能源合作长期"群龙无首"进展缓慢。

（二）区域能源合作机制有待强化

东亚地区能源合作仍处于起步阶段。一是未形成规范且具有约束力的能源合作机制及合作组织，缺乏协调一致的能源战略。二是未形成体现需求能力的能源定价体系，在能源贸易中遭受不公待遇。从石油方面看，东亚消费逐年增长，但缺少服务本地区需求的定价体系，本地石油进口到岸价格明显高于欧美进口价格，即存在"亚洲溢价"[①] 问题。从天然气方面看，除日本、韩国以亨利中心价格进口部分美国液化天然气（LNG），东亚国家多以石油挂钩价格从澳大利亚等地进口，承受天然气"亚洲溢价"。三是未建成石油储备体系，一些国家如日本、韩国石油战略储备超过 IEA 安全标准，中国等国距标准线仍有较大差距。由于各国能源部门缺乏有效协调机制，遇到战争、自然灾害等突发情况，区域石油等能源市场容易出现动荡，威胁区域经济稳定发展。

（三）区域能源安全问题凸显

一是能源主要运输路线风险高。中国、日本、韩国等主要经济体能源对外依存度较高，但合作对象地缘政治风险突出。根据国际机构评测，从中东经霍尔木兹海峡、马六甲海峡一带风险指数最高，能源运输易受地缘政治、恐怖主义、海盗等因素影响，而东亚能源进口恰恰高度依赖该航线，中国油气进口约80%需经马六甲海峡。二是能源消费存在负面环境影响。东亚能源消费高度依赖化石燃料，2016年东亚化石燃料消费约占亚太的80%，亚太地区占全球二氧化碳排放约50%。据亚洲开发银行统计，2007—2016年亚太地区每年因气候变化引发灾害造成的经济损失高达487亿美元。三是域外大国干预影响能源安全。一方面，美国扼制东亚能源运输主要通道，并加强对中东、中亚、拉美等能源富集区渗透和控制，对东亚能源稳定供给构成威胁。另一方面，美国并不乐见东亚一体化发展。

（四）区域能源基础设施建设亟待提升

基础设施互联互通是东亚各国能源合作的重要内容。东亚多数国家仍为发展中国家，能源基建相对薄弱。截至2015年，东盟约1.07亿人口处于缺电状态，对电力投资需求巨大，预计2016—2030年东盟电力基础设施投资需求高达5400亿美元，占基建投资总需求的24%。东盟电网建设距离电力互联互通愿景相差甚远，且缺乏有能力的发电和电网设备制造商，中国、日本、韩国能源基建互联互通也仍处于设想阶段。加强域内各国基建合作，有利于充分发挥各自优势，推动区域实现"人人享有可持续能源"目标。

[①] 亚洲溢价：中东地区的一些石油输出国对出口到不同地区的相同原油采用不同的计价公式，从而造成亚洲地区的石油进口国要比欧美国家支付更高原油价格。

三、几点建议

（一）构建能源合作机制和平台

东亚各国应加强协调，加快能源多边合作建设，从区域层面集体应对能源挑战。一方面，应充分发挥APEC、东亚峰会等既有多边机制作用，同时深化次区域合作，加强多双边能源政策协调，推动能源合作与治理向机制化方向迈进。强化东亚地区油气期货市场建设，形成东亚油气价格体系。当前，俄罗斯已推进"向东看"战略；美国正加大对东亚油气出口。各国应形成合力，强化区域市场议价能力，减轻对单一能源市场依赖性，直至消除"亚洲溢价"。另一方面，各方应推动域内以企业合作为先导的各类非政府机制下能源合作，如鼓励域内企业构建油、煤、气等不同行业能源合作联盟，将民间自下而上的行动和政府自上而下的合作相结合，切实推动区域能源合作全方位取得进展。

（二）强化能源基础设施建设

能源是资金密集型行业，东亚能源领域互联互通离不开资金支持。为此，一是应鼓励主要经济体政府及政策性、商业性金融机构等加大能源基础设施投入，同时注重利用世界银行、亚洲开发银行、亚洲基础设施投资银行等多边开发机构开展全球合作。二是继续推动东亚债券市场开放与发展，促进债券市场互联互通，为区域能源基建提供资金支持。包括支持绿色债券及相关资产证券化产品，促进区域清洁能源开发利用。三是各国应鼓励通过PPP模式引导私营企业资金参与东亚能源基础设施建设。

（三）加强清洁能源利用合作

清洁能源已成为能源转型重要方向，东亚国家普遍重视发展清洁能源。东盟已提出至2025年将可再生能源占一次能源比重提至23%；中国也提出至2020年和2030年将非化石能源消费比重分别提至15%和20%。为共同应对气候变化挑战，各国应全面开展清洁能源利用合作。一是加强可再生能源利用合作。东南亚拥有丰富的水能、太阳能、风能、生物质能等可再生能源资源，能源结构调整需求巨大，但缺乏资金和必要技术。中国是全球最大可再生能源投资国和生产国，在光伏发电、风电、水电、核电等技术方面发展迅速。中国太阳能电池生产量占世界80%，水电、风电、太阳能光伏发电装机规模居世界第一，特高压输电技术世界领先，日韩也在资金、技术、管理等方面各有优势。强化区域各国清洁能源合作，可实现区域能源发展利益最大化。二是加强洁净煤利用合作。东亚总体上高度依赖煤炭，中国煤炭消费一次能源占比高达62%，东盟近1/3电力供应产自煤炭。加强洁净煤技术合作，可望显著提高能源利用效率，减轻煤炭使用带来的环境污染。

（陈立宏　刘猛）

中国对德国企业并购挑战简析*

德国是中国对欧洲投资的重要目的地。近年来，德国加快收紧外国投资政策，使中国对德国企业并购面临越来越多阻力。分析中国企业赴德国并购受阻情况及其原因，对今后促进中国企业对德国投资意义重大。

一、中国对德国企业并购面临若干阻力

随着中国对德国企业并购数额增加，德国加大了外商投资审查力度，同时推动欧盟加紧出台外资审查计划，再加上美国有关法规政策影响，中国对德国企业并购难度显著加大。

（一）德国加大外商投资审查力度

随着外国企业对德国投资数额快速增加，德国政府逐渐收紧外商投资审查政策。2017年外国公司收购德国企业870家，将近2016年两倍。德国经济部调查了其中50家，发现1/3买家为中国企业，中国企业在德国并购活跃，已引起德国政府高度关注。其中，德国机器人制造商库卡等一系列高科技企业被收购，成为德国政府加大对外商投资审查力度导火索。2017年7月，德国联邦议会通过《对外经济条例》（AWV）第九次修正案①，强化了对非欧盟投资者并购德国企业25%以上股权的安全审查力度，引入"企业告知"义务，扩大审查范围并延长审查期限，赋予德国经济部更大审查权限。近期，在中国国家电网收购德国50Hertz公司20%股权等案中，德国经济部甚至考虑进一步降低启动审查所需的股比上限，中

---

* 本文写于2018年7月26日。
① 德国1961年9月1日颁布了《对外经济法》（AWG）。2004年规定非欧企业收购德国某个实体超过25%股份时，若交易事关国家安全或公共秩序，德国政府有权使其终止。2013年9月再次修订AWG，《对外经济条例》为该法实施细则，2017年7月进一步修订了其中关于外国投资部分，新规明确要求非欧投资者对任何如能源、水资源、食品、医疗、金融服务、交通运输、信息技术等关键基础设施和安全相关技术进行25%以上股份收购时，有义务通知德国经济部。

国对德国企业并购或将面临越来越严的审查。

（二）德国推动欧盟限制外国投资

德国不仅自身收紧外资审查，还联手其他成员国在欧盟层面强化外资审查力度。2017 年 2 月，德国联合法国、意大利建议欧委会在欧盟层面构建欧洲版 CFIUS[①]，强化对外企战略性投资行为监管力度。2017 年 5 月，三国再呼吁欧委会建立外商投资审查制度；2017 年 9 月，欧委会向欧洲议会提交了建议构建欧盟"外资审查法律框架"草案，提出欧委会可基于安全和公共秩序审查"影响欧盟利益"[②]的特定投资。近期欧盟峰会呼吁加快外国直接投资立法进程，草案一旦经欧洲议会和成员国批准通过，外国对欧盟成员国投资或将承受双重审查，投资难度将更大。《欧盟观察》认为，尽管欧委会号称审查制度适用于所有外国国有企业投资，但很明显主要针对中国。

（三）美国外资审查制度影响中国企业赴德国并购

美国外资审查制度也是中资收购德国企业受挫重要原因。美国自 1975 年成立外国投资委员会（CFIUS）以来，审查案件数量逐渐上升，对华针对性逐渐加强。美国总统迄今否决 5 起并购案，4 起来自中国。其中，2016 年中国福建宏芯投资基金收购德国半导体设备供应商爱思强案中，尽管该案获德国经济部和涉案企业支持，但终因美国介入而致使收购计划夭折。美国还在加快推进外资安全审查法案立法修订进程，试图赋予 CFIUS 更大自由裁量权，持续加码对中国投资审查力度。

二、中国对德国企业并购受阻主要原因

（一）中资企业对德国并购增速过快

随着全球化深入发展，国际竞争加剧，科技越来越成为企业发展关键因素。但中国企业在国际分工中多处于产业链中下游，为适应新一轮科技革命和产业变革，期望通过直接并购外企实现"弯道超车"。由于德国在研发环境、技术、管理、品牌等方面优势明显，在美国逐渐收紧外资安全审查背景下，对德国投资成

---

① CFIUS 系美国一个联邦政府委员会，由 9 个政府机构的代表人员组成，美国财政部长担任委员会主席，对可能影响美国国家安全的外商投资交易进行审查。

② 影响"欧盟利益"的投资项目主要包括：欧盟资金重点支持的项目；被欧盟立法涵盖并与关键基础设施、关键技术或关键原材料有关的项目。

为重要替代选择。据安永咨询数据，2017年中国对德国企业并购额已增至136.84亿美元，约为2008年的170倍，制造业和研发领域占比渐增。中国企业对德国高端制造业等领域大类资产频频收购，战略意图凸显，易引发东道国民族主义情绪。

（二）德国对中国发展战略仍有不少质疑

德国社会对中国发展战略存在不少质疑，对华负面舆论成为中国企业对德国投资受阻重要原因。一是指责"中国制造2025"。德国社会对"中国制造2025"不乏质疑声音，指责中国通过收购德国防科技等相关企业实现自身战略目标，中国投资行为被泛政治化。德国贝塔斯曼基金会研究指出，2014—2017年，对德国股权收购超过10%的中国企业，近2/3集中于"中国制造2025"重点扶持的领域。德国墨卡托中国研究中心甚至称"中国制造2025"是高科技霸权的崛起。二是质疑"一带一路"。德国社会一定程度上对华仍持有意识形态偏见，担忧"一带一路"及中国对西方企业的投资为"特洛伊木马"①。德国官员指责"一带一路"是中国的地缘经济学②，意在向世界输出中国意识形态，破坏自由主义的世界秩序。受此影响，欧委会层面也正试图统一欧盟立场，应对中国对欧基建投资项目。

（三）中美结构性矛盾日渐加深

随着中国经济总量快速提升，中美经济实力差距不断缩小，美国对华战略逐渐转向遏制。当前，中国已成为全球贸易和制造业产值第一大国，中高端制造业快速发展，对美国竞争性逐渐增强。中国GDP已占美60%有余，再加上意识形态、国家利益、地缘政治等方面差异，中美结构性矛盾日渐加深。美国对华产生"赶超恐惧症"，急切希望通过遏制中国制造向高端产业发展，放缓中国经济转型升级步伐，维护自身在全球经济格局中霸权地位。为此，美国以"外资安全审查"为抓手，不惜以国内法实施"长臂管辖"，对中国企业战略性收购施加障碍，维护既有国际分工优势。

三、几点看法

（一）加快国内相关改革，并营造良好外部舆论环境

随着德国等发达国家逐渐收紧外商投资审查，中国企业通过并购获取关键技

---

① 希腊传说，比喻在敌方营垒里埋下伏兵里应外合的活动。
② 地缘经济，国际关系中经济发展和经济量的时空关系、分布状况及其运行机制和运行轨迹，地缘经济最明显的表现为区域经济集团化。

术难度将越来越大。为此，第一，应加快自身改革。企业应加大自主研发力度，提高研发投入占销售收入比重。慎用并购形式对外投资，着重投资"干中学效应"① 较大的领域。政府应韬光养晦，减少补贴等非市场行为，鼓励更多民企"走出去"。加大对中外资企业知识产权保护力度，切实放宽市场准入，不给彼对我国指责以口实。第二，营造良好外部舆论环境。中资并购一定程度上解决了德国企业困境，促进了德国出口，德国自身也在享受"一带一路"红利。如受美国的收购库卡影响，德国2017年对华机器人出口同比增长约60%；杜伊斯堡港2017年销售额达2.5亿欧元，创历史新高。因此，应着力宣传并购活动及"一带一路"经济效应，突出对德国、对欧洲经济合作意图，积极增信释疑，促进中德投资合作。

（二）抓住历史机遇，促进对德国投资

当前，中德经贸合作正面临难得的历史机遇。从国际关系上看，德美、欧美关系摩擦不断且日趋复杂，跨大西洋伙伴关系受到一定挑战。美欧TTIP谈判已停滞，美国对欧盟加征关税更使德国产生"幻灭感"，默克尔已表示"欧洲不能依靠跨大西洋伙伴关系，而要联合自强并与中国等其他国家密切合作"。英欧已启动"脱欧"谈判，法兰克福正致力于将自身打造成欧洲新金融中心。从社会层面看，最新民调显示，德国人对中国信赖度超越美国3倍；德国各界正致力于提升"中国技能"②。在此背景下，中国加强对德国投资和经贸合作符合双方共同利益。中国企业应认真研究德国外资审查政策，厘清德国敏感行业名录，规避投资纠纷。政府应完善海外利益保障体系，发挥好行业协会等NGO作用，为在德中资企业提供法律援助、信息咨询等服务。

（三）加大对德国投资深度，拓宽投资广度

德国虽加大了外商投资审查力度，但自引入投资审查机制以来，尚未禁止过并购活动。外商投资审查制度有悖于欧盟资本自由流动原则，欧盟层面短期内很难推出。总体上看，中德关系正处于历史最佳阶段，中国企业可继续挖掘对德国投资潜力。一是加大对德国投资深度。截至2016年年底，中国对德国投资存量不及德国吸引外资存量的1%，甚至远小于德国在华投资总量，仅占中国企业在欧洲地区投资存量的8.99%。我应继续加大对德国投资力度，并携手德国推动中欧

---

① 1962年阿罗（Arrow）在《干中学的经济含义》中提出了"干中学效应"，指在生产和物质资本积累过程中引起的劳动生产率提高和技术外溢。一项投资的"干中学效应"越大，越有利于经济增长。一国经济要快速发展，就应将资本重点投向"干中学效应"较大的行业和领域中。

② 2018年5月7日，德国墨卡托中国研究中心发布的报告《认识中国、掌握中文——扩建德国"中国技能"的起点》将对中文的掌握、对中国国情的了解和跨文化交流的技巧等定义为"中国技能"。

早日达成双边投资协定，促进中国对欧投资增长。二是拓宽对德国投资广度。除对传统制造业投资外，应加大对新兴产业领域投资力度。如北京控股集团有限公司收购德国垃圾焚烧发电厂等，未来可加强对节能环保、新材料、新能源、新能源设备制造等新兴领域投资，促进中国经济绿色可持续发展。

（刘猛）

政府购买公共服务的国际经验及启示[*]

作为创新公共服务供给方式、构建现代财政制度的重要内容，党的十八届三中全会以来，政府购买服务在我国得到快速发展，理论和实践中均取得了积极进展。

作为现代国家基本财政制度的重要内容之一，政府购买公共服务已在西方发达国家有了多年的实践。西方发达国家实践中的不少成熟的做法无疑可为我国构建政府购买服务的制度体系、提高公共服务供给的质量和效率提供有益借鉴。

一、英国公共服务供给管理体系

（一）与非营利组织展开广泛合作

英国具有发达的社会治理和监督社会组织的体系。非营利组织参与政府购买服务的领域非常广泛。如社会领域的犯罪预防、受害人援助，教育领域的儿童护理、心理辅导等，社区服务领域对弱势社区的帮扶、就业咨询等；医疗卫生方面则包括资助慈善收容所、为聋哑人提供助听器等。英国政府与非营利组织的合作方式有委托、授权、退出等多种方式。与其他发达国家不同的是，英国政府购买公共服务以"强制性竞争招标"为主要特征。中央政府要求地方政府和其他公共机构在指定购买的领域必须采用竞争招标制，允许社会团体和私人机构等参与提供公共服务。

政府在进行服务外包中遵循专款专用、物有所值的原则。同时，制定了促进社会组织参与服务外包的激励措施：一是把这些社会组织纳入公共服务规划。二是与第三部门建立和维护长期战略合作关系。三是采取措施切实提高第三部门提供公共服务的能力。四是建立一个公开透明、科学合理的确认成本的资助机制。五是确保政府与这些部门间达成的合同在各级政府能够不折不扣地贯彻执行。

---

[*] 本文写于 2018 年 3 月 13 日。

（二）大力支持社会企业提供公共服务

在英国，社会企业被单列出来进行管理，这种组织类型既区别于以盈利为目的的传统商业机构，也不同于纯粹的非营利部门。英国政府出台了一系列政策措施，帮助社会企业与政府合作。具体措施有：一是破除那些妨碍社会企业发展的体制机制障碍。二是敦促政府各相关部门通力合作。三是加强政策分析与研究，总结和推广成功案例，大力扶持发展可持续的社会企业。四是在全国范围内资助有代表性的社会组织，资助方式为对其提供为期三年、每年80万英镑的资金支持。五是英国各地方政府均制定了全方位的、明确的扶持社会企业的措施，包括政策和资金的支持、培训其提供公共服务的相关技能等。

支持社会企业发展的一系列政策实施以来，社会企业提供公共服务的能力和品质得到大幅提升，吸引了既熟悉商业运作又追求崇高价值的专业人士参与，其核心成员的收入已与市场经济中同类职员的收入相当。社会企业的真正吸引力在于非金钱的内在激励，包括充分信任、平等沟通、让员工参与组织决策与管理等。因此，社会企业的人员流失率相对较低，人力资源可以较好地开发和存续。

（三）高标准的质量控制体系

英国政府为公共服务部门制定了统一的全国服务基准，包括详尽介绍服务、遵守约见时间、定期咨询用户、设立投诉机构等。英国政府在构建公共服务质量监控体系的同时，也进一步完善了公共服务质量标准。为提高公共服务透明度，方便公众监督，公共服务机构须订立和公布服务指标，大多数公共服务机构都以产出数量作为服务指标。英国政府对公共服务供给的质量控制体系主要体现在合同管理中。英国政府监督公共服务质量标准的方式有三种：一是建立公共服务质量保险制度，服务承接主体必须先明确其提供服务的质量标准，预先留下规定的押金或购买保险，当其不能提供合格的服务或由于其他原因不能提供服务时，顾客可以从保险或押金中获得赔偿。二是公共服务的质量标准需经过购买主体和消费者的认可，并且双方有近似的价值判断标准，以避免主观上的分歧。三是消费者有权利对公共服务的承接主体进行监督，当其不能及时有效提供服务时，有相应的惩罚机制。

（四）较为完善的监督机制和绩效评价机制

对非营利组织的监督评价机制包括四个层次：一是普遍行为监管，即对组织可能涉及的各种受到一般监管的行为的监管。二是法律层面的监督与规制。例如一个非营利组织登记为有限公司，它的行为就必须符合《公司法》的相关规定。三是特定规制，即由于其非营利组织的性质而受到慈善委员会的相关规制。四是理事团对于非营利组织的规制。非营利组织理事团的定位是利益相关者或者公众的代表，他们肩负着监督非营利组织合理合法高效运作的责任，要对其受捐赠情况、财务支出情况、提供服务时的定价等进行监督。由此可见，英国多元化的监督评估机制是建立在社会体系之中，公开透明的运作、平等的社会地位、公众的监督意识等多元化的体系支撑，保证了英国非营利组织在提供公共服务方面的重要地位。

二、美国的公共服务供给体系

（一）组织架构

联邦采购政策办公室负责联邦采购条例的制定、发展和维持；协调政府级采购制度标准的发展；指明行政机构采购制度的发展方向。帮助协调联邦采购政策和法规活动。此外，联邦采购法规办公室下设三个法规委员会：联邦采购条例理事会、民用机构采购委员会和国防采购法规委员会。联邦采购条例理事会由总务署、航空航天局、联邦采购政策办公室的行政首长及国防部长组成；民用机构采购委员会由总务署署长担任主席，由13个民用机构的代表组成，主要负责民用采购法规；国防采购法规委员会由国防部长担任主席，由陆海空三军代表、国防后勤局、国家航空航天局组成，主要负责国防采购法规。若一个委员会提出修改《联邦采购条例》，修改意见要经另外两个委员会同意。修改意见发布前，需要经联邦采购政策办公室主任检查，并由联邦采购条例理事会的所有成员共同签署。三个采购法规委员会的存在使联邦政府的采购结构更为分散。

合同上诉委员会（BCA）解决合同官员与承接主体间的合同纠纷。一些大型机构设有自己的BCA。未设立BCA的机构在需要时使用其他机构的BCA，如美国国务院使用总务署的BCA。行政机关（秘书、司法部长、部门管理者、主席、其他行政部门负责人或他们授权的代表）负责制定补充性的采购条例和其他内部政策与程序，以满足机关的采购需求，执行《联邦采购条例》。

（二）承接主体

非营利组织和私营企业在社会服务领域的共存是美国社会公共服务提供的一大特色。政府的定位是一个精明的买方，为了实现最大收益，其必须营造一个公平的竞争环境。服务效率的提高和社会效益的提升必须以充分、公平的竞争为前提。

1. 非营利组织

非营利组织具有社会公益性，其慈善的性质吸引了大批富有奉献精神的人才，他们既富有志愿精神，同时又具有某些领域的专业知识和技能，自我激励使得他们能够全身心地投入服务提供中。正是由于非营利组织数量众多，或大或小，遍布社会生活的各个方面，才有效满足了不同社会阶层人的多元化需求，成为政府服务项目的主要承接主体。

可以说，在市场和政府不能充分发挥作用的领域，非营利组织成为主角，在美国现代社会，正在向着无所不包的方向发展，老人、儿童、病人、残疾人、失业者、贫困人群都成为其服务的对象，开展了大量的、具体的社区服务项目。正是非营利组织在这些细节工作上的出色发挥，使得美国社会矛盾得到了有效的缓解，保证了美国社会的长期稳定。

2. 私营企业

美国市场化程度很高，市场化的高度参与是美国社会服务提供的重要特征，也是其在提供公共服务时更加高效的保证。在养老方面，美国的私人养老企业与机构发挥着重要作用。虽然美国政府会为这些机构提供一定的资助，但是其运营都是完全自主的，不受政府主导。也就是说，这些养老企业和机构往往都是私人性质的。私营公司在政府无力承担责任的领域发挥着不可替代的作用，为社会资源的有效配置和充分利用提供了可能。

（三）主要合作方式

美国政府购买服务大致有以下四种类型：一是合同外包。通过与营利或非营利的组织订立合同，规定其在提供服务时的相关事项。如密歇根州颁布的《就业培训合作法》允许福利工作项目、补助金项目和职业项目相互竞争。二是补助制度。政府通过对服务提供者进行补贴、资助等，降低服务成本，进而降低民众购买服务的费用。如美国的医疗机构是政府长期支持的对象，医疗费用的降低保证了低收入者有机会接受医疗服务。三是抵用券制度。在抵用券规定的领域内，其功能是和现金一样的。这可以让服务接受者以抵用券兑换自己所需的服务；同时，由于可选择性，也加大了服务提供者之间的良性竞争。抵用券以食品券和教育券为代表。四是自助服务和自愿服务，主要由慈善团体提供。

三、澳大利亚的公共服务评价体系

对公共服务的绩效情况进行评价是政府购买公共服务体系的重要内容。澳大利亚在公共服务绩效评估方面积累了丰富的经验，建立了较为完整的公共服务绩效评价体系，制定了科学合理的绩效评价指标体系，为其政府购买公共服务制度和绩效预算制度的运行奠定了重要基础。

（一）法规和部门规章等制度体系

一是政府部门须遵循的《联邦政府服务宪章》。霍华德政府制定并颁布了《联邦政府服务宪章》，规定了政府部门提供的公共服务所应依据的系列标准。《宪章》是政府等公共部门为社会公众提供的公共服务的结果的指标性文件，是进行绩效评价的有力工具。二是政府公务员须遵循的《行为守则》。《行为守则》由澳大利亚公共服务委员会制定，由国家服务专员和绩效申诉专员联合签署后发布实施，是对联邦政府公务员进行购买公共服务相关工作进行绩效评价的主要依据。三是同业基准测试。公共部门在提供同类公共服务的同业部门中寻找一个提供公共服务绩效最佳的供给主体，研究该主体的成功经验，以此为基准调整自己的管理模式，调整绩效评价指标，寻求最佳的实施办法，以实现同等或更佳的服务绩效。四是购买公共服务的预算管理制度，如《财政管理改革法案》《预算执行措施报告》《部门预算评估报告》《审计长报告》等。通过这些管理制度，澳大利亚政府将绩效预算的方法贯彻到政府购买公共服务的实践中，以提升政府购买公共服务的绩效。

（二）公共服务绩效评价实践

从分领域看，澳大利亚政府为公共服务的不同领域制定了相应的指标体系。如两维度指标体系下，普通教育服务的绩效指标有学生学习效果、社会效益、公平性、单位成本等，具体指标则设计了标准化基本技能测试情况、学生毕业后的去向、对生活的态度是否积极、土著居民占学生总数的比例、单位学生的教育支出、学生教师比等；又如职业教育与培训，绩效指标有对企业的成效、培训机会的可得性、学员学习效果和单位成本，具体指标则设计了培训投入、雇主满意度、培训计划执行情况、满足企业要求的程度、登记注册人数、机会公平、学生满意度、培训模块完成率、单位学生培训成本等。

四、借鉴与启示

国外政府购买公共服务的诸多实践经验给中国发展政府购买公共服务的基本框架提供了有益的启示：

第一，政府部门在购买公共服务过程中发挥其应有的建设性作用，不越位也不失位，既有所作为，又不能乱作为。通过公共服务的提供与生产环节相分离，政府部门的主要责任不再是负责具体公共服务的生产，但在公共服务的提供与监管，如制定公共服务的范围和内容、确定承接主体的资质条件、确立服务的质量标准、监督和评价承接主体行为方面具有不可推卸的责任。政府部门转移了部分职能，不是为了推卸责任，而是为了集中精力，把其应做的事做好。

第二，根据不同国情实行差异化和多元化的政府购买公共服务模式。在实践中，西方国家根据公共服务的不同特征，实施了合同外包、补贴和消费券等多种开展政府购买公共服务的模式，甚至有的国家采取多种模式相互结合的多元化运作方式来购买公共服务。

第三，完备的法律制度保障是政府购买公共服务的基础要件。英国、美国等西方发达国家在推进公共服务改革前往往是立法先行，在政府购买公共服务的各个环节均有相关法律法规，保障整个机制运作的合法合规。例如，除了一般合同和商业法律外，英国政府根据实际需要颁发了大量的专门法律法规，如《英国公共服务合约法规》《公共供应合同管理条例》等；在美国，与政府购买公共服务相关的法律法规多达4000余部，涉及政府购买公共服务的各个环节，如组织管理、购买程序、绩效评估等。

第四，专业的绩效评估体系，并引入第三方评估机制。有关国家就政府购买公共服务的绩效评估制定了翔实的操作指南。例如，英国财政部在成熟项目运营的基础上，根据"物有所值"的核心原则制定了《资金价值评估指南》《定量评价用户指南》等参考性指引，在项目前、项目进行中以及项目完成后均开展项目绩效评估，对项目质量以及项目资金运用作出客观评价。美国有专门提供绩效评估服务的非营利组织，为政府购买公共服务的绩效评估提供专业的服务。西方国家还经常通过第三方评估的方式来强化绩效评估的客观性和有效性。

第五，社会组织的作用日益凸显。社会组织是承接政府公共服务的主要力量。在特定领域，其作用和地位甚至超过了私营部门。西方发达经济体普遍把非营利组织作为政府购买服务最重要的合作伙伴。亚洲开发银行的研究报告也显示，欧洲非营利组织的收入有40%~70%来自政府财政资金，日本为45%，中国香港为70%~80%，美国非营利组织的收入也有31%来自政府部门。

第六，多层次的内外监督框架。由于存在信息不完全和信息不对称的问题，西方政府建立了政府部门自我监督、媒体监督、专家监督、民众监督等构成的全方位、多层次、多维度的监督体系，以约束政府购买公共服务过程中购买主体、承接主体等各参与方的行为。例如，英国建立了多层次的监管体系，为了确保公民的知情权，所有捐款者和公共服务的受益群体均有权到非营利组织查阅相关的财务报告等信息。公开透明的运作、公众的监督意识等多元监管模式，保证了英国公共服务供给监管体系的有效运作。

（周波）

如何看南非当前经济形势[*]

2017年下半年，南非经济逐步摆脱衰退，全年经济增长1.3%，重回非洲第一大经济体，2018年有望继续增长1.4%。在经济形势改善背后，南非仍未摆脱产业结构失衡、收入差距拉大、债务风险累积等结构性顽疾，对执政伊始的拉马福萨政府提出了更高要求。作为主要新兴市场经济体，又与我国同为G20和金砖国家，南非能否有序推进结构性改革，实现可持续发展，对我国有一定借鉴意义。

一、近期经济形势有所改善

（一）近期经济形势改善

2017年，南非经济走出年初连续两季度衰退，经济增长达1.3%。随着全球经济向好和国内政局逐步稳固，南非经济短期内有望继续稳步复苏。从投资领域看，2017年南非投资增速从2016年的-4.1%升至0.4%，未来投资规模有望进一步提高。家庭消费增长2.2%，比2016年提升3倍多，成为拉动南非经济增长的主要引擎。2017年南非出口额约2303亿美元，出现了0.1%的负增长，但随着大宗商品价格回升，2018年有望得到改善。自2018年以来，南非央行经济领先指标逐月上升，商业信心指数升至近三年来新高。世界银行预测2018年南非经济增速有望升至1.4%，2019年升至1.8%，2020年有望达到2%左右的潜在GDP增速。

（二）拉马福萨致力于提振增长，巩固财政

南非作为非洲第一大经济体，经济增速在非洲经济体中已处于落后水平，年均增速远低于为非洲每年4.3%[①]的整体增速。在金砖等主要新兴经济体中，南非

---

[*] 本文写于2018年5月31日。
[①] 以2015—2020年为期。

表现也相对落后。拉马福萨政府上任伊始，以提振经济和整顿财政为目标，先后推出了改善政府收支、推动国企改革、调节收入分配、支持制造业发展、加大研发投入、鼓励市场竞争等多项举措。特别是在财政政策上，25 年来首次上调增值税税率，上调部分消费税税率，对高档住房征收房产税，并逐步削减 850 亿兰特①财政支出，通过财政整顿改善国家信用。在货币政策方面，南非央行将政策基准利率从 6.75% 下调至 6.5%，通过放松银根刺激消费和投资，促进经济增长。

二、中长期面临诸多挑战

（一）经济结构失衡

南非矿产资源储量占非洲的 50%，经济严重依赖资源行业。近期国际大宗商品价格上涨为南非矿业复苏提供了良好的外部环境，2017 年南非矿产品出口额增长 43.5%。但制造业对南非经济增长的贡献却微乎其微，2017 年制造业增速甚至出现了 0.2% 的同比下降。金融危机以来，南非经济增速一度升至约 4%，但南非政府并没有抓住经济增长的窗口期推动结构性改革，也没能改善南非失业高企和贫富分化加剧的顽疾，仍然在走依靠矿产和初级产品加工出口的老路，制造业发展迟迟难有起色，社会发展和黑人赋权进展缓慢，失业率高企。

（二）债务风险持续累积

2008 年以来，南非政府债务占 GDP 比重快速上升，2017 年升至 53.1%，比 2008 年水平增加近 2 倍，世界银行预计至 2022 年该比重将超过 60%。私人部门债务同样增长迅速，信贷总规模已接近 3.5 万亿兰特，接近 GDP 的 80%。由于经济形势疲软，南非国企改革举步维艰，部分大型国企经营情况不佳，南非政府被迫为航空和电力行业的大型国企提供 4700 亿兰特担保。2017 年 4 月，由于连续两季度经济衰退和政局动荡，南非自 2000 年以来首次失去标准普尔的投资级评级，主权信用评级降为垃圾级，之后信用评级被三大评级机构多次下调，国际融资环境进一步恶化。

（三）贫富差距进一步拉大

南非人均 GDP 约 6000 美元，按世界银行标准，1973 年就已进入中等收入国家水平。但南非贫富差距远超全球平均水平，已连续多年被联合国认为是全球贫富差距最大的国家，2017 年基尼系数高达 0.63，1% 的最富裕人口占据 42% 的社

---

① 1 美元 ≈ 13.3 兰特。

会财富。社会领域，白人完全占据统治地位，"白规黑循"的情况已持续数十年，社会阶层长期固化，白人家庭的平均年收入比黑人家庭多5倍，教育水平也存在明显差距。目前，南非仍处在高度不平等和失业率特别是青年失业率畸高的恶性循环中，劳动力大量外流，但国内各省之间流动性不足。2017年南非失业率升至27.5%，目前仍未出现改善迹象。

三、几点看法

（一）拉马福萨改革效果有待观察

自2018年2月上任以来，拉马福萨政府先后推出了一系列经济社会改革措施，包括财税政策、国有企业和劳动力市场改革等。但由于南非根深蒂固的结构性问题和20多年来黑人政府饱受质疑的执政能力，拉马福萨此番改革尝试并不为外界所看好。对拉马福萨来说，由于仅以微弱优势当选，巩固国内政局是其首要任务，经济社会改革目前更多是立场宣示，从政策出台、落实到产生效应仍需要漫长过程。例如国有企业改革等历届政府都想啃的"硬骨头"，拉马福萨作为相对弱势的新总统，短期内更是难以取得实质性进展。从外部环境看，随着美联储逐步收紧货币政策，近期阿根廷、土耳其等新兴积极体先后出现货币危机，南非同样面临潜在风险，维护宏观经济稳定与增长的压力依然较大。

（二）南非减贫任务仍然艰巨

2017年，南非仍有超过1000万贫困人口。自曼德拉执政以来，历届南非政府虽为推动减贫作出过不同尝试，但普遍效果不佳。根本原因是南非劳动力市场存在结构性矛盾，特别是黑人劳动技能与岗位需求之间存在巨大差距。由于历史原因和社会阶层固化，大量黑人劳动者缺少教育和劳动技能培训，无法获得全职工作机会甚至被排除在劳动力市场之外。拉马福萨在其首份国情咨文中指出，就业问题是2018年政府工作重点，尤其是为青年群体创造更多就业岗位。未来将大力推动制造业等南非支柱产业的改革举措，利用制造业在创造就业岗位方面的巨大潜力，改善不平等状况。具体措施包括制订最低工资标准、"分阶段"实施免费高等教育、加强职业技能培训等。若各方面措施进展顺利，到2030年，南非贫困人口有望降至830万。

（三）应积极参与区域和次区域经贸合作

南非作为非洲经济的领头羊，对区域和次区域经贸合作并不积极，没能有效融入区域经济，也没有充分发挥其制造业和服务业相对非洲国家的比较优势，仍高度依赖原材料和大宗商品出口。这导致南非既要面临非洲国家的同质化竞争，又对大宗商品价格变动高度敏感。2017年，南部非洲发展共同体的内部贸易对南非贸易总额的贡献仅为10%，南非与金砖四国的贸易额仅占金砖国家间贸易总额的7%，近期非洲44国签署的非洲大陆自由贸易区协定南非也未第一时间参与其中。想要彻底扭转经济困局，拉马福萨政府在对内推动改革的同时，对外应加大对区域和次区域经贸合作的投入，积极参与甚至引领非洲区域合作，并利用担任金砖主席国的契机拓展金砖经贸合作。特别是在当前主要经济体贸易保护主义和逆全球化思潮持续发酵的情况下，南非更应该坚定支持多边贸易体制，积极参与区域经贸合作，为广大非洲国家作出表率。

（四）深化中南（非）务实合作，加强发展经验交流互鉴

南非从20世纪80年代的"准发达国家"，到目前仍徘徊在发展中国家行列，甚至一度丢掉非洲第一大经济体位置，一方面，是南非经济社会结构性问题突出，发展潜力受限所致。另一方面，则是由于黑人政府的国家治理能力严重不足。而同时期的中国，则从改革开放前贫穷落后的国家一跃成为全球第二大经济体，取得了辉煌的发展成就。在中南（非）建交20周年之际，双方应在进一步深化务实合作，夯实"五大支柱"，落实"十大领域"合作计划的基础上，加强治国理政经验分享和发展理念交流互鉴，支持南非和非洲发展中国家加强治理能力建设，增强经济社会发展能力，推动中南（非）全面战略伙伴关系不断迈上新台阶。

（袁璇）

非洲大陆自贸区经济效应及前景简析[*]

2018年3月22日，在非洲国家首脑特别峰会上，非洲44国领导人共同签署了非洲大陆自由贸易区（AfCFTA）框架协议。至此，非洲大陆自贸区将形成覆盖12亿人口和2.5万亿美元经济总量的大型共同市场，也将成为世界贸易组织成立以来成员国数量最多的自由贸易区。通过消除关税和非关税壁垒，非洲大陆自贸区（简称"非洲自贸区"）将能有效促进非洲内部人员、资本、货物和服务自由流动，加速非洲工业发展和经济转型，为实现"非洲2063议程"发挥重要作用。

一、自贸区对非洲经济社会发展影响积极

（一）扩大非洲内部贸易规模

目前非洲内部贸易主要集中在4个次区域共同市场之间，平均关税税率达6.1%，远高于对外出口税率。非洲内部贸易比重仅占总体贸易规模的20%，远低于亚洲和欧洲。非洲自贸区将把成员国90%的商品关税降至0，并逐步取消剩余10%的敏感商品关税，同时简化通关手续，变革传统的边境贸易方式。非洲联盟预计，通过消除关税壁垒，非洲自贸区将使未来五年成员国内部贸易规模扩大52.3%；若非关税壁垒同时减少，自贸区内部贸易额有望翻番。到2025年，非洲共同市场规模有望达到3.5万亿美元。

（二）推动工业化和经济转型

2012—2014年，非洲对外出口以初级产品为主，而内部出口中制成品比例达61%，出口结构倒挂表明非洲国家对内部工业产品有较大需求。自贸区的建立一方面将消除域内资本和人员流动限制，提高资源配置效率，帮助工业基础较差的国家获得更多外国投资，发挥资源禀赋推进工业化进程。另一方面，有助于整合

---

* 本文写于2018年4月9日。

非洲内部制成品市场,降低商品流通成本,塑造域内工业供应链。自贸区建立后,以前直接出口的初级产品可先经自贸区内部流转并进行加工后,转化为具有一定附加值的产品对外出口,降低非洲经济对初级品出口的依赖。

(三) 推动非洲减贫进程

通过推动经济转型和工业化进程,非洲自贸区的建立和发展将引发劳动力资源在不同产业间的再分配。大量劳动力有望从收入较低的农业部向劳动密集型制造业部门甚至向服务业转移,实现就业结构的优化和薪酬的提升。同时,自贸区还将降低中小企业参与国际贸易的成本,激发中小企业活力,吸纳更多就业人口。目前,仅撒哈拉以南非洲就有近4亿贫困人口,近70%的青年处在失业状态或从事极低回报工作,非洲自贸区的建立预计将在短期内解决数百万人贫困问题,中长期可能对非洲减贫进程起到更积极推动作用。

(四) 为对外经济合作创造良好环境

非洲自贸区的建立为世界主要经济体扩大对非贸易投资提供了更广阔的市场空间。目前,非洲经济结构与其主要贸易伙伴差异较大,互补性远大于竞争性,特别是对有较高附加值的工业制品,非洲内部产品的替代率基本为零。相反,自贸区不仅能为主要贸易伙伴带来一个经济规模大约与英国相当的共同市场,还能通过贸易和经济增长,拉动非洲基建、现代农业、金融、教育、医疗等领域的需求,为域外经济体创造更多投资机会。若非洲自贸区未来能有效削减非关税壁垒并有效管控政治安全风险,还将持续吸引外国资本流向非洲。

二、非洲自贸区仍面临诸多风险与挑战

(一) 尼日利亚和南非仍在观望

尽管框架协议签署国数量远超预期,但非洲第一大经济体尼日利亚和第三大经济体南非仍在观察和犹豫当中,尚未签署框架协议。尼日利亚国内就建立非洲自贸区存在较强的反对声音,特别是企业界担忧自贸区将削弱尼日利亚企业竞争力。尼日利亚总统布哈里未参加此次非盟会议并表示仍需时间作出最终决定。南非虽表示将积极推动非洲自由贸易,但强调国内程序优先,并未给出加入自贸区的具体时间表。由于尼日利亚和南非两国经济总量和人口数量合计占整个非洲的31.8%和19.9%,两国缺席不仅会使自贸区规模和影响大打折扣,也将影响其他国家推进自贸区建设的信心。

（二）经济基础薄弱，治理能力亟待提高

非洲，特别是撒哈拉以南的非洲，是目前世界上最不发达国家最为集中的地区，尽管近年来经济增长速度较快，但工业基础仍非常薄弱，过度依赖初级产品出口和旅游业的情况并未改善，抵御外部风险冲击能力较低。除尼日利亚、埃及、南非等主要经济体外，大部分国家经济制度尚不完善，政府治理能力较低，行政效率低下，权力寻租问题频发。从短期看，非洲自贸区想要完全削减敏感产品关税和非关税壁垒难度很大。此外，非洲国家间经济发展差距较大，内部协调存在一定难度，主要经济体能否最终完成国内审批流程存在变数。如何协调西非经济共同体、东非共同体和南部非洲发展共同体等由各主要经济体主导的次区域自贸安排仍需进一步观察。

（三）政治安全领域不确定性犹存

非洲经济发展受政治安全因素影响较大，党派冲突、种族矛盾、恐怖主义等问题较为突出，政权稳定性和政策延续性较差，一定程度上造成了经济社会发展滞后。正如"2063议程"所着重强调和平与安全问题，非洲自贸区后续发展仍需区域和国别层面的政治安全议程予以保障。此外，自贸区带来的关税损失、国内转型成本和财富重新分配可能加剧部分成员国国内压力，从政治上带来新的不确定性。

三、我们的看法

（一）坚定支持非洲自贸区建设

非洲自贸区是非洲国家在联合国2030可持续发展议程和"非盟2063年议程"下，深化合作、抱团取暖的一项重要举措。由于中国与非洲经济上高度互补，又是非洲第一大贸易伙伴和主要外资来源国，非洲自贸区的建立将便利中资企业和中国制造在现有基础上以点带面，进一步开拓非洲市场，挖掘非洲区域的商业和投资潜力。同时，自贸区的建立和发展还有助于改善非洲的投资和营商环境，对我国3100多家在非洲投资企业和超千亿美元投资存量形成利好。有鉴于此，我国应明确表达支持非洲自贸区建设的立场，积极推动"一带一路"倡议、中非合作论坛等机制与非洲自贸区建设的对接，并视非洲自贸区后续发展适时探讨中非自贸区概念。

(二) 帮助非洲国家加强制度和能力建设

中非合作既要聚焦提振增长和改善民生的务实合作，也要重视非洲自主增长能力和发展能力建设。随着非洲自贸区建立，非洲国家在贸易规则的制定与落实方面、在提升宏观经济治理能力方面的需求将更加突出。我国应继续通过对非洲投资论坛、对非洲投资智库联盟以及三方合作、多方合作等形式，促进中非创新发展经验交流与互鉴，支持非洲国家探索适合国情的发展模式，帮助非洲培养自主增长能力，加强促进贸易和经济增长，改善经济与保障民生的制度和能力建设，提升非洲经济治理的"软实力"。

(三) 办好中非合作论坛北京峰会，继续推进各领域务实合作

中非合作论坛是我国推进中非各领域务实合作的主平台。自约翰内斯堡峰会以来，中非各领域务实合作全面推进，五大支柱和十大计划得到有效落实。但随着中非经贸往来日益密切和我国对非洲投资规模不断增长，国际社会开始出现诋毁中非合作，抹黑中非关系的声音，部分西方国家关于中国攫取非洲资源，增加非洲债务负担的言论增多。利用2018年中非合作论坛北京峰会的契机，我国应以牢牢把握共建"一带一路"，共筑中非命运共同体的主题，推动"一带一路"倡议与包括非洲自贸区建设在内的非盟"2063年议程"对接，帮助非洲兑现发展潜力，用具体的务实合作成果回应西方国家质疑，将中非合作推上新高度。

（郭子珩　盛雪）

| 第三部分 |

欧洲经济

近期欧洲政治经济形势简析*

近期，欧洲部分国家政局出现动荡，保守主义和民粹势力抬头，"反欧"情绪弥漫。同时，欧洲经济增长放缓，一些国家债务问题重新显现，欧洲政经局势值得关注。

一、欧洲部分国家政局出现动荡

近日，欧洲右翼势力崛起，一些国家政局动荡似有加剧之势。随着英国"脱欧"，"反欧"、"疑欧"情绪在欧洲蔓延，"民粹主义"悄然抬头。欧盟内部对难民摊派计划以及重债国援助问题分歧严重，争执中助推了欧洲"分裂"势头。继奥地利、匈牙利之后，2018年6月1日意大利"民粹政府"正式就职，表示将扩大公共支出，推出减税计划，坚决打击非法移民，完全无视欧盟对预算紧缩和接纳移民的硬性规定，引发意大利与欧盟间政策冲突担忧；2018年6月初，西班牙政局更迭后，民粹政党"我们可以党"在内阁中风头正盛，执政当局为少数派政府，在维持有效统治方面将面临巨大挑战；法国极右翼"国民阵线"成为不容忽视政治力量；中东欧国家，如波兰、匈牙利、斯洛文尼亚，与欧盟保持"半独立"态势，甚至公开反对欧盟预算提案以及难民摊派方案；2018年6月4日，斯洛文尼亚极右翼政党成为议会第一大党，该国政局可能陷入混乱；希腊等国正酝酿着新的债务危机或进一步激起国内"反欧"情绪。

二、欧洲经济增长放缓，债务问题引发担忧

（一）欧盟经济继续放缓

欧盟经济在2017年强势复苏后，2018年以来增长势头开始回落。2018年一

---

* 本文写于2018年6月14日。

季度，欧盟和欧元区经济增速同比分别降至2.4%和2.5%。2018年二季度经济数据喜忧参半。价格和就业形势持续乐观，欧元区2018年5月通货膨胀率从2018年4月的1.2%大幅上涨至1.9%，接近欧洲中央银行通货膨胀目标；欧盟和欧元区失业率2018年4月分别降至7.1%和8.5%，为2008年以来最低水平。但产出和投资指数持续下滑，2018年5月衡量制造业和服务业产出的综合PMI（采购经理指数）初值降至54.1，为一年半以来最低。欧元区投资者信心指数持续走低，从2018年1月的32.9降至5月的9.3，显示各方对美欧贸易摩擦、欧元区债务等风险因素的严重担忧。

（二）德法等主要经济体增长乏力

自2018年年初以来，德法作为欧盟第一和第三大经济体，未能充分发挥经济引擎作用。德国2018年一季度GDP环比仅增长0.3%，同比增长1.6%，为2016年三季度来的最低水平，且增长主要动力来自内需，贸易表现较为疲软，2018年一季度进出口环比分别下降了1.1%和1%。法国形势更为严峻，因缺乏大刀阔斧的改革，法国面临贸易赤字、公共债务高企、高失业率等结构性问题，经济增速长期落后于欧元区平均值，加上恶劣天气、系列罢工活动等影响，2018年一季度经济同比增长仅为0.2%，作为主要增长动力的家庭消费和投资分别仅增长0.1%和0.2%，出口和进口双双下滑0.3%。

（三）"欧猪五国"债务风险凸显

"欧猪五国"债务问题近期再次引发各方对新一轮债务危机的担忧。从债务总额看，2017年"欧猪五国"公共债务总额达4.17万亿欧元，占欧元区债务总额的43%，其中意大利公共债务总额高居欧元区榜首，高达2.26万亿欧元；从债务率看，2017年希腊债务率为180%，为欧元区之首；意大利为131.8%，位居其次；西班牙为98.3%；同期德国债务率仅为64.1%。此外，意大利对欧元区GDP贡献约为15%，其公共债务约占欧元区总额的23%；希腊GDP贡献约为1.8%，公共债务约占欧元区总额的3.3%，一旦意大利爆发债务危机，溢出效应和救助难度将远超希腊。

近期，意大利债务风险已引发欧洲资本市场大幅波动。由于政局不稳，组阁失败，重新大选的风险刺激市场避险情绪飙升，意大利2018年5月29日10年期国债收益率涨幅超10%，为自2014年6月以来首次突破3%。欧洲债券市场内部出现分化，西班牙、葡萄牙等债务较高的国家债券遭到抛售，收益率大幅上升，资本主要流向英德等国，导致英德债券收益率大跌，德国10年期国债收益率最低曾降至0.2%左右。此外，受市场恐慌情绪影响，欧洲股市普遍下跌，德法英股市均走低。资本流向美元避险资产，欧元对美元跌至1.1624，创2017年12月以来新低。

三、几点分析

（一）欧洲右翼政治势力崛起引关注

目前，欧洲多国右翼政治势力崛起，有的甚至已掌握政权。但从总体来看，欧洲的主导力量仍是维护和推动欧洲一体化的力量，右翼势力真正全面崛起尚需时日。欧洲一体化以来，德法等核心国家获得了较大红利，而一些外围国家并未真正获得同步增长，这种经济不平衡导致意大利、希腊、斯洛文尼亚等国选民和政治精英认为他们并没有从欧洲一体化和经济全球化中获益，反而拉大了贫富差距。由于对现状不满，这些选民和政治精英开始将选票投向右翼势力。同时，特朗普政府的逆全球化助推了欧洲右翼势力的崛起。但总的来看，一旦欧洲经济保持稳定复苏，欧洲多国"反欧""疑欧"势力崛起现象有可能逐渐得到抑制。

（二）部分国家债务问题暂不会演化为全面危机

目前欧洲整体经济金融环境尚稳，银行业运行虽经股市波动但总体平稳，新一轮债务危机尚不会全面爆发。从国别看，意大利、希腊和西班牙经济整体呈恢复趋势，财政赤字已得到一定程度控制，债务增速和经济增速之间的差距正在逐渐缩小。同时，意大利主要风险来自市场对其民粹政府未来与欧盟关系不确定性的担忧，对欧洲整体经济影响有限。从总体看，欧洲债务危机的现实挑战和深层次问题并存，我国应对欧债问题保持高度关注，谨防我国经济利益受损。

（三）欧洲一体化仍将稳步推进

尽管近期欧洲部分国家右翼势力抬头，但在德法"双发动机"的强力推动下，欧洲一体化进程不会逆转，仍将稳步推进。长期以来，德国一直是欧洲一体化的重要引领力量，近期支持将欧洲稳定机制（ESM）转变为欧盟货币基金，是推进一体化进程新的进展。法国总统马克龙上任以来，呼吁重塑欧洲，为新欧洲描绘了"强有力的愿景"，内部"反欧"势力已受到一定抑制。同时，其他国家"反欧"势力虽有所抬头，但从总体上看，仍受到"亲欧"力量的压制。意大利已不再坚持退出欧元区立场，"脱欧"可能性较低；西班牙政治立场基本面仍然"亲欧"；斯洛文尼亚反移民主张引起反对情绪，组阁依然面临较大阻力。当前，英国"脱欧"、部分国家大选格局的变数以及与美国的贸易摩擦，使欧洲面临新的内部形势，我国应密切关注欧洲国家在处理欧洲内部和国际关系方面可能采取的调整措施。

（国际财经中心研究处）

英国经济增速放缓原因简析*

自2018年年初以来,受外部因素和结构性问题影响,英国经济内需不振、外需疲软,经济增长动力不足,经济增速未能扭转下行压力。现对英国经济增速放缓表现及原因分析如下,供参考。

一、英国经济增速放缓表现

2018年以来,英国经济延续了"脱欧"公投以来的"颓势",仍未出现好转迹象,主要表现为以下几个方面:第一,经济增长趋于停滞。受天气回暖、皇家婚礼等短期因素影响,英国经济增速在2018年二季度有所抬头,环比增长0.4%,但2018年6月GDP环比仅增长0.1%,显示出经济持续增长动能缺失。2018年上半年英国经济环比增长0.6%,延续了自2014年下半年以来放缓势头,经济增速仍低于金融危机前水平。普华永道预计英国2018年经济增长1.3%,为1962年以来除金融危机年份外最低增长水平。

第二,经济增长动力不足。一是内需不振,未对经济增长起到支撑作用。2018年二季度家庭消费支出增速仅维持在较低水平,延续了2016年三季度以来下滑趋势;固定资本形成总额(GFCF)环比下降1.3%,其中,企业投资下降了0.4%,公共投资下降6.2%,内需对英国经济增长贡献微弱。二是外需疲软,对经济增长构成拖累。由于机械和运输工具等出口急剧下滑,英国2018年二季度贸易赤字增至86亿英镑,其中,2018年6月净出口对经济增长贡献-0.8%。作为外向型经济,出口下滑导致赤字扩大,也使国内工业生产遭受打击。英国2018年二季度工业产出增速环比下降0.8%,其中,制造业产出增速环比下降0.9%,作为英国经济第三大支柱,制造业生产下降制约了经济增长。

---

* 本文写于2018年10月8日。

二、英国经济增速放缓主要原因

（一）劳动生产率下滑抑制了经济增长潜力

劳动生产率困境为制约英国经济复苏的根本因素。一方面，英国劳动力短缺问题凸显，经济增长面临要素供给冲击。英国 65 岁以上人口占总人口比重高达 18.5%，劳动力有效供给不足。随着英国"脱欧"问题持续发酵，来自欧盟的劳动者大幅减少，进一步恶化了劳动力短缺状况。2017 年一季度至 2018 年一季度，欧盟在英国劳动者数量仅增加 7000 人，同比少增 14.1 万人，企业生产面临用工荒困境，农业、旅游业等都因此而承受打击。另一方面，劳动生产率增长缓慢，抑制了经济增长潜力。受 R&D 投入不足、职业教育及基础设施落后、人员流动受限等因素影响，自 2008 年以来，英国劳动生产率几无增长，且仍低于潜在水平。2018 年一季度英国劳动生产率环比下降 0.4%，较危机前趋势值低 17.5%；同比虽上升 0.9%，但仍低于危机前年均增速 2%。

（二）"脱欧"不确定性影响内需提振

英国"脱欧"不确定性抑制了企业投资积极性和消费增长，遏制了经济增长内生动力，为英国经济下行风险主要原因。一是企业投资萎缩。英国民众储蓄率仅为 4% 左右，储蓄转化为投资的空间有限。出于对"脱欧"前景担忧情绪，国内企业搁置支出计划，外企也减少了对英国投资并将资本和经营业务外移，英国 2017 年 FDI 流入量剧减 90%，投资对经济贡献度下降。二是消费动力不足。"脱欧"不确定性持续施压英镑汇率，2018 年 6 月末，英镑兑美元汇率较 2018 年 3 月末贬值 5.77%。预计"脱欧"困境结束前，英镑汇率将保持跌势。弱英镑再加上能源价格上升，助推了国内通货膨胀上行。由于居民工资增长缓慢，高物价稀释了实际收入水平和购买力，抑制了消费动力。

（三）欧盟经济放缓加剧外需疲软

2018 年以来，全球贸易保护主义不断升温，欧洲中央银行逐渐退出刺激计划，欧洲地缘政治风险逐渐加大，经济下行风险加快累积。受此影响，欧盟企业和消费者信心下降，经济增长未能获得充分动能。欧盟 2018 年二季度 GDP 环比仅增长 0.4%，增速保持 2016 年四季度以来下行趋势。作为英国第一大贸易伙伴，欧盟经济放缓导致相关进口需求减弱，带动英国出口下滑，外贸赤字逐渐扩大。英国 2018 年二季度对欧盟货物贸易赤字 254 亿英镑，扩大 26 亿英镑，占英国对外货物贸易赤字 47.3%。其中，对欧盟货物出口环比下降 12 亿英镑。欧盟经济放缓直接导致英国外需疲软，削弱了出口对英国经济增长贡献度。

（四）美国贸易战产生消极影响

特朗普对欧盟、中国等挑起贸易战，恶化了英国经济增长的外部环境，产生了一定的负外部性。一方面，美国为英国第一大贸易伙伴国，其贸易保护主义使英国对美国货物出口有所减少。英国2018年二季度与欧盟外国家货物贸易赤字扩大了29亿英镑，其中，对美国机械和运输工具等出口环比减少约10亿英镑，为赤字扩大主因。另一方面，美中贸易战使英国相关企业经营受到连带打击。例如，在应对美国贸易战过程中，中国调整了汽车及零部件进口关税，致使消费者推迟汽车消费，相关英国企业销售收入减少。英国最大汽车公司捷豹路虎近期报告称，继对华销售放缓后，公司三年来首次出现亏损。2018年二季度捷豹路虎总销售额同比下降6.7%，税前亏损2.64亿英镑。

三、英国政府主要政策措施

为维持英国经济韧性，挽救金融危机以来，尤其是"脱欧"背景下经济增长"颓势"，英国政府出台并逐渐完善财政、货币、产业政策等措施。

第一，推行紧缩的财政政策。为促进财政可持续性，英国政府逐步推行财政巩固政策，限制债务水平。2017年1月英国议会通过预算责任宪章，制定了新财政规则，明确政府将于2022年前尽快实现公共财政平衡目标。为此，2020—2021年政府拟将经周期调整的赤字率降至GDP2%以下，降低公共部门净债务占GDP比重；控制福利支出上限，削减除国防、教育和卫生外的支出。

第二，收紧货币政策。英国"脱欧"公投后不久，为支持经济增长，实现通货膨胀目标，英国央行出台货币刺激政策。2016年8月4日央行将基准利率由0.5%下调至0.25%，并引入定期融资计划，以使降息效应传递至企业和家庭。随着经济逐渐走出衰退，央行逐渐收紧货币政策。继2017年11月开启十年来首次加息后，近期，英国央行将政策利率提高至0.75%，预计仍将渐进加息，货币政策逐渐回归正常化。

第三，采取积极的产业政策。为提高北部地区生产率，借以促进全国经济增长，英国政府2016年11月发布"北部振兴计划"[①] 战略报告，提出本届议会期间拨款130亿英镑投资北部交通基础设施，安排4亿英镑"北部振兴投资基金"支

[①] 北部振兴计划最早由英国财相奥斯本于2014年中在曼彻斯特提出。背景是英国北部地区自20世纪后半叶以来，经济社会发展整体落后于大伦敦地区，奥斯本拟通过北部振兴计划，将英格兰北部打造成与伦敦并驾齐驱的第二个经济中心。

持中小企业发展等。为振兴"脱欧"后的英国经济，解决劳动生产率低下问题，政府于 2017 年 11 月发布"振兴工业新战略"，提出至 2027 年，将 R&D 投资占 GDP 比提高至 2.4%，提高研发费用课税扣除比率至 12%；提高国民科学、技术、工程、数学技能，投资 1.7 亿英镑支持新设科技研究机构等。

四、几点看法

（一）英欧、英美关系不确定性将对英国经济构成挑战

长期以来，英国倚靠欧盟和美国发挥出远超自身经济实力的影响力，而英欧、英美未来关系不确定性将对英国经济稳定增长构成挑战。一是在英国"脱欧"不确定性下，经济增长持续面临下行风险。目前，英国政府内部、政府与民众间就"脱欧"协议仍分歧严重，无协议"脱欧"风险越来越大。英国贸易大臣福克斯预计"硬脱欧"概率高达 60%，财长哈蒙德预计未来 15 年内无协议"脱欧"将使英国 GDP 损失 7.7%，额外增加 800 亿英镑债务负担[①]。二是在英美特殊关系挑战下，经贸前景不容乐观。基于均势[②]战略考虑，"脱欧"后，英国急切加强英美关系。但受英国实力相对下降、美国退出主义及单边主义影响，英美特殊关系受到挑战。特朗普甚至威胁"软脱欧"[③] 方案或使英美无法达成自由贸易协议。随着欧日、美日甚至美欧自由贸易程度逐步加深，贸易转移效应将恶化英国外贸状况，使其经济利益受损。

（二）从中长期看，结构性问题仍将制约英国经济增长

2008 年以来，英国劳动生产率始终未能重返危机前水平，生产率低下限制了财政扩张能力，并将抑制英国长期经济增速。英国总体财政赤字仍较高且持续攀升，截至 2018 年 7 月底英国公共部门净债务占 GDP 比重已高达 84.3%，远超欧盟预警线，财政政策空间有限。在此背景下，产业战略目标恐难以实现。如英国大学与学院工会表示，投资 1.7 亿英镑新设科研机构相当于"沧海一粟"；由于投

---

① 2018 年 8 月 23 日，英国"脱欧"部发布应对无协议"脱欧"技术建议后，英国财政部长哈蒙德向国会国库专责委员会主席 Nicky Morgan 致信中，详细阐述了官方对无协议"脱欧"成本的预测结果。

② 在现代国际关系体系中，均势指没有一国处于优势地位或能对其他国家发号施令的状态，是国家间力量对比的一种暂时均衡状态，而努力建立和维持这样一种状态的战略即为均势战略。对国家而言，要实现均势通常有两种手段，即增强自身实力，或与他国结盟。

③ "软脱欧"指通过在移民等问题上的让步，换取英国留在欧盟单一市场；"硬脱欧"指英国彻底从欧盟独立出来，重新与欧盟通过谈判建立各种关系，包括在 WTO 规则下建立贸易关系。2018 年 7 月 6 日特蕾莎·梅与内阁成员在契克斯（Chequers）举行会议，就英国与欧盟谈判立场达成"软脱欧"共识，英国将向欧盟提议创立"英国—欧盟自由贸易区"，维持英欧之间的商品自由贸易。

资不足，北部地区基础设施升级改造面临重大挑战。鉴于英国劳动生产率仍在下滑、就业不充分、工资增长疲软，紧缩性货币政策将助推家庭和企业融资成本，进一步遏制内需，抑制经济增长。因此，从中长期看，英国经济增长下行压力仍较大。英国政府亟待通过深化结构性改革，提高劳动生产率，为经济增长筑牢基础。

（三）中英经贸合作有望成为经济增长新动力

中英政治互信总体逐渐加强，但双边经贸合作潜力仍有待挖掘。2015年以来，中英经贸合作无显著进展。中国2016年对英国投资流量占对欧洲投资流量比重降至13.8%；2018年前5个月中英货物贸易占英国外贸比重降至6.7%，中英"黄金时代"发展成色不足。中英产业优势高度互补，后"脱欧"时代经贸合作大有可为。我国应推动英方政治上摒弃冷战思维和意识形态偏见，经贸上进一步放宽外商投资限制，协力推进中英FTA尽快落地，以经贸合作打造经济新增长点。借助中英双边投资基金，以实际项目助推第三方市场合作，推进"全球化英国"与"一带一路"战略对接。同时，作为自由贸易和多边主义的捍卫者，中英可找到更多的共同点，携手应对贸易保护主义，推动WTO机构改革以及上诉机构正常运转，促进争端解决机制发挥效力，切实维护以WTO为基础的多边贸易机制。同时，中英加强在G20、联合国等多边机制下的协同配合，共同维护世界政治经济秩序。

（刘猛）

英国伦敦房地产市场价格下跌风险简析[*]

近期,向来以稳健著称的英国伦敦房地产市场价格大幅下挫,引发市场恐慌情绪。基于伦敦房地产在全球大类资产配置中的重要地位和影响,现将伦敦房地产市场的最新情况、下跌原因、外溢效应和潜在风险以及对我国影响和启示分析如下,供参考。

一、伦敦房地产市场实际情况

近期伦敦房地产市场表现疲软,具体表现在以下方面:

(一)房地产价格大幅下跌

2018年2月,伦敦房价同比下降1%,其中,伦敦中心地段同比下降2.1%;2018年1月,伦敦房价同比下降0.4%,连续8个月下跌。就分区来看,伦敦西南部地区里士满和金斯敦降幅最大。2017年,伦敦房地产价格同比下降0.5%(2016年上涨3.7%),为8年来首次下跌,是英国13个区域中唯一下跌地区,自2004年来首次成为英国房地产市场表现最疲弱地区。其中,2017年四季度同比猛跌4.3%,为金融危机来最大跌幅。伦敦中心地段,2017年第二季度下跌1.3%,"脱欧"公投以来累积跌幅6.8%,较2014年高峰期下跌14.4%。

(二)房屋交易量持续萎缩

2017年12月,伦敦房屋交易量同比下降3.5%。2017年1月至10月,伦敦房屋交易量除2017年4月同比小幅上升外,其余月份均有所下降,月均降幅达18%。其中,2017年3月大幅下降54.2%。此前备受海外投资者青睐的肯辛顿、金丝雀码头等富人区房价跌幅达6年来最高,但成交量依然低迷。同时,大量房主因价格下跌而中止房屋出售;2018年1月,每套房出售周期高达83天,同比增

[*] 本文写于2018年3月7日。

加 10 天。

（三）房地产需求与信贷低迷

一是高昂房价抑制本地投资者购房需求。目前，伦敦为全英国房价最高昂地区，房价较 2007 年上涨高达 55%。2017 年，伦敦住房均价约 47.09 万英镑/套，为全英国均价（21.14 万英镑）的 2 倍多，伦敦居民收入的 10.5 倍。二是信贷需求低迷。2017 年，英国月均新增住房贷款 6.5 万笔，较往年有所下降。就伦敦而言，个人住房按揭贷款首付平均最低为 8 万英镑，受伦敦物价水平较高影响，伦敦一般市民积攒购房首付需长达 10 年之久。三是大量人口迁离伦敦。受伦敦高昂的生活成本影响，2017 年搬离伦敦的本地住户为 2005 户，2016 年搬离伦敦的本地住户达 7.4 万户，创 2007 年来最高。大量居民迁出在一定程度上影响了伦敦房地产购买力。

二、伦敦房价下跌原因

（一）英国"脱欧"的不确定性

英国"脱欧"公投是影响伦敦房价的主要因素，对成交量和价格都产生了负面影响：一是"脱欧"条款的不确定性令投资者变得谨慎。英国"脱欧"两年缓冲期仅剩一年，谈判在英欧经贸关系、"分手费"等重点问题上仍存在重大分歧，法律、移民、投资和贸易方面在未来一年可能出现重大变化，严重影响房地产的投资收益。为规避风险，外国投资者更多持观望态度。二是金融企业总部撤离伦敦影响高端商业与住宅需求。若英国在谈判中失去金融服务业在欧盟自由经营的通行证，将有 10 万金融从业人员在 2020 年之前迁离伦敦，将释放伦敦房屋储量的 1.1%~2.9%，加剧房地产市场利空预期。

（二）房地产印花税率提高

英国房地产印花税率提高是导致伦敦房产价格下降的另一关键因素。2016 年 4 月，英国政府对 2015 年 11 月 26 日后签订合同的非首套房交易正式开征额外房地产印花税，在原印花税基础上额外征收 3%。英国房地产印花税为从价累进制，首套房（非首次购房）印花税率 0%~12% 不等，非首套房印花税率则提升到 3%~15%。此外，对首套房的核算不仅限于英国，投资者在其他国家的房产数量也被计算在内。由于伦敦房价单价较高，额外印花税增加了房地产投资成本，降低了投资收益率，直接打击了房地产投资需求。

（三）本国居民购买力下降

居民购房时需考虑自身收入水平和购买能力，而近几年工资水平和通货膨胀率显示英国居民购买力下降。自全球金融危机后，英国薪酬水平增长缓慢，从 2007 年 6.6% 的最高水平一度降至负增长，2017 年工资增长率维持在 1.9% ~ 2.5%。然而，由于"脱欧"导致英镑贬值，推高消费者价格，在经历两年低通货膨胀期后，通货膨胀率在 2016 年 9 月回到 1%，随后持续上升，2018 年 1 月同比上升 3%。通货膨胀水平高于工资涨幅也是导致房价下降的原因之一。

（四）英国开启货币政策正常化进程

英国央行 2017 年 11 月宣布加息 25 个基点至 0.5%，市场预期 2018 年 5 月或将再次加息，预示英国将逐渐结束近十年来的超宽松货币政策，开启货币政策正常化进程。利率提升将直接增加贷款成本，并对资产收益率产生影响，增加刚需买家的购房成本，也影响投资者对房地产的偏好，一般而言，对房地产成交量有抑制效应。

三、外溢效应与潜在风险

（一）外溢效应显著

传导效应导致伦敦周边房价下跌。伦敦房价是英国房价的风向标，伦敦房价持续下跌已传导至伦敦周边地区，英格兰东南地区和东北地区 2018 年 1 月房价同比分别下跌 0.2% 和 0.7%，加剧了其他地区房价走势的不确定性。

海外投资者信心被严重削弱。海外投资者一直是伦敦房地产市场投资的主力军，2017 年四季度占比超过一半。在伦敦房价下跌过程中，资产变现难度加大、周期延长，价格持续下跌可能导致多空胶着、价格波动性加大。对流动性要求较高的投资者而言，信心被严重削弱或将卖出资产套现。

大类资产配置结构变化。随着全球经济复苏，股市和债市投资迎来利好，资本或将从房地产市场流向资本市场，投资于股票和债券。美国投资者长期是伦敦房地产的最主要投资者，而美国货币新政与减税方案引导境外美元回流，使得美国投资者资产配置中伦敦房地产投资比重迅速下降。

（二）潜在风险突出

抵押贷款市场违约风险增大。20 世纪 90 年代英国房地产市场崩盘，伦敦房价骤跌 37%，住房价格下跌至抵押贷款金额之下，约百万人资产大幅缩水。如今历史恐怕要重蹈覆辙，贷款违约风险急剧上升。

海外投资主力撤资风险急剧上升。伦敦房地产市场过度依赖海外投资者恐埋下"定时炸弹"。美国减税吸引跨国企业重返美国投资，海湾阿拉伯国家面临沉重预算赤字压力，中国加大资本出境管制和国企投资海外房地产限制，海外资本投资能力下降，外流风险加剧。

"脱欧"等"灰犀牛"事件集聚风险。一是英国"脱欧"过渡期协议是否能够如期达成，且面临巨额"分手费"债务，使英国经济持续承压，给原本低于预期的英国经济再增加负担。若过渡期协议未能达成，对英国对外贸易、人力资本与就业等方面将产生严重的负面影响。二是人工智能等金融科技发展对全球金融业就业冲击加大，导致银行等传统金融机构大规模裁员，未来或将有更多人口搬离伦敦。

持续加息或触发系统性风险。在流动性趋紧的环境下，一旦进一步加息，将导致部分以高杠杆方式投资房地产的投资者面临现金流断裂风险，引发大量卖盘，触发"多米诺效应"，引起系统性风险。

四、伦敦房市下挫对中国经济的影响

（一）中国投资者风险上升

2016年英镑贬值以来，中国企业与居民在英国投资大量房地产，其中伦敦为主要投资地。2017年，中国对英国房地产总投资额达创纪录的100亿英镑，买入伦敦新房的中国大陆与中国香港投资者占全部海外投资者的1/3。当前，英国经济增长动力不足，英镑贬值预期仍未消除，伦敦房地产已供大于求，以英镑计价的房地产资产贬值风险加大，应防范我国投资者成为伦敦房地产市场下跌中的"接盘侠"。

（二）对我国房地产市场敲响警钟

我国应警惕房地产市场泡沫风险。当前，我国M2已逾GDP总量2倍，流动性充斥国内市场，房地产市场充当了流动性"蓄水池"。我国房地产市场敞口巨大，房价收入比过高，存在一定泡沫风险，伦敦房市下挫为我国房地产市场敲响警钟。

（三）人民币汇率或将承受贬值压力

伦敦是美元全球最大离岸中心，随着伦敦国际金融中心地位下降，大量金融机构撤离伦敦，特别是高端房地产市场将进一步受挫，英国经济基本面将承受打击。如在英国资本转向投资避险美元资产,刺激美元指数上升,英镑应声贬值风险加大,同时人民币或将承受贬值压力。

五、对中国经济的启示

(一)伦敦房地产市场"崩盘"可能性较低

随着伦敦政府限购政策加码、印花税效应逐渐显现,以及伦敦长久以来对海外投资者的吸引力,伦敦房地产市场料将逐渐回暖,短期内崩盘可能性较低。同时,从发生机理看,伦敦本轮房地产市场价格下跌主要源于外部政治经济环境突变带来的冲击,不具备美国2008年次贷危机时房地产市场崩盘的传导性。从影响程度上看,英国房市不具有全球系统重要性,伦敦房价下跌将使相关海外企业蒙受损失,但对我国房地产市场影响有限。我国应按既有政策节奏,稳步推进房地产市场调控。

(二)防范房地产风险引发系统性风险

应完善房地产金融政策,强化房地产市场宏观审慎管理。全面降低住房投资者金融杠杆率,从需求端抑制房价过快上涨。同时,我国央行应把握货币政策调控力度,谨慎推行利率政策。若贸然跟进全球加息热潮或将刺激房地产泡沫破裂,引发系统性金融风险。应继续健全货币政策和宏观审慎政策双支柱调控体系,强化房地产金融宏观审慎监管,综合应用数量和价格工具调控宏观经济,保障中国经济平稳运行。

(三)灵活运用税收政策调节房地产市场

为应对房地产市场过热,英国政府果断实施房地产印花税进行市场调节,2016年二套房征收高额印花税的措施有效地遏制了以投资而非居住为目的的交易,2017年给予首次购房者免除印花税等政策倾斜。此举值得借鉴,通过灵活的税收政策,针对不同情况精准调控房地产市场。

(贾英姿　于晓　李明慧　刘猛　胡振虎)

德国经济下滑表现及原因简析[*]

作为欧洲经济的火车头,德国经济一直表现强劲。但自2018年年初以来,德国经济增速放缓,出口势头减弱,经济景气指数走低,经济"衰退"风险上升。现对德国经济下滑表现及原因分析如下,供参考。

一、德国经济呈下滑趋势

作为欧盟第一大经济体,德国经济一直是欧洲经济的重要引擎。但自2018年以来,德国经济出现"衰退"苗头。主要表现为:一是经济增速下行。自2018年1月以来,德国ZEW经济景气指数、经济现状指数逐渐下降,其中,2018年5月ZEW经济景气指数降至-8.2%,远低于长期平均水平,创2012年以来最低。德国经济"衰退"风险上升,2018年1月至3月德国经济衰退风险率仅为6.80%,但2018年4月至6月陡升至32.40%。企业对经济前景比较悲观,截至2018年4月,德国IFO企业景气判断指数已连续5个月下降。由于经济前景低迷,德国经济下行风险加大。据联邦统计局数据显示,德国2018年一季度经价格调整后的GDP同比仅增长1.6%,远低于预期值2.3%,环比增速0.3%,仅为2017年四季度增速的一半,创2016年三季度以来最低。二是制造业订单量下滑。制造业为德国经济支柱,由于企业家对经济前景乐观情绪下降,制造业企业新订单环比持续下降。德国2018年4月制造业PMI降至58.1,为9个月以来最低,私营企业新订单量增长创16个月以来最低水平。三是出口有所下降。受外部因素冲击影响,德国2018年一季度进出口出现下降,其中,2018年1月至3月进口均呈环比下降势头,2018年3月出口环比虽有所回升,但同比下降1.8%。德国2018年一季度出口商品总值为3279亿欧元,仅同比增长2.8%,远低于2017年同期增速。作为贸易大国,德国经济高度依赖出口,出口下降削弱了经济增长动能。

---

[*] 本文写于2018年5月28日。

二、德国经济出现下滑的主要原因

（一）贸易保护主义冲击

自 2018 年以来，美德、美欧关系未出现实质性改善，中美贸易摩擦对世界经济构成负面影响，这些都对德国经济构成一定冲击。第一，美欧"贸易战"风险渐增。特朗普上台以后，奉行单边主义和保护主义，致使欧盟至今仍未获得钢铝进口关税永久性豁免待遇，美欧滑向"贸易战"风险渐增，跨大西洋伙伴关系受到挑战。近期，美元指数持续下行、欧元升值也削弱了德国出口能力，德国企业对美国出口减弱，对涉及美国业务忧心忡忡。第二，中美贸易摩擦产生负外部性。中美贸易摩擦持续发酵，对包括德国在内的世界经济造成不稳定性。由于中国是德国第三大出口市场，不少在美德两国跨国企业对中国市场高度依赖，美国对华产品加征关税将使德国产品受到连带打击。基尔经济研究所主席 Dennis Snower 表示，"美中贸易纠纷升级，将给德国带来大麻烦"；"一旦中国经济下滑，德国经济也将衰退"。美国的威胁性贸易政策恶化了德国外部环境，也使德国企业家信心承受打击，不利于经济稳定增长。

（二）经济结构性问题不容忽视

德国经济出现下滑势头，除外部冲击因素外，结构性问题对经济制约作用不容忽视。一是德国经济过于依赖贸易，而消费和投资贡献相对不足。出口贡献了德国 GDP 近一半，但消费、投资对经济贡献度偏弱，储蓄过高而投资低迷。从消费上看，由于工人实际工资增长缓慢，消费者收入预期下降，居民消费积极性不高。截至 2016 年，德国基尼系数已高达 0.76，位居欧盟第二位，财富分配不均更是抑制了消费扩张能力。近期，德国政府最终消费支出出现近 5 年来首次下滑，进一步削弱了消费对经济增长贡献度。从投资上看，一方面，企业税负较重，德国企业税率高达 31%，居欧盟之首。高税负降低了企业国际竞争力，不利于企业投资积极性。2017 年国际税收竞争力指数得分仅为 66.6，居全球第 23 位。另一方面，数字经济投入不足，导致工业战略发展滞后。德国数字研发投入占总投资比例为 9.14%，仅为荷兰一半左右，低于 OECD 成员国的均值 11.2%。光纤占总宽带比例仅为 2.1%；信息通信技术（ICT）专业人员占比 3.58%，仅为芬兰约 50%。再加上企业不愿尝试数字化转型，使得"工业 4.0"进展缓慢。二是人口老龄化问题堪忧。德国人口老龄化日益严重，2017 年老年抚养比[①]已高达 32.4%，

[①] 老年抚养比：65 岁以上人口与 15 岁至 64 岁工作年龄人口的比率。

预计 2025 年将进一步提高至 41%。第二次世界大战后婴儿潮一代大部分已由生产者变为社会福利领取者，养老成本上升，而熟练工人紧缺，导致技术创新缓慢，经济增长潜力受到抑制。预计至 2030 年，德国经济或将因专业人才缺失而损失高达 5250 亿欧元。

（三）受欧元区经济下滑拖累

2018 年以来，欧元区受到了一系列外部因素冲击影响。其中，美国积极财政政策使加息次数预期渐增，美欧利差扩大，10 年期美债与德债利差已扩大至历史高位，再加上贸易保护主义及地缘政治风险不断上升，欧洲经济及金融市场产生动荡。截至 2018 年 3 月末，德国法兰克福 DAX 指数①、欧元区 STOXX50 指数②分别同比下跌 6.35% 和 4.07%。在此背景下，欧元区经济结束了扩张势头。自 2017 年 12 月开始，整个欧元区制造业 PMI 指数一直处于下降态势，2018 年 4 月制造业 PMI 更是降至 14 个月来最低，欧元区经济景气指数也持续下降。受此影响，欧元区 2018 年一季度 GDP 环比仅增长 0.4%，同比增长 2.5%，低于预期水平，创 2017 年三季度以来最低增速，欧元区经济整体放缓。由于德国与欧元区经济高度融合，欧元区经济整体下滑，也拖累了德国经济表现。欧盟为德国主要出口方向，但自 2018 年 1 月以来，德国对欧盟出口额占出口总额比重已由 60.60% 持续降至 59.17%。

三、几点看法

（一）德国经济下滑系短期现象，但经济增长仍面临挑战

自 2018 年以来，主要受外部冲击影响，德国经济有所下滑。但德国经济仍处于自 1991 年以来最长经济增长周期，实体经济基础坚实，再加上欧洲中央银行宽松货币政策为成员国经济增长提供了良好利率环境，德国经济基本面仍牢固。德国五大权威经济研究所发布春季联合预测报告显示，德国经济 2018 年、2019 年仍将实现超预期增长，增速分别达 2.2% 和 2%。然而，从中长期看，德国经济仍面临较大的下行压力。从内部看，2020 年后，人口老龄化或将严重制约德国经济增长；难民危机阴霾未散，德国民粹主义势力日渐崛起；从外部看，中东地区地缘

---

① 法兰克福 DAX 指数：该指数仅由 30 种蓝筹股组成，市值加权的股价平均指数，试图反映德国股市的总收益情况。
② 欧元区 STOXX50 指数：欧洲斯托克 50 指数，由欧盟成员国法国、德国等 12 国资本市场上市的 50 只超级蓝筹股组成的市值加权平均指数。该指数被金融证券界看作反映欧元区大型上市公司股票价格整体情况的指标性指数。

政治风险或将长期存在；英国"脱欧"仍具有不确定性，"反欧"、"疑欧"势力崛起。这些因素一定程度上都将制约包括德国在内的欧洲经济稳健增长。

（二）中德可联手应对美国贸易保护主义

美国贸易保护政策是中德当前面临的共同挑战。中德经济已你中有我、我中有你，在美国贸易"大棒"面前，中德唇亡齿寒。双方都致力于共同维护开放型世界经济和自由贸易，可联手应对美国贸易保护主义挑战。不可否认，近年来，德国对华保护主义也有所抬头，2017年德国政府审查的外资收购交易中逾1/3来自中国，且德国部分官员仍叫嚣进一步限制中国等非欧盟国家收购德国企业。但中德关系仍是中国与西方大国关系的典范，应进一步深化双方政治互信，密切经贸合作和利益交融，强化双方在WTO框架下的协同配合，共同维护多边体制，应对贸易保护主义挑战。

（三）增进政治互信，进一步夯实中欧关系

当前，中欧关系正面临一系列机遇和挑战。欧盟已连续14年为中国最大贸易伙伴，中欧都致力于维护多边体系，双方领导人会晤机制化发展已历20年，双边合作成效显著。但中欧合作潜力仍有待挖掘，从投资上看，中国2016年对欧盟直接投资占欧盟吸引外资额的不足2%，英国"脱欧"后该比重或将进一步下降。从贸易上看，欧盟至今不承认中国市场经济地位，自反倾销调查新规修正案正式生效以来，逐渐加码对中国进口限制措施。如欧委会2018年5月7日发布对源自中国进口的卡车、客车轮胎征收临时反倾销税，并打算对华采取为期5年正式反倾销措施。此外，欧盟内部对"一带一路"质疑之声不绝于耳，肆意指责"16+1"合作是在分裂欧洲，中欧之间亟待化解分歧。

中德关系是中欧关系的领跑者和压舱石，德国政府正促进各界增强中国能力①，欧盟企业界也正致力于"向东看"，应以此为契机，以中德关系为翘板，推动中欧全面战略伙伴关系深入发展。应进一步深化双方民间交流，引导民企扩大对欧洲投资。同时，减少政府对企业管理及对外投资的干预，慎用补贴等非市场行为，争取推动中欧双边投资协定（BIT）取得突破性进展。切实推动"一带一路"与"欧洲投资计划"相对接，为中欧经贸和投资增长注入新动力。

（刘猛）

---

① 中国能力：2018年5月7日，德国墨卡托中国研究中心发布了一份名为《认识中国，了解中国》的研究报告，根据报告，"中国能力"包括语言能力、跨文化能力和基本了解中国政治、经济、历史、社会各领域情况的能力。

默克尔成为德国政坛"常青树"的经济因素分析*

2018年3月14日,默克尔经联邦议院投票选举,第四次出任德国联邦政府总理。自2005年上任以来,默克尔对内锐意改革,对外引领欧洲一体化进程,推进与世界各国合作,使德国逐渐摆脱高失业、低增长状况,维系了德国作为欧洲经济"发动机"的地位,展现了一名政治家的智慧和勇气。现简要分析默克尔成为德国政坛"常青树"背后的经济因素,供参考。

一、对内:大力推行经济改革,促进经济发展

默克尔上台后推行了劳动力市场、财政、产业、移民、货币等方面改革措施,其中,劳动力市场、财政、产业相关政策为德国经济快速复苏奠定了基础,助力德国经济稳健发展。

(一)改革劳动力市场

默克尔上台后基本延续了前任总理施罗德的政策主张,继续推动劳动力市场改革。第一,积极削减社会福利。主要内容包括:调低"儿童补助金"领取年限,刺激青年劳动者积极尝试就业;缩短失业金[①]领取时间,提高失业金领取"门槛";延迟退休年龄,鼓励退休人员返岗;降低养老保险金额,取消医疗保险补贴等。第二,鼓励自主创业和就业。为解决失业问题,政府鼓励个人通过创办小型企业成为自我雇佣者,为小型企业提供政策补助,还为创业者提供种子基金,并加大对创业基金支持力度;鼓励个人从事"微型工作"和"小型工作",从事"微型工作"的个人可免缴个税和社会保险费,从事"小型工作"的个人只需缴

---

* 本文写于2018年3月26日。
① 改革后,失业金分为失业金Ⅰ和失业金Ⅱ,其中,失业金Ⅰ为改革前的"失业保险",失业金Ⅱ为失业救助和社会救助的合并结果。

纳少量税费。第三，减轻企业经营负担。主要内容包括：降低企业失业保险费、医疗保险费缴纳水平，降低企业养老金缴付比率，为中小企业提供贷款担保和研发资金。

（二）加强财政巩固

第一，严明财政纪律。2006年颁布并实施《预算补充法案》，大幅削减联邦预算支出，加强财政资金监管，提高财政补贴透明度。2008年将公共投资和管理成本增幅控制在3%和2.7%。2009年6月，联邦参议院将"债务刹车条款"写入德国基本法，从法律层面规定政府削减债务和赤字责任。2011—2015年，联邦政府结构性新债上限在2010年基础上逐渐下降；2016年以后，联邦政府结构性净债务融资比例不能超过GDP的0.35%；2020年后，州政府不再出现结构性赤字。第二，推行减税措施。自2008年起，将公司所得税税率由25%下降至15%，营业税中联邦政府制定的统一税率指数由5%下降至3.5%。通过减税措施，将企业平均税负由38.65%降至29.83%。2009年联盟党决定自2010年始，每年为公司和个人减税240亿欧元。

（三）完善产业政策

第一，重视制造业发展。一是完善政策支持。2006年提出"高科技战略——德国"行动计划，加强对前沿科技和跨领域科技的支持。为推动制造业智能化，占领未来制造业制高点，2010年联邦政府进一步推出"2020高科技战略"。其中，政府投入2亿欧元支持"德国工业4.0"。二是强化研发投入。设立高科技创业基金，提高科研支出比重，增加制造业产品科技含量。2014—2016年，在高科技战略框架下，德国联邦政府投资约340亿欧元。自2005年以来，研发（R&D）支出占GDP比已由2.4%提高至2016年的2.9%。

第二，强化金融业改革。一方面，实施银行业重组。为应对金融危机，削减银行不良资产。2008年成立金融市场稳定特别基金（SoFFin），提供4800亿欧元重组危机银行。2010年年底德意志联邦议院通过关于银行治理和结构重组的法律草案——《银行重组法》，规定危机银行自行启动两级程序；政府将征收的银行资产税纳入SoFFin；对资产负债表外的金融衍生品征收固定年费。为应对欧债危机，德意志联邦议院通过2012年重启SoFFin法案，为德国银行业提供4000亿欧元担保和800亿欧元供银行调整资本结构。另一方面，强化宏观审慎监管。2013年德国通过《金融稳定法》，授予金融稳定委员会宏观审慎管理权限，使德国央行与金融稳定委员会相互制衡。

二、对外：积极应对欧洲一体化危机，发展德中关系

维护欧洲一体化，有利于德国保持在欧核心地位，为德国经济社会发展营造良好外部环境。中国是欧洲一体化进程坚定支持者，中德经济高度互补，维护中德关系，有利于德国经贸稳定发展，进一步维护欧洲一体化。为此，默克尔积极引领欧洲一体化进程，并着力强化德中关系。

（一）全力引领欧洲一体化进程

强大的欧洲系德国根本利益所在。自2005年上台以来，默克尔积极应对一系列危机和挑战，全力捍卫和引领欧洲一体化进程。第一，推动欧盟摆脱制宪危机。通过积极倾听部分成员国意见和建议，去除争议性较大的提案，推动欧盟成员国2009年最终达成《里斯本条约》，推动欧盟机构改革并增加了民众对欧盟事务的参与度，获得民众对欧盟的支持和对欧盟一体化的认同。第二，引领欧盟走出欧债危机。在欧债危机中，德国积极承担大国责任，推动巩固欧盟财政纪律。为稳定欧元，救助欧元区债务国，在欧盟层面积极出资支持欧洲金融稳定工具，并通过扩大方案，扩大该工具资本规模①。推动设立永久性纾困机制——欧洲稳定机制（ESM），并支持将ESM发展为欧盟货币基金（EMF），为欧盟创设常态化危机应对工具。坚决禁止推行"欧洲债务同盟"，推动欧盟修订《稳定与增长公约》，促使受援国实施财政紧缩政策，并推动将"债务刹车"条款写入欧盟法律。从而既避免德国为欧洲重债国债务买单，顺应国内民意要求，又促成欧洲走出债务危机，巩固了德国在欧盟权威地位。第三，坚定应对英国"脱欧"。对英国"脱欧"，默克尔逐渐采取强硬立场，告诫英国"脱欧"后不能享受欧盟成员国同等权利，须缴纳巨额"分手费"，先谈"脱欧"之后才能谈判英欧未来贸易关系，并支持以"多速欧洲"模式逐渐推进欧洲一体化。马克龙上台后，德国积极响应"重启欧洲"②倡议，以此捍卫欧盟团结，抑制民粹主义分化欧洲思潮，顺应了欧洲民众"亲欧"呼声。

（二）重视发展中德关系

中德关系为德国对外关系重要领域，默克尔对华采取灵活立场，由"价值观

---

① 该工具初始规模为2500亿欧元，德国出资1230亿欧元，为最大出资国。后德国议会通过扩大方案，将欧洲金融稳定工具规模增至4400亿欧元，德国出资2110亿欧元。

② 2017年9月26日，法国总统马克龙在索邦大学发表演讲时，提出"重启欧洲计划"，内容包括制定欧元区共同预算，设立欧元区经济和财政部长，使欧元区纾困基金——欧洲稳定机制转变为欧洲货币基金等。

外交"逐渐转变为"经济外交",重视中德政治、经济交往。第一,加强政治互信。自2005年当政以来,默克尔已10次访华,创下西方国家领导人访华次数最高纪录。中德已建立40多个对话机制,其中,中德政府磋商机制是中国与西方大国之间建立的首个政府间机制,2014年中德关系被提升为"全方位战略伙伴关系"。第二,发展经济关系。欧洲国家中,德国最早一批加入亚洲基础设施投资银行,且首先声明支持中国"一带一路"倡议。开启中德高级别财金对话,支持人民币加入SDR,助力中国政府推行人民币国际化计划,支持中欧铁路基础设施互联互通建设等。

三、取得的成效

(一)经济平稳增长

自2005年以来,德国经济逐渐向好,其中,2006年经济增速达3.7%,为自1991年以来最高水平。金融危机后德国经济率先复苏,2010年经济增速达4.08%,成为欧元区经济"领头羊"。2012年欧债危机爆发后,德国经济增速短时下滑,但仍高于欧盟其他发达国家。2017年德国GDP增长2.2%,创2011年以来最高水平。

(二)劳动力市场和财政状况大为改观

第一,失业率下降。2005年以来,德国失业率呈下降趋势,2017年德国失业率为5.7%,创两德统一以来最低纪录,且低于欧盟失业率平均水平。中小微型企业作为德国企业主体,对德国就业保障贡献突出。第二,财政状况持续改善。联邦政府财政赤字率逐渐下降,德国2006年财政赤字率开始低于欧盟规定标准,2007年实现财政收支均衡。2014—2017年德国财政盈余占GDP比重分别达到0.3%、0.7%、0.8%、1.1%。其中,2017年德国各级政府财政盈余高达366亿欧元,为两德统一以来最高水平。

(三)经济结构和贸易状况持续改善

第一,产业结构逐渐优化。从制造业方面看,德国劳动力实际工资水平已大幅降低,德国制造业成本显著下降。此外,"双元制"职业教育体系[①]为德国制造

---

① 双元制职业教育体系:整个教育培训过程在工厂企业和国家的职业学校进行,该模式以企业培训为主,将企业实践与职业学校中的理论教学紧密结合。学制为2~3.5年,主体一般为中学毕业生,教学过程在企业和职业学校交替进行,约60%~70%时间在企业,30%~40%时间在学校。

业提供源源不断的高素质技术工人，制造业已成为德国实体经济支柱，德国制造品出口竞争力优势明显。从服务业方面看，服务业占国民经济比例保持稳定。2005年以来，除金融危机期间，德国服务业增加值占GDP比一直保持在69%左右。第二，贸易状况持续改善。自2005年默克尔上台以来，除2009年外，德国商品和服务贸易顺差不断扩大。其中，2016年为2970亿美元，创第二次世界大战以来最高水平，超越中国成为全球最大贸易顺差国。

（四）危机应对成效显著，德中经贸关系稳定发展

第一，德国对欧洲的影响持续增强。一是德欧经济深度融合。从贸易关系看，欧盟成员国为德国出口货物最多的国家，2017年9月德国对欧洲其他成员国进出口贸易总额1226亿欧元，占贸易总额63.5%。从投资关系看，截至2015年，德国对欧盟和欧元区直接投资存量占海外投资总额比分别为55%和37%。欧盟和欧元区对德国直接投资存量占德国吸收海外直接投资总量的75%和62%。二是欧洲经济显著好转。受德国经济提振，危机后欧洲经济稳固复苏，其中，2017年经济增速创10年来最高，欧元区各国经济均实现正增长。在已得到财政援助的成员国中，只有希腊还在执行援助计划，并将于2018年中期退出。第二，中德关系总体稳定，成为中欧关系领跑者和压舱石。从双向贸易上看，中德互为各自地区最大贸易伙伴。中德贸易总额2016年已升至约1700亿欧元，创历史纪录，中国首次成为德国最大贸易伙伴。同时，德国成为中国在欧洲最大贸易伙伴。从双向投资上看，两国双向投资快速发展。2016年中国对德国投资存量已增至88.27亿美元；德国对华投资项目累计总数高达9394个。

四、几点看法

（一）坚持社会市场经济模式为德国经济成功重要因素

社会市场经济模式[①]为德国经济取得成功重要因素。德国历届政府都奉行社会市场经济理念，默克尔更将该理念积极向世界推广。德国社会市场经济模式以"经济效率+社会公正"为主要特征，施罗德以前德国政府过于重视"社会公正"因素，导致劳动力市场长期僵化，造成了德国高失业和低增长。施罗德上台后聚焦劳动力市场痼疾，大刀阔斧实施改革，但因改革力度过猛、波及范围广而黯然

---

① 社会市场经济模式最初由德国经济学家欧根·米勒·阿尔马克等人提出，为建立在市场经济基础上吸收社会主义经济思想和基督教教义演化而来的一种经济发展模式。主要强调生产资料私有制、自由竞争、保证良好社会秩序、社会保障等内容。

下台。默克尔上任后基本继承了施罗德"衣钵"，但默克尔更注重改革节奏，更强调发挥市场经济效率。逐步推进改革措施，甚至适时主动让步，使改革成效逐渐彰显。纵观2005年以来默克尔执政表现，默克尔能够成为政坛"常青树"，主要在于此前历任政府已为德国经济发展创设了良好的制度，营造了有利的外部条件，默克尔在承继前人基本政策基础上，顺应民意，灵活实施具体政策措施，执政风格稳健务实，赢得民众广泛支持。

（二）默克尔心系欧洲"大一统"梦想

默克尔热衷并能够推动欧洲一体化发展，主要存在以下主客观因素。从主观上看，默克尔切身体会过分裂带给德国的苦痛，渴望通过欧洲大一统强化欧洲力量，以更好应对国际政治舞台上的大国博弈。同时，强大的欧洲更有利于德国借以施展国际影响力，参与全球治理。从客观上看，欧洲国家自觉意识到，只有通过加深一体化才能应对国际政治格局深刻变革，才能更好维护国家政治和经济利益。美欧关系遇冷更使欧洲感受到，为保障自身安全必须进一步抱团取暖。

（三）可积极借鉴德国经验

德国经济取得成功且国际影响力增大，主要有以下方面值得中国借鉴。第一，大力支持制造业发展。一方面，推动制造业向智能化、信息化方向转型升级。加快大数据、云计算、区块链等互联网科技发展，深入推进"互联网＋制造业"战略。另一方面，引导资金向制造业等实体领域转移。强化为企业减税降费力度，提高制造业投资吸引力。严防虚拟经济领域资产泡沫，完善多层次资本市场发展，降低实体企业融资成本。第二，健全职业教育体系。科学制定人才培养机制，端正舆论导向，宣传正确的职业教育观念；重视职业教育建设，多渠道引导资金支持职业教育发展。第三，积极引领区域合作并承担相应的责任。目前，亚洲区域合作处于低水平，不足以应对各种传统与非传统安全挑战。作为亚洲第一大经济体，中国似应在亚洲区域合作上提出"中国方案"，推动"10＋3"合作不断迈上新台阶，强化与域内各国协调配合，推动各国在财金、贸易、产业等相关领域深入合作，积极引领亚洲经济一体化发展，以进一步增强我国在区域的影响力，更好地服务中国自身利益。

（刘猛）

马克龙政府劳动力市场改革简析[*]

自 2017 年 5 月当选法国总统以来，马克龙积极推行包括降低企业税率、改革工会、改革失业福利等为主要内容的劳动力市场改革，旨在通过强化劳动力市场弹性、降低失业率、重振法国经济。尽管改革短期被看好，但中长期堪忧。现简要分析马克龙政府主要政策措施，供参考。

一、改革原因

（一）劳动力市场僵化、失业率居高不下

劳动力市场僵化为法国失业率高企的重要原因。法国历届政府都曾着手推动改革，但成效甚微。一直以来，受工会力量影响，法国《劳动法》条文冗长且过于严苛，企业解雇员工阻力较大。职工最低工资标准逐年提高，雇主须为职工支付高昂的社保资金。法国劳动力成本因而高于多数其他欧洲国家，劳动力流动性不足，失业率长期居高不下，甚至高达欧洲其他大经济体的 2 倍。马克龙上任之初，法国失业率高达 9.5%。

（二）人口老龄化严重、养老压力大

一方面，法国人口老龄化严重，加重了养老金支付负担。截至 2016 年，法国 65 岁及以上老年人口占总人口比已高达 19.3%，远高于联合国老龄化社会 7% 的标准水平。另一方面，法国人口寿命逐渐延长。法国人均寿命已高达 81 岁，但退休制度仍未改变，劳动者法定退休年龄为 62 岁，是欧陆退休年龄最低国家。法国当前养老金支付实行现收现付制，由在职工作者供养退休者。受人口老龄化影响，在职人口比例将不断缩小，退休人口比例不断增大，在职人员养老压力持续加大。

---

[*] 本文写于 2018 年 1 月 12 日。

（三）企业税负过重、用人积极性不高

法国企业税率为33.33%，截至2015年，除法国外欧盟企业利润平均加权税率为25.6%，主要经济体为26.2%，法国与其他成员国差异明显。1997—2015年，欧盟企业税率下降11.4%，但法国没有明显变化。公司①所有分红适用3%税率征收公司所得税附加税，企业综合税率较高，不利于企业投资积极性：一方面，在法国本土企业在国际竞争中处于不利地位，不少公司总部迁出法国；另一方面，外企在法国开立子公司意愿不强，减少了外国直接投资（FDI）流入。企业迁出，用人需求减少，助推失业率走高。

二、主要改革政策措施

（一）改革社保制度以维护劳资双方权益

第一，改革社会保险和退休金制度。一是改革社会保险制度。自2018年1月1日起，逐步废除独立经营者的社会保险机制（RSI），将独立经营者逐步纳入社会保险普通制。自2018年10月1日起，将所有私营企业职工疾病保险项目和失业保险项目的分摊金取消，同时将全体纳税人的普遍化社会捐金（CSG）征收率由7.5%提高至9.2%②。二是改革退休金制度。逐渐融合两种退休制度，让私企雇员享受和公务员同等退休制度。改革养老金体系，将37个养老金计划统一为一套系统，确保经济部门之间社保公平性。

第二，改革工会。将集体谈判权由国家层面下放至企业层面，允许工会建立以企业为基础的协商关系，赋予企业工资谈判、职工工作条件等雇工形式更多灵活性。由于中小企业雇佣超过一半的法国劳工，政府鼓励员工人数少于50人的企业设置职工委员会，从而绕过工会，以此促进雇主与劳工顺利达成相关劳资协议，增强法国劳动力市场弹性。

第三，改革失业福利。竞选期间，马克龙承诺自2018年起推行失业保险改革，将失业保险发放对象扩大至所有劳动者和辞职职工。上任后，马克龙政府逐步收紧失业福利政策规定，若求职者寻找工作不力或拒绝接受培训，两次拒绝就业中心提供的就业机会，其失业补助金额将在2个月期间减少50%；若重复不履

---

① 根据2012年财政法案第二修正案，公司包括在法国的外国企业和在国外的法国企业。
② 普通化社会捐金（CSG）是社会保险机构资金来源之一，是以直接扣代缴方式对法国居民所有收入项目征收的一项直接税捐。社会分摊金是由获得工资、退休金等收入者根据特定比例从收入中支出的，雇主也必须缴纳雇主的相对分摊金部分。

行相应义务,其失业补助将于 2 个月期间取消。

第四,强化雇主权益保障。随着职工因不当解雇诉讼雇主案例增多,雇主应诉成本上升,用人积极性下降。为此,政府对不当解雇造成的法律赔偿期限设定上限。对工作已满 2 年的雇工,最低支付期限由 6 个月缩减至 3 个月;对工作已满 30 年的雇工,支付期限缩减至 20 个月;将投诉期由 2 年缩减至 1 年。此外,为企业高管社保分摊金设置上限,降低高管社保分摊费用,以此吸引企业家回流,提升法国吸引力。

(二)减税以刺激企业用人需求

第一,降低企业税率。2018 年对企业利润前 50 万欧元仍征收 28% 税率,超过部分征收 33.3%,2019 年起逐渐降低企业税率,至 2022 年将企业税率最终降至 25%,与欧洲平均水平保持一致。此外,取消"公司所有分红适用 3% 税率征收公司所得税附加税"规定。新政府还制定中小企业未来 5 年减税计划,对年营业额低于 763 万欧元企业,营业利润的前 38120 欧元征税率仍按 15% 计算。马克龙政府期望通过降低企业税率,优化法国本土营商环境,吸引本国企业回流和 FDI 流入,促进中小企业发展,从而增加就业岗位和企业用人需求。

第二,逐渐废除税收抵免(CICE)政策[①]。CICE 规定雇主发放职工工资总额的 7% 享受税收抵免,以激励雇主用人需求。但自实施以来效果并不明显且不可持续,马克龙政府决定 2018 年将雇主 CICE 税率由对雇员工资支付的 7% 降至 6%,2019 年全面废除 CICE,并以持续削减雇主税负取而代之。

第三,实行所得税代扣制[②]。自 2019 年 1 月 1 日起,实行所得税代扣制,由此,2018 年工资收入及非特殊收入将享受免税,税收缺口由特别税务拨款弥补[③]。此外,自 2018 年起,逐步取消 80% 家庭居住税,取消工资税最高边际税率,帮助领薪阶层解决居住负担,增加职工工资收入。取消富人税,吸引海外高素质人才回流,提升企业竞争力。同时,深入改革学徒制,逐渐减免企业学徒税,推进职业教育发展等。

[①] 税收抵免政策是指企业雇佣员工的薪酬支出减免企业所应缴纳的收入所得税等税额。

[②] 根据所得税代扣制,雇主发放领薪职工工资时将直接从工资中扣除职工所需缴纳的税金并上缴国库,职工不再需要等待一年后再缴纳所得税;退休保险金库发放退休人员退休金时,执行代扣所得税业务。

[③] 特殊收入包括雇主因职工住所或工作场所变更而支付的补偿款;雇主赠予职工但不存入奖金储蓄账户中的分红;雇主以其他年度名义但在 2018 年度支付的钱款;与工作合同或公司委托无关或超出规定给予的奖赏等。非特殊收入包括职工将工时储蓄账户中存储的工时兑换成的钱款;工时储蓄账户中积存未使用的休息时间兑换成的报酬等。

三、几点思考

（一）马克龙志在重振法兰西雄风

近年来，受劳动力市场僵化影响，法国经济增速放缓，甚至低于欧元区平均水平。由于法国在欧洲经济地位下降，欧洲"德法轴心"转变为德国主导。从萨科齐到奥朗德，法国历届政府都尝试推动劳动力市场改革。但受多重因素制约，改革举步维艰。马克龙当选总统3个月后，借助政党优势，即公布《劳动法》改革法令，坚定推动劳动力市场改革。作为法国历史上最年轻的总统，马克龙希望通过推动以劳动力市场改革为主要内容的一系列改革计划，推动法国经济振兴，重振法国在欧洲的大国地位，重建"德法轴心"进而实现"重塑欧洲"的梦想。当前，《劳动法》改革已付诸实施，法国经济社会发展颓势呈现扭转迹象。但作为结构性改革的一部分，劳动力市场改革不可能一蹴而就，真正实现改革目标还需假以时日。

（二）法国劳动力市场改革短期看好

第一，欧盟和欧元区经济向好，为法劳动力市场改革创造良好的外部环境。经过5年温和复苏，欧洲经济增长已开始提速，欧盟所有成员国10年来首次共同实现经济增长，2017年欧元区经济增速为10年来最快，失业率创历史最低水平，欧元区经济形势总体向好。在此背景下，法国经济增速已有所改观，经济复苏势头有望延续。失业率下降，劳动力市场回暖，有利于马克龙政府进一步推进劳动力市场改革。

第二，法国政局稳定，为改革营造了良好的政治环境。马克龙领导前进运动党打破了法国政坛数十年左右分野的传统政治格局，形成了执政党"一党独大"局面。法国议会已通过"政府法令具有法律效力"的法案，政府的行政法令无需经议会审批程序即可生效，政府决策效率显著增强。上任半年后，马克龙民意支持率继短时下降后已出现反转，改革的民意授权增强，为其继续推动改革提供了有力支撑。

第三，法国经济形势向好，为劳动力市场改革营造良好内部环境。一方面，短期内法国财政收支将进一步好转；预计法国财政收入将在未来数年保持较高水平，财政可持续性将增强，将为结构性改革奠定基础。另一方面，由于消费需求和投资需求有望增加，法国内需将有望扩大，助力经济增长，也将有助于劳动力市场改革。

(三) 改革中长期堪忧

从中长期看，随着经济改革持续推进，马克龙政府将面临改革阵痛。第一，财政压力将加重。由于扩大了失业保险覆盖群体，每年财政支出将为此花费数十亿欧元。此外，法国政府已宣布启动 5 年期 570 亿欧元投资计划，但截至目前，此计划资金仍无着落。由于新政府承诺未来 5 年不改变退休年龄规定，短期内退休制度将不会发生实质性变革，退休制度将拖累财政状况。若不推行改革，至 2020 年，法国退休制度赤字将高达创纪录的 200 亿欧元。第二，财富分化将扩大。政府期望通过照顾富裕阶层利益，减轻富人税负及对雇员的支出义务，刺激国民经济增长，从而降低失业率。这可能加大贫富分化，导致民众对政府不信任。第三，抵制或反对改革力量不容小觑。雇主反对所得税代扣制改革，不愿为职工参与职业培训支付更多分摊金，反对将职工个人培训时间账户转变为以欧元计算，不满政府限制滥用短期合同政策。社会保险制度改革未将公职人员福利考虑在内，且政府已承诺至 2022 年削减 12 万个公务员就业岗位。公务人员并未从新政府改革中受益，改革触犯了公务员群体利益。由于担心改革削弱自身和职工的权利，自马克龙上任以来，工会已多次联合公务员、警察等社会群体游行示威。随着改革深入推进，工会的阻挠力量仍不容忽视。

（刘猛）

从国情咨文看普京未来 6 年施政方向[*]

2018 年 3 月 1 日，俄罗斯总统普京发表《2018 年度国情咨文》，这是普京本届任期内最后一份国情咨文，也是作为新一届总统候选人，首次详解未来 6 年的执政思路与发展目标。在近两小时的国情咨文中，普京聚焦民生问题，在经济领域提出了提高劳动生产率、促进中小企业发展和加大基础设施投资等重点措施。考虑到普京连任总统几成定局，本次国情咨文将对俄罗斯未来经济社会发展产生重要指导意义。其主要内容和简析如下，供参考。

一、主要内容

（一）促进经济增长，突破发展瓶颈

过去 6 年，俄罗斯经济展现出强大韧性，当前俄罗斯宏观经济形势稳定，通货膨胀水平较低，新一届政府将致力于进一步挖掘经济增长潜力，推动技术进步，提高劳动生产率，加快经济现代化建设。未来六年，俄罗斯经济增速应当超过世界经济平均增速；到 21 世纪 20 年代中期，俄罗斯经济要进入世界前五，人均 GDP 提高 50% 以上。

为实现这一目标，新一届政府将从以下五方面着手：第一，提高劳动生产率。着力推动技术和管理革新，培育人力资本。制造业、建筑业和交通运输等部门劳动生产率年均增速要高于 5%，2030 年左右追上世界先进水平。政府将视情形通过提供补贴和指导等方式，鼓励企业加大研发投入，提高技术水平。第二，提振投资。6 年前提出的将投资占 GDP 的比重提高到 25% 甚至 27% 的目标仍未实现，新一届政府将不惜代价实现这一目标，并将和俄罗斯央行共同出台提振投资的具体措施，重点用于工业企业设备更新和制造业升级。第三，促进中小企业发展。力争在 2025 年左右，使中小企业占 GDP 的比重达到 40%，新增 600 万个就业岗

---

[*] 本文写于 2018 年 3 月 20 日。

位。针对中小企业融资难的问题,新一届政府将继续实施以6.5%的利率为中小企业提供贷款的政府融资项目,并采取其他措施帮助中小企业拓展财源。第四,扩大非能源和非原材料产品出口。新一届政府致力于扩大非能源和原材料产品出口,继续简化行政审批事项,消除不利于出口企业发展的隐形壁垒。未来六年,俄罗斯非能源和非原材料产品出口额要较当前水平翻一番至2500亿美元。其中,机械制造业出口要达到500亿美元,服务贸易出口额要达到每年1000亿美元以上,并向国际市场出口更多农产品。第五,推动基础设施建设。改善城市基础设施状况,发挥大城市对周边地区特别是农村地区的辐射作用,加大农村基础设施建设投入。未来6年,投资11万亿卢布(约合2000亿美元)用于公路建设;动员1.5万亿卢布(约合270亿美元)私人资金更新发电设备;加大铁路建设,打造欧亚铁路货运枢纽;推进港口和航线建设,特别是克里米亚港口和北方航线建设,提高运能运力;在2024年以前实现全国性互联网覆盖。

(二)保障和改善民生,加大教科文卫投入

国情咨文重点描述了俄罗斯新一届政府将如何保障和改善民生,加大社会事业投入,改善公共管理,为民众创造更多福利。其政策主要聚焦以下领域:

第一,减贫。俄罗斯在21世纪以来已使超过2200万人脱贫,但目前仍有2000万人生活在贫困线以下。新一届政府致力于在未来6年减少1000万贫困人口,并从提高工资水平,完善社会福利、发展养老和育儿事业等不同角度综合施策,切实提高民众生活水平。2018年5月1日,俄罗斯最低工资标准将上调至劳动人口最低生活保障标准,预计将惠及400万人。

第二,加大社会事业投入。改善住房条件,每年新增500万套住房供应,未来6年内让绝大多数家庭、工薪阶层和年轻人获得住房贷款,贷款利率从目前的10%降至7%~8%。推动个人财产税改革,使税负更加公平。建立高水平医疗体系,未来6年投入GDP的4%~5%用于医疗体系建设,加强疾病防治和癌症等重大疾病攻坚,在2028年将平均寿命提高到80岁以上,与日本、法国和德国持平。严格执行环境标准,提供优质水源供应,确保饮水安全。加大基础教育和职业教育投入力度,提高高等教育水平。加大科技投入,在机器人、人工智能、无人驾驶车辆、电子商务和大数据、5G和物联网等领域有所进展。

第三,改善公共管理。降低国有经济比重,促进市场竞争,优化营商环境。打击腐败和官僚主义,防止行政权力滥用,保护企业和公民的私有财产不受侵犯。从企业注册到日常经营,提供便利优质的公共服务。引入数字技术和高科技平台,加大信息公开,提高公共管理透明度。

（三）构建更广泛的欧亚伙伴关系

未来6年，俄罗斯将以欧亚经济联盟及其合作伙伴为基础，继续推动构建更广泛的欧亚伙伴关系。推动欧亚经济联盟建立电力、原油、石化产品和天然气共同市场，加强金融和海关合作。俄罗斯与绝大多数国家建立起牢固、友好、平等的双边关系，俄中全面战略协作伙伴关系就是典范，俄罗斯有兴趣与美国和欧盟开展正常、建设性的合作。继续推动上海合作组织和金砖机制发展，积极推动联合国、G20和APEC框架下相关议程。

二、几点看法

（一）经济增长和改善民生将是普京新任期施政重点

在国情咨文中，普京用超过一半的篇幅来介绍过去6年俄罗斯在保障民生方面取得的进展和未来6年继续改善民生的思路，包括俄罗斯民众最关注的经济增长、减贫、就业、通货膨胀和反腐败问题。之所以聚焦民生，主要是2014年开始的经济衰退造成俄民众生活水平大幅下降，人均GDP从2012年的1.5万美元降至2016年的8800美元，实际工资收入从每月近900美元降至500多美元，通货膨胀率一度高达13%。生活水平下降带来不满情绪上升，不仅出现针对普京政府的大规模抗议活动，还在杜马选举等政治活动中，出现了选民放弃投票的"无声抗议"。对普京这样已经执政18年，并大有希望继续下一个6年任期的资深政治家来说，主打"民生牌"既能为争取民意支持、提升大选投票率与支持率，又能安抚社会负面情绪，提升其政府的合法性和稳定性。

（二）俄罗斯经济短期好转，中期增长目标较难实现

自2017年以来，俄罗斯逐步走出持续近3年的经济衰退，GDP增速由负转正，通货膨胀率继续回落至3%，卢布汇率企稳，居民收入和消费改善。短期看，国际油价回升带来的收入增长以及国内消费和投资改善等因素有望支撑俄经济保持1.5%左右的增长速度，但要实现国情咨文中提出的未来6年经济增速超过全球平均增速和到21世纪20年代中期GDP跻身全球前五的目标难度很大。目前，俄罗斯经济总量约1.35亿美元，与广东省大致相当，全球排名第14位，与排名第五的英国相差近2万亿美元，想要在未来6年实现超越几无可能。事实上早在2012年竞选时，普京就提出到2020年GDP跻身全球前五、新增2500万个就业岗位等一系列量化目标，后未能实现。2018年再提这一目标，更多是一种政策宣誓和选举语言，想要在中长期实现稳定增长，普京政府仍有很多工作要做。

(三) 普京任内推动结构性改革决心凸显

丰富的油气资源为俄罗斯带来了可观收入，也使其经济结构日趋单一。面对长期阻碍俄罗斯经济增长的结构性问题，普京在2000年执政伊始，就意识到降低能源部门比重，发展多元化经济的重要性。只是十多年来，俄罗斯顺境时无心改革，逆境时无力改革，能源出口占出口总额的比重仍高达60%，贡献着40%的财政收入和近10%的GDP增长。在2014年以来多轮反危机计划中，俄罗斯政府积极推动产业结构调整，着力发展农业和制造业，降低对能源部门依赖，提振投资和消费，鼓励中小企业发展，已经收到了实实在在的效果。2018年的国情咨文又一次强调了提高劳动生产率，促进非能源部门发展等内容，进一步凸显出俄罗斯推进结构性改革，摆脱能源经济掣肘的决心。

(四) 俄罗斯对外政策重心将继续向东方倾斜

美欧对俄罗斯制裁涉及能源、金融、国防等领域，直击俄罗斯经济命脉，加剧了俄罗斯过去三年经济困难。出于寻找替代性出口市场和新经济增长点的需要，俄罗斯对外政策重心开始向东方转移，包括积极推进欧亚经济联盟建设，深化俄中经贸合作，与日本、韩国、印度等其他亚洲国家开展互利合作，积极拓展东盟市场等一系列举措。短期内，俄罗斯与美国为首的西方国家关系恐难有实质改善，经济制裁仍在持续，俄罗斯对外政策的重心将继续向东倾斜，欧亚经济联盟和中国仍将是其对外经济合作的主要方向。未来6年，欧亚经济联盟的一体化水平有望进一步提高，上合组织经济领域务实合作有望得到推进，作为普京在国情咨文中专门提及的"国家间关系的典范"，俄中经贸合作有望上升到新的高度。

（王虎　袁璇　周福芳）

俄罗斯经济回暖的表现、原因及思考[*]

近些年,在西方多轮经济制裁背景下,俄罗斯政府积极实施危机应对措施,经济逐渐有所回暖,财政状况显著改善,但从长期看仍有较大不确定性。本文对俄罗斯经济回暖表现及其原因做简要分析。

一、俄罗斯经济状况回暖表现

近年来,俄罗斯顶住西方多轮经济制裁,积极出台危机应对举措,经济已出现转机并逐渐回暖。一是经济增速由负转正。俄罗斯2015年、2016年经济均为负增长,但2016年经济下滑幅度收窄,2017年经济实现正增长,增速达1.5%,2018年一季度经济增速升至2%。俄罗斯经济发展部预测俄罗斯2018年、2019年、2020年将分别实现经济增长2.1%、2.2%和2.3%,俄罗斯经济初步走出困境。二是经济结构逐渐优化。俄罗斯2015年三次产业结构比重分别为4.1%、36.6%、60.2%,经逐渐调整,2017年第二产业占比降至32.4%,第一产业和第三产业占比分别升至4.7%和62.3%,第二产业逐渐向第一、第三产业转化。苏联时期以来,俄罗斯农业、服务业滞后的畸形经济结构有所改善。三是贸易和投资状况好转。自2014年以来,俄罗斯经济进口依赖度逐渐下降,2017年进口占GDP比重已降至16.2%,外贸顺差增幅高达28%。农产品自给率不断提高,粮食产量创1992年以来最高水平,已成为全球最大小麦出口国。工业品出口增加,2017年钢铁出口逆势上升,同比增长33%;钢铁制品出口同比增长52%,电机、电气设备及其零件出口不断增加。营商环境和投资环境较前两年显著改善,2017年全球营商环境指数排名升至35位,居金砖国家之首。外国对俄罗斯直接投资增至近250亿美元,固定资产投资总额超预期增长4.4%。四是财政状况改善。受油气收入增长影响,俄罗斯财政状况显著好转,2017年联邦财政收入同比增长12.1%,结束了2014年以来下行势头。联邦预算赤字为13369亿卢布,同比下降

---

[*] 本文写于2018年5月14日。

54.8%，为 2012 年以来首次，创 2015 年以来最低水平。五是通货膨胀水平显著下降。俄罗斯卢布汇率虽有所升值，但通货膨胀率仍保持在较低水平。俄罗斯 2015 年通货膨胀率曾高达 15.9%，但 2016 年、2017 年已分别降低至 5.4% 和 2.5%。受此影响，劳动者实际工资增幅约为 4%~5%，消费需求逐渐恢复。六是失业率持续下降。俄罗斯经济逐步回暖，劳动力市场状况持续向好。2017 年失业率降至 5.3%，为 2014 年以来最低。随着经济复苏，预计俄罗斯失业率短期内将进一步下降。

二、俄罗斯经济回暖原因简析

（一）采取经济调整与改革政策

为应对西方制裁、振兴本国工业，俄罗斯积极采取经济调整与改革政策，强化财政纪律，维护金融稳定。一是实施进口替代战略。政府制定专门政策，对进口替代战略进行顶层设计并设置专门机构——进口替代委员会，对具体部门提供业务指导。出台《俄联邦关于工业部门实施进口替代规划》《2013—2020 年农业发展国家纲要》等政策，并于 2015 年和 2016 年出台两次反危机计划。政府制定进口替代五年计划，为汽车、船舶等关键产业设置进口替代目标，分阶段降低进口依赖度。支持非能源产品出口，将进口替代与出口导向、再工业化与新型工业化相结合，以此推动产业结构转型升级。二是加强财政巩固和金融监管。采取偏保守的预算政策，限制社会福利和养老金增长，减少财政支出和赤字，以此降低财政负担，为经济改革留足财政空间；重组银行，改善投资环境，遏制资本外流，吸引资本流入，有效应对国际金融市场波动，维护国内金融市场稳定。三是实施宽松货币政策。俄罗斯中央银行 2017 年连续六次下调基准利率，2018 年以来已连续两次下调基准利率，并由紧缩性货币政策调整为中性货币政策，藉低利率降低企业融资成本，促进企业投资和消费增长，刺激内需改善和经济回暖。

（二）国际油价保持较高水平

2016 年 11 月底，非欧佩克产油国和欧佩克产油国达成减产协议，此后，又延长减产期限至 2018 年年底，国际石油供给过剩状况得以缓解，美元贬值进一步助推油价上涨。2017 年年底布伦特油价突破 65 美元/桶，为 2015 年 6 月以来首次。作为全球第一大产油国，俄罗斯 2017 年油气收入贡献了财政收入 39.6%，一改自 2014 年以来下降势头，能源出口占出口比例升至 48.5%。油价上涨有力改善了俄罗斯财政和贸易状况，促进俄罗斯经济回暖。

（三）外部经济环境改善

俄罗斯经济对外依存度较高，国内经济严重依赖于外部需求。2017年世界经济普遍好转，经济增速创2011年以来最高水平，主要经济体经济形势明显向好。其中，欧元区作为俄罗斯最大贸易伙伴，经济增速创10年来最高水平。中国经济超预期增长，提振全球经济复苏。世界贸易增速结束了连续4年低于世界经济增速状况，转而促进世界经济增长。国际大宗商品需求上升，带动俄罗斯出口增长并刺激了经济回暖。

（四）中俄经贸往来密切

中俄经贸关系升温为俄罗斯经济回暖注入强心剂。乌克兰危机后，俄罗斯与西方经贸关系受挫，密切中俄经贸往来成为俄罗斯摆脱经济困境重要途径。在此背景下，中俄贸易额占俄罗斯外贸总额比重不断提高，2017年已升至约14%。中俄经贸往来甚至超过俄罗斯与欧亚联盟及欧盟发达国家经贸额，中国已连续8年保持俄罗斯第一大贸易伙伴国家地位，成为俄罗斯外贸稳定的压舱石。

三、思考与启示

（一）俄罗斯经济回暖或为短期现象，经济形势尚需进一步观察

自2017年以来，俄罗斯经济回暖势头如果不能伴随经济结构进一步优化，长期发展仍难以乐观。从国际能源市场看，美国大力发展页岩油气，必然冲击石油减产协议效果，加上新能源革命、贸易保护主义抬头等影响，国际油价或将长期走低，抑制俄罗斯经济增长潜力。从国际政治看，由于意识形态、地缘政治、国家利益等方面差异乃至冲突，西方与俄罗斯结构性矛盾将长期存在，对俄罗斯经济制裁短期不会放松，直接影响俄罗斯经济正常运行，如近期受美国宣布制裁俄罗斯个人和实体影响，俄罗斯遭遇股汇双杀，RTS指数[①]一度暴跌11.4%，创自1995年以来最大单日跌幅。从经济结构看，俄罗斯制造业占GDP比重仅为12%，工业品进口依赖度总体偏高，国内缺乏支柱型产业。进口替代战略长期效果仍有待观察。

---

① RTS指数，又称俄罗斯指数，是许多俄罗斯、东欧和新兴欧洲基金的重要指标，经莫斯科交易所的50大上市公司股票加权计算得出，并于每三个月重新审核指数成分股。

（二）积极呼应俄罗斯东向战略

为应对西方制裁，俄罗斯已推行"向东转"战略，重视发展与包括中国在内的亚太地区国家经济合作。我国应借此切实推动中俄合作迈上新台阶。一是加强战略对接。将东北振兴战略与俄罗斯远东开发战略相结合，加快提升大图们倡议区域合作机制，积极参与符拉迪沃斯托克自由港建设，切实推动"一带一路"与"欧亚经济联盟"对接，争取形成早期收获。二是强化能源合作。通过强化中俄能源合作，调整能源结构，充实战略石油储备，加强冰上丝绸之路[①]合作，并以亚马尔项目[②]为契机，探索加强中俄相关领域全产业链合作。三是密切人文交流。充分发挥企业界等民间纽带作用，如中国移动已在俄罗斯建立子公司，相关企业可在投资同时，积极组织开展与所在地方各界交流。

（三）以俄罗斯为鉴，防范外部冲击对我国经济形成重大干扰

受美欧制裁影响，俄罗斯经济一度陷入衰退，2017年经济回暖主要受益于外部利好因素。自2018年以来，随着美国对俄罗斯经济制裁加码，卢布汇率贬值，俄罗斯经济下行风险剧增。巴克莱银行分析师认为，卢布兑美元汇率贬至70时，俄罗斯经济可能发生全面衰退。由于俄罗斯实体经济仍脆弱，随着外部利好因素消退，美欧制裁效果将愈发显著。我国应以此为鉴，切实防范外部因素对我国经济冲击。一方面，应增强自身免疫力，提高应对外部冲击能力。加快新旧动能转换，进一步推进"去杠杆"，促进互联网等与制造业深度融合，筑牢实体经济根基。另一方面，应妥善管控分歧，避免国际经贸多双边合作中出现"零和博弈"。中国经济正处于转型升级关键期，应尽力避免贸易摩擦升级，为经济发展营造稳定的外部环境。

（刘猛）

---

① "冰上丝绸之路"是从北冰洋连接北美、东亚和西欧三大经济中心的海运航道，一般称之为北极航道。北极航道主要分为东北航道和西航道，中俄两国合作参与的是东北航道。因此，从狭义角度上理解，"冰上丝绸之路"即为北极航道中的东北航道。

② 亚马尔项目：亚马尔项目位于俄罗斯境内的北极圈内，是目前全球在北极地区建设的最大LNG工程，属于世界特大型天然气勘探开发、液化、运输和销售一体化项目。经多次调整，目前，亚马尔项目的股权架构为：诺瓦泰克公司控股50.1%；中石油集团持股参股20%；道达尔参股20%；中国丝路基金参股9.9%。2017年12月8日，亚马尔LNG项目开始投产，成为中俄两国共建"冰上丝绸之路"的首个建设成果。

| 第四部分 |

美洲经济

特朗普执政首年经济政策简析[*]

特朗普正式就任美国总统已满一年。一年来,特朗普遵循"美国优先"原则,以提振经济增长、创造就业岗位、改善贸易逆差为目标,对内推动税改、医改以及放松能源管制、加大基础设施投资,对外退出TPP、重谈NAFTA、降低对多边机制和多边机构的投入等。总的来看,特朗普执政首年国内经济议程取得一定突破,美国经济整体保持稳定增长势头;对外政策已产生较广泛外溢影响。其主要经济政策及分析如下,供参考。

一、国内经济政策

(一)推动税改,实现首个立法胜利

早在竞选时期,共和党总统候选人特朗普就将降低美国中产阶级家庭和企业税负作为其重要竞选纲领。2017年4月,白宫公布税改大纲,2017年9月出台较详细的税改计划,自2017年11月以来,税改进程明显提速,美国会参众两院先后通过了各自版本的税改提案并迅速完成文本合并。2017年12月22日,特朗普签署《减税和就业法案》,近30年来最大规模的税改成功落地。此次税改主要内容包括大幅下调企业税率至21%、全面下调个人所得税率、对美跨国企业实施属地征税制度、提高遗产税起征点等,预计减税规模达1.5万亿美元。乐观预计,税改有望在短期提振美国经济增长,创造更多就业岗位并吸引海外资本回流,重塑美国制造业优势。但从中长期看,税改对潜在增长率的提振作用有待观察,并将造成超过1万亿美元的财政负担。

(二)医改遇阻,暴露党内缺乏共识

废除奥巴马医改法案并提出新的医保改革措施是特朗普团队主要竞选承诺。

[*] 本文写于2018年1月31日。

特朗普入主白宫后签订的第一个行政命令就是废除奥巴马医改法案，但"特版"医改法案的立法进程严重受挫，甚至无法在党内形成共识。2017年3月，特朗普提出《美国医保法案》草案，并于2017年5月通过众议院投票。2017年7月，参议院历经三轮投票后否决该提案，共和党和特朗普废除奥巴马医改法案的努力暂告失败。也正是从废除"奥巴马医改"开始，共和党内部建制派和反建制派的矛盾逐步凸显。近日，在特朗普签署的税改法案中已经纳入废除奥巴马医改中强制购买医疗保险的相关内容，为未来彻底废除奥巴马医改埋下了伏笔。

（三）组阁艰难，部分高层至今缺位

特朗普是美国历史上第一位以商人身份直接问鼎白宫的总统，其内阁成员"鹰派多、富豪多、亲信多"。现任国务卿蒂勒森、财政部长姆努钦、商务部长罗斯、白宫国家经济委员会主任科恩等大批内阁成员均为商界精英，鹰派代表包括美国国家贸易委员会主席纳瓦罗、首席贸易谈判代表莱特西泽等，亲信则包括担任总统顾问的女儿伊万卡和担任白宫高级顾问的女婿库什纳。

特朗普组阁过程非常艰难，部分提名人选受到民主党人集体抵制，甚至只能通过修改投票规则才勉强获得通过。一年来，约有1/3的特朗普内阁成员及其核心幕僚离职，包括前白宫首席顾问班农、前卫生部长普雷巴斯、前白宫幕僚长普利巴斯、前白宫通讯联络主任杜布克、前白宫国家安全顾问弗林等，创40年来总统班底首年离职率新高，而特朗普提名高官在国会的获批比例为老布什政府以来最低水平。目前，关于国务卿蒂勒森、白宫国家经济顾问科恩以及特朗普女儿伊万卡和女婿库什纳离职的传闻仍在持续。除内阁成员外，特朗普政府中几百个中高层官员直到近几个月才陆续到岗，并仍有大量职位空闲。中高层官员缺位对特朗普推动内外经济政策形成掣肘，白宫、国务院以及国防部等主导未来对华政策走向的部分重要官员缺位也为中美经贸关系发展增添了不确定性。

（四）基础建设、金融改革、能源等其他政策进展缓慢

改善基础设施、放松金融监管、调整能源政策也是特朗普竞选时期的几项主要承诺。基础设施建设方面，2017年2月，特朗普提出将向国会要求1万亿美元的基建支出，以替换美国"破碎的基础设施"，重点包括道路、桥梁、隧道、机场和铁路等。2017年6月，特朗普启动"基建周"活动，为基建计划铺路造势，预计特朗普将在近期公布更为详尽的基础设施投资计划。

金融改革方面，特朗普力推的"去监管"改革意图降低《多德——弗兰克法案》等监管法案对金融行业造成的不利影响，通过放松监管来释放金融业盈利空间、支持实体经济发展。特朗普上任后即签署行政令修改《多德——弗兰克法案》部分条款内容，随后国会参众议院通过了《金融选择法案》，标志着特朗普金融改

革取得阶段性成果。目前，国会两院仍在就法案的关键内容进行讨论，最终版本面临一定变数。

能源政策方面，特朗普倡导改善美国能源结构、发展传统能源、打造传统能源生产和出口大国。上任以来，特朗普先后废除了奥巴马政府制定的《清洁电力计划》，出台《美国能源优先计划》，放宽对煤炭和油气开采和使用限制，扩大石油和天然气产能，放开原油和天然气出口。一年来，美国化石能源产量加速增长，页岩油产量止跌回升，而清洁能源发展和能源结构转型则出现停滞。

二、对外经济政策

（一）美国优先，"国际退出"

特朗普认为，现行贸易体系和部分自贸协定对美国经济增长造成了负面影响，主张所谓更加"公平"的自由贸易，力求把美国的经贸利益最大化。具体做法包括在双边层面重启贸易保护政策工具，如"301调查"、"232调查"等。在区域和多边层面，特朗普先后退出跨太平洋伙伴关系协定（TPP），中止跨大西洋贸易与投资伙伴关系协定（TTIP）谈判；重谈北美自贸协定（NAFTA）和美韩自贸协定；公开批评世界贸易组织（WTO）运行效率并试图规避WTO仲裁框架，否决WTO人事任命等。一年来，在"美国优先"的政策背景下，美国对多边机制和多边机构的支持力度显著下降，相继退出《巴黎气候变化协定》、联合国教科文组织、联合国框架下的《全球移民协议》等多边合作框架，对世界银行等多边开发机构增资持消极态度，并削减联合国行政预算。

（二）对华经贸政策展现两面性

在竞选时期，特朗普大打"逆差牌"，多次就贸易逆差问题对华施压，指责中方操纵人民币汇率、向美国倾销廉价产品、对美国输出中国产品征收"重税"、"偷窃"美国就业岗位和知识产权。上任后，特朗普一改竞选中的强硬立场，对华政策呈两面性。一方面，采取较积极务实的态度推进中美合作特别是经贸领域合作。2017年，通过三次元首会晤和首轮中美全面经济对话，双方在商品贸易、市场开放和国际合作方面取得积极进展。另一方面，特朗普为改善贸易逆差，对华发起了几乎"全套"贸易救济调查，在开展"反倾销"、"反补贴"及"337"调查等常规性调查的同时，启用"301"条款、"232"条款及"201"条款非常规贸易救济措施发起调查，并出现由商务部等政府部门"自主"发起对华调查的案例。自2017年年底以来，特朗普对华经贸政策的强硬取向加剧，包括叫停蚂蚁金融服务（简称蚂蚁金服）收购速汇金、华为与AT&T分销协议等投资合作项目，对涉及中国企业的洗衣机和太阳能电池板进口实施保护性关税等。

三、政策效果

（一）经济增长持续向好，货币政策正常化有序推进

特朗普执政首年，美国经济基本延续奥巴马后期稳固增长态势，2017年GDP增长2.3%，明显高于2016年的1.5%。失业率降至4%左右，基本实现充分就业，通货膨胀逐步向2%靠拢。市场方面看，美国三大股指近一年来屡创新高，房地产市场量价齐升，消费者信心空前高涨，消费信贷规模甚至已恢复到金融危机前水平。这其中，既有美国经济连续9年正增长的周期性因素，也离不开特朗普上任首年大刀阔斧地破旧立新，为企业和居民注入了强心剂。可以预见的是，随着特朗普税改落地，美国经济增长短期将再次得到提振，2018年全年经济增速有望超过3%。

基于持续改善的就业市场和稳中有升的通货膨胀水平，美联储2017年3次加息，并从2017年10月开始启动"缩表"，逐步退出全球金融危机后的非正常货币政策，为应对未来潜在风险预留政策空间。从美国经济实际表现来看，加息和缩表并未对美国经济增长造成显著影响，也未在全球资本市场引发明显波动。2017年年底，特朗普提名共和党人鲍威尔接替耶伦出任新一届美联储主席，并将在2018年再提名1名副主席和2名理事。从短期看，美国货币政策正常化进程有望按市场预期的节奏有序推进，美联储在保持独立性的同时，与行政当局的协同或进一步加强，共同维护美国经济健康发展。

（二）驴象之争未见缓和，相互掣肘延滞经济议程

在2016年大选中，共和党同时赢得总统和国会选举，美国政坛再次出现"一致政府"局面。但从运行首年的情况看，"一致政府"并没有发挥出明显的效率优势。民主党虽然处于少数地位，但从提名内阁成员开始，凡是特朗普支持的，民主党大多集体反对，而共和党内部建制派和反建制派的矛盾同样存在，党内难以形成统一声音。由于立法程序屡屡受挫，特朗普不得不更多地依靠总统行政令施政。近期"政府关门"再一次暴露出两党矛盾和共和党党内分歧，未来特朗普推动大规模基础设施投资计划、废除奥巴马医改等经济议程，难度将进一步上升。

（三）对外政策不确定性犹存，美国际公信力下降

一年以来，特朗普秉持"美国优先"战略，以提振美国国内经济与就业为目标，行事风格较前几任总统明显不同。无论退出TPP和巴黎协定，还是重谈北美

自贸协定和美韩自贸协定，特朗普以美国利益优先，更注重具体务实成果特别是实实在在的商业成果，并不一味死守所谓的西方"价值观"和"评价标准"，更不过多考虑美国在全球经济体系中的责任义务，凸显出"重双边、轻多边"、"重利轻义"的倾向。受此影响，美国国际领导力和公信力相对下降。

四、几点看法

（一）美国经济短期无忧，中长期有潜在风险

2017年美国经济稳步向好，在特朗普当选伊始走出了一波"股债汇"齐涨的"特朗普行情"。短期内，税改将进一步增强美国经济增长的内生动力，而受益于全球经济复苏，美国商品和服务的海外需求有望进一步扩大，主要国际机构普遍上调美2018年经济增长预期至接近3%的水平。从中长期看，美联储预测美国经济潜在增长率仅为1.8%左右，实际经济增速已超过潜在增速，未来美国经济持续增长将更依赖全要素生产率的提高，减税和大规模基础设施投资等扩张性政策短期有效，中期不排除经济过热、结构性失衡加剧甚至引发硬着陆风险。未来几年，税改、加息和婴儿潮一代退休等因素将进一步加重联邦财政负担，能否妥善应对赤字和债务压力，将直接影响美国经济前景、宏观政策走向和金融市场稳定。

（二）中期选举因素上升，警惕特朗普提前"跛脚"

特朗普执政首年，尽管整体民意支持率偏低，但在共和党选民中仍保有较高威望，九成共和党选民认为特朗普执政首年"非常成功"，超过四成共和党选民认为特朗普取得了包括税改在内的"重大胜利"。较乐观的预测是，若税改的经济效应得以充分释放，特朗普或在2018年扭转颓势，进一步稳固政局。但近期共和党在阿拉巴马州地方参议员改选中失利，以及多数民众将政府"关门"归咎于共和党和特朗普，预示中期选举或将非常焦灼。由于特朗普在执政首年没能有效弥合党派裂痕，两党之争和共和党内部分歧有愈演愈烈之势，围绕中期选举，各方势必展开更为激烈的博弈，一旦民主党拿下参众两院任一多数席位，特朗普或提前面临"跛脚"。

（三）谨慎应对"美国退出"带来的消极影响

特朗普就任以来，在国际经济治理特别是多边治理框架下主动收缩，一定程度上放弃了部分规则制定权和领导力，突出表现在退出了TPP协定和巴黎气候协定、退出联合国教科文组织、减少对联合国等多边机构财政支持。这种重视短期利益和经贸利益，忽视国际规则和秩序的做法对美国自身损益尚难判断。但对国

际社会来说，由于美国"退出"，部分国际治理体系受到冲击，可能出现潜在国际权力真空问题。对我国而言，一方面应冷静观察并研判特朗普相关政策的后续发展和对国际格局的实质影响。另一方面，应详细评估我国更深入参与国际治理和规则制定所需的资源和代价，有所为有所不为。

（四）警惕中美贸易摩擦风险上升，做好应对美国对我国打局部"贸易战"的准备

由于近一年来美国对华贸易逆差并未出现明显改善，特朗普经贸领域对华立场呈日趋强硬之势，2018年中美贸易摩擦风险上升是大概率事件。正如习近平总书记指出的，"既要有防范风险的先手，也要有应对和化解风险的高招"。我国应做好预案，制定反制措施，妥善应对美国对我国发动局部"贸易战"。目前，美国部分对华出口商品占美国出口总量比重较大，可拟定"报复"清单，选择进口量大、产地集中、影响敏感的特定产品征收关税。同时，考虑到特朗普一贯谋求现实利益，可将我国扩大开放方针与反制美国对我国打"贸易战"相结合，对欧洲、日本等美国贸易竞争对手定向开放国内市场，特别是服务贸易领域，以敲打美国，回应美方可能发起的贸易争端。

（五）以全面经济对话和中美经济合作一年计划为抓手，继续做好对美经济工作

作为全球最重要的双边关系，中美关系不仅关系两国福祉，更牵动着整个世界形势。一年以来，在两国元首的战略引领和双方各个层面的协同努力下，中美关系特别是中美经济关系总体保持了稳中有进的积极态势。但近期随着中美贸易逆差持续扩大，美国国内阻华遏华声音上升，特朗普对华立场日趋强硬。从现在到2020年是特朗普第一任期，也是我国全面建成小康社会的决胜期，我国应从实现"两个一百年"目标的战略高度看待中美经济关系，继续利用好"全面经济对话"等沟通机制，加强与美方各个层面的沟通协调，做实中美经济合作一年计划，用特朗普看重的务实成果拉住美方，在经贸和更广泛领域内寻求更多利益契合点。

（贾静航　王虎）

特朗普税改百日经济效应简析*

2018年3月30日是特朗普签署《减税和就业法案》百日。从百日效果看，税改法案短期效应良好，对美国经济增长和市场信心形成有效支撑。但从全球范围看，税改外溢效应逐步凸显，在提振全球增长的同时为全球资本流动和国际税收合作带来新的不确定性。现将特朗普税改短期经济效应简析如下，供参考。

一、有效提振美国经济

（一）减税短期利好经济基本面

自特朗普税改法案颁布以来，美国经济增长预期持续向好，亚特兰大联储预计2018年一季度美国GDP增速将升至3.5%，一举扭转近几年来一季度经济增长低迷的"惯例"。照此势头，税改有望实现未来三年GDP增速提升1.3%~1.6%的政策目标。近期，IMF、OECD等主要国际机构先后上调2018年美GDP增长预期，其中大部分归功于减税的积极效应。近三个月，美国就业市场强劲，消费者情绪乐观。失业率持续稳定在4.1%，为2000年以来最低水平。非农就业人数持续增加，2018年2月增至31.3万人，已非常接近充分就业。2018年3月美国密歇根大学消费者信心指数为102，创2004年1月以来新高；2018年2月核心个人消费支出同比增长1.6%，创近一年来新高。

（二）减税短期掣肘基建投资

特朗普税改落地百日，美国经济在消费、投资和就业等领域表现良好。基于此，美联储2018年3月再次加息，年内预计还将加息2~3次，甚至不排除一旦经济过热，加息节奏将进一步加快。不断上升的联邦基金利率将拉高基础设施投资的融资成本，特朗普未来10年以2000亿美元联邦资金撬动1.5万亿美元总投

---

* 本文写于2018年4月2日。

资的基建计划将受到一定影响。此外,随着美经济动能增强,投资者风险偏好上升,免税的市政债券对金融机构和个人投资者的吸引力下降,州和地方政府基础设施建设主要融资渠道将受到限制。

(三) 拉大美国社会贫富差距

税改调整美国家庭收入结构,扩大了社会贫富差距。据华盛顿相关智库预测,2018 年,税改将使占美国 1% 人口的最富有人群纳税额平均减少 5.1 万美元,而中等收入家庭纳税额平均仅减少 900 美元;占比 10% 的美国富裕阶层收入将享受超过 14% 的税收减免,而中产阶级税后收入仅增加 1.8%。数据显示,5 万美元及以上的相对高收入者比 5 万美元以下收入群体乐观指数更高,这与特朗普宣称的改善中产阶级状况的税改目标背道而驰。

二、税改外溢效应

(一) 短期内为全球经济增长注入动力

税改不仅能有效提振美国经济增长,还将为全球经济增长注入新的动力。基于美国经济积极预期,IMF 将未来两年全球经济增长预期上调至 3.9%,已接近金融危机前水平。其中,美国税改对全球经济增长的直接贡献将达 0.1%。从国别来看,税改溢出效应对美国主要贸易伙伴尤为显著。税改带来美经济增长和民众收入改善,有助于扩大美国对加拿大和墨西哥等主要贸易伙伴的进口。有机构预计,受益于美国税改,2018 年加拿大经济增速将提高 0.2 个百分点,墨西哥将提高 0.4 个百分点。

(二) 资金回流短期将对全球 FDI 流动产生影响

在企业所得税方面,美国税改前采用全球征税制,联合境外税收抵免制度消除双重征税,税务机关对美国企业在全球范围内的收入征税。税改后,美国按"属地"原则征税制度,海外利润无需在本国缴税。目前,美国对外投资和吸收外资存量之和约占全球 FDI 总存量的 50%,其跨国公司的海外利润高达 2.6 万亿美元,该制度或使部分海外利润回流,短期内可能对全球 FDI 流动产生影响。据美银美林预测,税改将引发美国企业海外资金汇回总额约 4000 亿美元。2018 年 1 月,苹果公司宣布近千亿规模的资金回流计划,贡献约 380 亿美元税收。

(三) 减税效果仍需进一步关注

税改的重要目标之一是致力于拉动美国内需,提振实体经济特别是制造业竞争力。但资金回流对美国经济的实质影响短期内难以预测,即使海外资金回流至美国,能否进入实体经济也有待进一步观察。从近三个月的情况看,美国 ISM 制造业指数升至 60.8,创近 7 年来最高水平,新订单数量大幅上升,福特和通用等大企业先后宣布将进一步扩大在美投资。但若不加以妥善引导,很可能重蹈小布什时期"税收优惠政策"的覆辙——平均每 1 美元利润就有多达 91 美分被用于购买股票和涨薪。自特朗普税改法案颁布以来,美国三大股指大幅上涨,屡创历史新高,并在 2018 年 2 月初出现较大幅度波动,由于税收条件只是制造业企业选择战略布局的因素之一,中长期减税能否为包括制造业在内的美国实体经济提供支撑无法确定。

三、几点建议

(一)密切关注税改对跨国投资的影响

从我国角度看,美国对我国投资存量占我国外资存量不到 7%,对美国 6.4 万亿美元海外投资总额的占比也很小,半数以上美国对华投资集中在制造业,这些生产性资产流动性不强,短期不易回流。从近期实际情况看,2018 年 2 月直投资本金项下结售汇延续顺差,对外直投资本金购汇相对平稳。剔除春节的影响,跨境资金双向流动总体平衡态势稳固,并未出现大规模资金流出的情况。但由于当前全球经济形势仍有较强不确定性,特朗普政府接连推出保护主义举措,中美贸易摩擦风险上升,中美关系潜在风险结合税改影响,仍可能对跨境资本流动产生影响。为应对潜在的资本流动风险,我国应继续完善跨境资本流动宏观审慎管理体系,保持稳健中性的货币政策,积极稳妥"降杠杆",守住不发生系统性风险的底线。

(二)深化财税体制改革,为企业减税降费

2017 年年初,我国采取了一系列减税降费措施,分步骤全面推开营改增,在财政收支矛盾较大情况下,累计减税超过 2 万亿元。下一步,我国应深化落实财税体制改革,为企业减税降费,保质保量完成 2018 年 8000 亿元的减税目标。同时进一步清理规范行政事业性收费,大幅降低企业非税负担,激发市场活力和创造力。另外,发达国家逐渐转向属地税制趋势明显,全球税制改革浪潮将至,我国应完善境外利润汇回税收制度,减轻"走出去"企业的总体税负,提高本国企业的海外竞争力。

(三) 优化营商环境，培育国际竞争优势

企业是经济的支撑，创新的主体，就业的保障。我国应运用包括税收在内的一切手段为企业营造良好的发展环境，培育具有国际竞争力的创新型企业，提高企业竞争力。2018年正值改革开放40周年，我国应以此为契机，进一步放宽非公有制经济市场准入，通过制度和法制建设打造国际化、法制化的营商环境，鼓励市场竞争。同时，增强中资企业国际竞争优势，鼓励企业积极参与国际竞争，扩大合作，带动中国制造和中国服务走向世界。

（袁璇）

美国农业补贴相关情况简析*

美国是当今世界农业生产和贸易强国，农业补贴①政策对美国农业发展激励作用不容忽视。美国立法和行政部门协同配合，通过定期完善和严格执行农业法律法规对农业生产提供支持。近年来，为规避 WTO 规则，美国逐渐加大"绿箱"、"蓝箱"政策使用，农业补贴虽未超出 WTO 相关限定标准，但补贴导致农产品供给过剩，形成了贸易扭曲，给中国等相关国家农业部门造成了实质损害。有关情况简要分析如下，供参考。

一、美国农业补贴主要法律内容

（一）直接补贴

美国主要以法律形式对农业生产实行补贴，且通过持续修订农业法案完善补贴政策。其中，营销援助贷款、贷款差额补贴政策自第一部法案起沿用至今。2008 年修订农业法案后，主要通过直接支付（DP）、反周期支付（CPP）、平均作物收入补贴（ACRE）②对农业生产进行"脱钩"③和"半脱

---

* 本文写于 2018 年 11 月 9 日。

① 农业补贴是一国政府对本国农业支持与保护政策体系中最主要、最常用的政策工具，通常为政府对农业生产、流通和贸易进行的转移支付。根据 WTO 农业协定，"绿箱政策"指政府执行某项农业计划，没有或仅有最微小的贸易扭曲作用，对农产品生产影响很小的支持措施，任何国家都可免除削减义务，包括一般农业服务、收入保险计划等；"黄箱政策"指因对生产者提供价格支持作用的补贴而易引起农产品贸易扭曲的政策措施，包括政府对农产品的直接价格干预和补贴，种子、肥料等农业投入品补贴等，而一些与生产限制计划有关的"黄箱"政策支持可放入"蓝箱"特殊政策中，从而免于削减。

② 平均作物收入补贴（ACRE）为反周期支付备选项目，二者之间只能择其一。反周期支付仅考虑价格对农户收入的影响，但未考虑产量与价格反向变动对于农场收入的影响，造成补贴不足或过度，故 2008 年后引入 ACRE 修正该问题。

③ 脱钩补贴指直接补贴额只与基期生产数量和既定补贴标准有关，而与现期产量和价格无关的补贴方式。

钩"式直接补贴①。近些年,为提高补贴资金效率,规避 WTO 规则制约,美国加大了"半脱钩"政策使用力度,2014 年农业法案废除了 DP,并以价格损失保障(PLC)和农业风险保障(ARC)分别取代 CPP 和 ACRE。新政策名为"保障",实质上仍然是"直接补贴",只是补贴手段更为隐蔽。

其中,PLC 为反周期补贴,规定当农作物市场价格低于 2014 年农业法案设定的目标价格时,即可享受补贴,补贴额度为价差与单产、面积的乘积。新规大幅提高了 15 种产品的目标价格,大麦价格增幅达 121%,玉米和大豆达 44.8%。由于单产受限,该补贴属于新蓝箱②政策范围,补贴力度更大,更能提高农作物生产者积极性。ARC 由原平均作物收入补贴(ACRE)调整而来,针对农户收入风险实施补贴,当特定作物生产实际收入低于基准收入 86% 时,农户即可享受补贴。这些作物包括小麦、饲料、大米、油菜、花生、干豆等,作物生产者既可以选择针对单项作物的"县级计划",也可以选择针对农场总收入的"农场级计划"。由于按历史面积和产量计算补贴额,该补贴也属于新"蓝箱"政策,触发机制相对简单,相关农户更易享受政府支持。

(二)间接补贴

随着农业补贴市场化转型,美国正加强通过农业保险、自然灾害援助等"间接补贴"支持农业生产。第一,加强农业风险管理,绕开 WTO 相关规定,农业保险已成为农业支持最主要政策手段。2014 年农业法案将作物保险计划支出占农业法案预算支出比重升至 8%,成为仅次于营养援助计划③支出的第二大支出项目。农业保险补贴分为保费补贴和业务费用补贴④。对农户,由私营商业保险公司为农户提供保险服务,联邦政府为农民提供保费补贴。其中,对导致农业产出低于 50% 的巨灾保险费政府提供 100% 补贴。对保险企业,政府通过联邦农作物保险公司为保险企业提供再保险,并通过对农业保险全免税等方式为私营保险公司提供支持。如 2014 年农业法案取消了对棉花直接补贴相关条款,专为棉花制定叠加收入保险计划(STAX),最高可保障农户收入的 90%,且政府补贴保费的 85%,还

---

① 直接补贴,主要包括直接支付和反周期支付,其中,直接支付是指政府以预先确定的补贴面积、产量以及补贴率,对具体产品提供的固定补贴。反周期支付是在市场价格低于过去 5 年平均水平约一半之后启动,以保证一旦粮价意外大跌,农民仍可获得预期收入的 50%,以维持继续生产和生活需要。

② 根据 1995 年乌拉圭回合达成 WTO《农业协定》,蓝箱政策指那些本应削减,但因限产而无须削减的直接补贴措施,2008 年 12 月多哈回合农业谈判形成的《农业减让模式修正草案(第四稿)》将不与生产相关的补贴纳入"蓝箱"范围,使新蓝箱措施分为限产计划下的直接补贴和与产量脱钩的补贴两类。其中,与产量脱钩的补贴为新增"蓝箱"措施。

③ 营养援助计划包括补充营养援助计划、儿童营养计划等措施,属于"粮食援助补贴",符合 WTO 乌拉圭回合农业协定下的"绿箱"政策范围。

④ 业务费用补贴是指美国联邦农作物保险公司向承办保险项目的私营保险公司提供管理和运营补贴。

对保险公司的经营管理费予以补贴;引入农作物补充保险选项(SCO),作为ARC替代选项①。农业保险实质上为间接补贴政策,覆盖的风险类型越来越全面,支持手段更加隐蔽。

第二,通过自然灾害援助、一般农业服务、粮食援助等支持农业生产。恢复并永久性设立"灾害援助计划",为遭受灾害损失的农户提供资金支持;继续实施农村发展计划,2014—2018年提供1500万美元支持农村小微企业发展,提供1.5亿美元支持农村水利基础设施;设置总额2亿美元的农业研发基金,将"专门作物研发计划"资金规模由每年4000万美元增至8000万美元;将"新农牧民发展计划"支持额度由7500万美元增至1亿美元;将农业法案预算的80%用于营养援助计划支出,继续实施"补充营养援助计划②",为"紧急食品援助计划"额外提供2.5亿美元资金。此外,为促进农产品销售,每年投入2亿美元支持国际市场开发等活动。

第三,为弱势农户提供低息农业贷款。通过直接贷款和贷款担保两种方式为弱势农民提供贷款帮助,其中,直接贷款资金来自国会拨款,利率低于商业贷款利率;贷款担保是由农场服务局提供担保后,商业银行为农户提供贷款。

二、美国农业补贴实施情况

美国农业部为补贴政策执行机构,农业部农场服务局根据实际情况灵活制定政策实施方案,为农民提供融资保障,构筑农业生产"安全网",确保美国国际竞争力。

(一)融资保障

农业部农场服务局通过"农业贷款计划(FLP)"为难以从传统商业机构以合理利率和期限获取融资的新农民、小农场主、少数群体和族裔、女性农户等弱势农户提供直接融资和担保贷款。2005—2014年,服务局为新农民提供贷款逾13.8万笔,为信用不足以获得商业机构贷款的农牧民提供近5.7万笔。2015年高达全部贷款的2/3流向新农民和信用不足的农牧民,贷款额度超过2000财年额度的3倍。此外,服务局还为将作物直接销往少数族裔地区的部分农户提供5万美元额度的小额贷款。农业贷款资金需求量大,且呈逐渐上升趋势。2007—2015财年,

---

① SCO对原保险计划未覆盖到的或免赔的部分收入损失提供的一种附加保险选项,农户可在原保险计划基础上作为附加险购买,也可签订新保单独购买。法案规定,SCO和ARC触发机制完全相同,只是SCO通过保险公司支付目标收入保险方式予以补偿,而ARC由政府直接支付收入补贴,农场只能在ARC和SCO其中选择一项。

② 补充营养援助计划(SNAP)原名"粮食券"计划,始建于1939年,旨在为低收入家庭提供食品经济补贴,2008年起更名为"补充营养援助计划"。

直接贷款和担保贷款申请数量由 3.5 万起增至近 5.1 万起，2015—2017 财年，FLP 项目为全美国农业生产者提供贷款总额由约 56 亿美元增至 60 亿美元。

（二）"安全网"保障

目前，美国政府主要通过补贴和保险项目向农牧民提供收入支持补助、灾害救援补助等，帮助其妥善应对农作物价格波动与自然灾害等风险，筑牢农业生产"安全网"。从直接补贴情况看，2014 年以来，保障力度明显加大。如 2015 年为弥补玉米、大豆等作物价格下跌损失，服务局为美国相关农户提供了 78 亿美元补助，同比增长 50%，2016 年该数值增至约 80 亿美元。迄今为止，美国 220 万个农场中已有约 80% 农场加入 ARC 或 PLC 项目。从间接补贴情况看，农场服务局还为各种自然灾害损失提供巨额补助。如 2011—2016 年，美国超过 73.4 万农户通过"牲畜饲料灾害计划（LFP）"享受到近 60 亿美元援助；2016 年加州因大面积土地严重干旱而获得当年 LFP 支付的 60% 多。2015 年 STAX 涉及政府补贴约 7454 万美元，STAX 支出将逐年稳步增加，国会预算办公室测算至 2025 年将增至 3.54 亿美元。

三、几点分析

（一）美国农业补贴重点扶持大型农业企业且补贴措施渐趋隐蔽

长期以来，美国农业补贴最终流向并不均衡。据卡托研究所报告，美国 1995—2016 年最大的 15% 农业企业获得了美国 85% 农业补贴，得克萨斯州等 7 个州享受了全国近 45% 农业补贴，显示美国农业补贴主要作用于大型农企及农业大州。2014 年以来，为削减财政支出，规避 WTO 规则，美国农业支持措施中 PLC、ARC 等"黄箱"补贴数额逐渐下降，灾害援助、自然环境保护支出等"绿箱"补贴支出不断增长，补贴措施整体趋于间接和隐蔽。值得注意的是，补贴措施似乎并未推动行业净收入增长，2014—2017 年，美国农业净收入较 2010—2014 年显著下降了 24.3%。

（二）美国农业补贴影响广泛需各国共同行动加以应对

根据美国致 WTO 最新通报①，截至 2015 年，美国农业补贴并未超出 WTO 设

---

① 为审议各成员国对乌拉圭回合谈判达成的国内支持削减承诺以及改革计划的执行进展情况，《农业协定》第 18 条规定，各成员必须按规定格式，在对每年的农业国内支持措施进行归箱分类的基础上，向 WTO 秘书处通报具体的支持金额。美国最新通报发布于 2018 年 5 月 1 日，显示 2015 年美黄箱综合支持总量为 38.46 亿美元。

定的191亿美元上限①，但已对相关国家造成了实质性损害，违背了WTO《补贴与反补贴措施协议》精神。以高粱为例，受补贴政策影响，美国高粱生产过剩，大量产能用于出口，其中89%出口至中国。2013—2017年前10个月，美国对华高粱出口由31.7万吨暴增至425.8万吨，占中国市场份额由8.02%升至55.54%，价格累计下降24.08%，导致我国产高粱市场份额锐减，价格下降35.48%，高粱种植业者持续亏损。我们认为，应联合WTO其他成员国共同行动，将美国不当农业政策诉诸WTO，包括据理对美国高粱、大豆等开展双反调查，以保障全球农业生产贸易合理有序进行。

（三）美国120亿美元农产品紧急援助合法性和有效性存疑

弥补贸易战对美国农民造成的损失，美国农业部于2018年7月24日宣布对大豆、高粱等农产品生产者提供120亿美元紧急援助，主要包括三项措施：一是由农场服务局（FSA）为大豆、高粱等生产者提供直接补贴。二是农业部利用商品信贷公司（CCC）执行食品购买和分配计划，购买受影响的水果、坚果、大米等过剩商品，分发给食品银行及其他营养计划。三是外国农业服务局（FAS）联合私营部门，帮助美国农产品开发新出口市场。美国紧急援助合法性和有效性存疑。彼得森国际经济研究所分析人士认为，一方面，紧急援助与美国削减贸易扭曲政策的承诺及WTO改革方向不符，可能违反了国际贸易法规。另一方面，增加海外促销机构支出以促进美国农产品销售的做法收效甚微，不足以弥补农民因出口受阻而承受的收入损失。事实上，解决美国农民困境的唯一出路在于美国撤销对贸易伙伴加征关税政策。

（四）借鉴美国农业补贴政策，完善我国农业生产保障体系

美国政府农业补贴政策，对于美国成为全球农产品生产和出口大国发挥了重要作用，对我国农业发展有一定借鉴意义。第一，我国宜加快完善农业补贴相关立法，根据实际情况定期加以调整，强化补贴政策的系统性，更加合理地安排农业预算支出，提升资金使用效率。第二，更加充分利用WTO规则的农业补贴法规政策体系。严守WTO规则，充分利用黄箱政策空间，加强"绿箱"和"蓝箱"补贴政策的利用，提高农业综合竞争力。其中，将特定产品黄箱支持量控制在微量允许标准②范围内，不给美国对我国指责以口实，以免在今后对美国谈判中陷入

---

① 根据WTO协议，自2000年起，发达国家的黄箱支出限制额固定于191亿美元。
② 微量允许标准，乌拉圭回合谈判达成的《农业协定》第6条第4款规定了"黄箱"措施支持水平的"微量允许标准"。凡是农业支持水平低于微量允许标准的"黄箱"支持金额免于削减；凡是超过微量允许标准的"黄箱"支持金额计入黄箱综合支持量（AMS），作为削减基础。

被动地位。第三，重视并完善农业保险政策。借鉴美国建立多层次农业保险产品做法，完善农业保险机制架构，健全政府支持下的基层农业保险服务体系。基于政府适当支持和商业可持续原则，按经营主体组织属性设计多层次保险产品。完善保费补贴、再保险补贴等农业保险方式，同时有针对性地加大对粮食主产区、种粮大户等保费补贴力度，增强其风险管控能力。

（刘猛　胡嫣洁）

美国经济形势向好或给特朗普更大"底气"[*]

2018年5月31日,美国劳工部发布非农就业报告显示,2018年5月美国新增非农就业岗位22.3万个,失业率降至3.8%,创近50年来新低。同期个人消费支出、制造业指数、营建支出、企业投资等数据均好于预期。尽管2018年一季度GDP稍有下调,但2018年二季度以来,美国经济正以更强劲的速度增长,未来三个季度GDP增速有望保持在3%以上,亚特兰大联储甚至预计2018年二季度经济增速有望达到4.8%。在主要经济体中,除中国和印度外,美国经济表现最为稳定,增长前景也最为乐观。良好的经济形势不仅支撑着特朗普和共和党的民意基础,也给了特朗普对外示强、多头挑起贸易战的底气。

一、从"同步复苏"到"同步放缓",美国经济总能"一枝独秀"

2016年下半年以来,全球经济出现同步复苏,其中发达经济体在美国、英国、德国的带动下,增长势头向好,新兴经济体预期前景改善,全球经济由发展中经济体单独领跑转向发达经济体和新兴经济体"双核驱动"。进入2018年,全球经济同步复苏势头出现放缓迹象,主要经济体增长态势分化。发达经济体中,欧元区2018年一季度同比增速仅为2.5%,为2016年二季度以来最低,德国与法国经济增速降至1.6%和2.2%;英国2018年一季度同比增长1.2%,为2012年以来新低;日本结束了此前连续8个季度的经济扩张,2018年一季度GDP环比萎缩0.2%,同比增长1.0%。新兴经济体中,由于美元和美债同时走强,面临较大的资本外流压力,阿根廷、土耳其等新兴经济体先后出现金融市场波动,印度尼西亚、巴西、南非等也面临潜在风险,只有中国和印度基本面仍较稳定。

---

[*] 本文写于2018年6月5日。

无论是在同步复苏时期，还是2018年同步放缓以后，美国经济似乎并未受到负面影响，复苏时能引领复苏，其他经济体放缓时能继续走强。从数据上看，2016年美国经济增长1.6%，2017年增速升至2.3%，2018年有望继续上升至3%左右。良好的经济形势和稳定的就业与通货膨胀数据支撑美联储自2016年12月起6次加息，并开始启动缩表计划。货币环境收紧给部分经济体特别是新兴经济体造成"不适"，但并未对美国自身造成实质性影响，各方一致预期美国经济仍有较强上升动能。

二、良好的经济形势将对中期选举乃至特朗普连任形成支撑

特朗普就任以来，以提振经济增长、创造就业岗位和改善贸易逆差为主要目标，对内推动税改、医改以及放松能源管制、加大基础设施投资，对外退出TPP、搁置TTIP、重谈NAFTA，并向包括主要盟友在内的贸易伙伴挥动贸易大棒，多头挑起贸易摩擦。在一系列看似"出格"的举动背后，美国经济依然强势，对外影响更加广泛，特朗普的民意基础也更加稳固了。根据最新民意调查显示，特朗普整体支持率已超过40%（个别民调显示其支持率超过50%），其中对特朗普经济政策的支持率升至52%，与2018年3月相比上升4个百分点，对共和党的支持率也从37%升至41%以上。

若保持这一势头，在特朗普"意外"当选总统一年多以后，外界有望看到共和党"意外"赢得中期选举，看到特朗普两年后"意外"连任，甚至"意外"成为美国历史上取得最多经济成就的总统之一。特朗普本人也通过一年多的摸索，尝到了保持"非典型"风格的甜头。2018年3月，特朗普喊出"让美国保持伟大"的连任竞选口号，从"再次伟大"到"保持伟大"，特朗普对内加码政策刺激以提振经济增长和就业，对外继续出击以争取更多实际利益的基本思路短期内难有改变。

三、"相对优势"支撑特朗普对外政策进一步强硬

在中美贸易摩擦持续发酵的同时，美国相继宣布对进口汽车及配件展开"232调查"，并对欧盟、加拿大和墨西哥征收钢铝关税。之所以对盟国"下手"，根本原因是美国在国际政经格局中"一家独大"，拥有"绝对霸权"；直接原因则是美国经济基本面稳固，有能力应对包括贸易摩擦在内的各种潜在风险，较复苏基础并不稳固的欧盟和日本具备"相对优势"，特朗普认准欧盟和日本等经济体不敢与美国打贸易战，最终只能作出让步。另外，美国经济向好和美联储逐步收紧货币政策使全球流动性环境明显改变，大量资本回流美元资产，无形之中完成一次对

非美资产和非美货币的打压，使美国在全球经济体系中的相对优势进一步得到提升。

四、对美国工作应继续做好困难准备和长期打算

从长期看，中美经济实力和综合国力趋向接近，"中升美降"的大趋势并未改变。但短期内，美国仍是全球经济体系中的绝对核心，金融危机后特别是近三年来，美国相对地位反而有所加强。随着出口扩大和贸易逆差改善，美国经济增速可能进一步提高，经济能承受更高风险，特朗普也就更有"底气"加码要价。无论是"232"还是"301"，中美经贸关系的复杂性绝不局限在一时一事，摩擦也不仅限于缩减逆差。在中期选举前，特朗普无论是出于经济考量还是国内政治需要，都将继续对华示强，在选情有利时可能得寸进尺，在选情不利时或借机转移矛盾。与美国打交道，仍需做好充分的困难准备，保持足够的耐心和定力与美方周旋，为我国内经济社会发展争取时间与空间。

（王虎）

美国对外金融制裁机制简析及风险防范[*]

金融是现代经济的血脉。在当前由美国主导、以美元为核心的国际金融体系中，金融制裁能产生比贸易制裁更大的影响力和破坏力。面对当前中美不断升级的贸易紧张局势和我国金融领域对美国处于相对劣势的现实，及早防范美国打"金融战"、"制裁牌"，研究构建对美国金融制裁预警和应对机制、完善我国对外金融制裁体系具有重要的现实意义。本文就美国金融制裁体系有关情况分析及建议如下，供参考。

一、美国金融制裁体系

（一）基本情况

美国在第二次世界大战后凭借其主导的国际金融体系和美元在跨境交易中的核心地位，形成了一套完整的金融制裁运作体系，包括完善的法律法规体系和专门的决策、执行、监督机构。近几十年来，美国先后对日本、伊朗、朝鲜、叙利亚、俄罗斯等多个国家和地区发起不同程度的金融制裁。据统计，发生在1990年前的116起国际经济制裁案中，美国主导的有77起，冷战后（1991年）新增的80多起制裁案中，美国主导的超过60起，世界上没有一个国家像美国一样频繁发动金融制裁，其主导的金融制裁已涉及世界一半以上人口。前美国财政部副部长胡安·萨拉特（Juan Zarate）在其撰写的 *Treasury War* 一书中指出，美国多年前就制定了"金融战争"蓝图，以维护美国家安全和经济利益。金融制裁作为一种外交工具，将在美国对外政策体系中发挥更大作用。

（二）法律依据

1946年颁布的《联合国宪章》授予各成员国包括实施金融制裁在内的权利。

---

[*] 本文写于2018年7月31日。

美国为让金融制裁具备更强的操作性并为己所用，不断颁布超越《联合国宪章》和国际规则的法律法规，逐步形成了囊括法律文件、总统决议及财政部规章的金融制裁法律体系。具体而言，主要由两大类构成。

第一，法律文件。核心法案分别是 1976 年出台的《国家紧急状态法》（National Emergencies Act）和 1977 年出台的《国际紧急经济权利法》（International Emergency Economic Powers Act），明确了美国总统与美国财政部分别承担金融制裁的决定权与执行权。2001 年出台的《爱国者法案》（USA Patriot Act）对金融制裁的发起和实施做了补充性规定，明确美国总统可单方面决定对局部或孤立的敌对事件中的国外组织、主权实体及个人实行金融制裁。第二，总统行政命令和财政部公布的专门条例。总统就实施金融制裁拥有较大自由裁量权，可根据现实需要颁布行政命令，对特定国家和组织进行金融制裁。美国财政部公布被制裁者名单，即"特别指令国民"名单（SDNs），通过财政部外国资产管理办公室（OFAC）开展制裁。

（三）主要特征

与贸易制裁及其他传统形式的经济制裁相比，美国金融制裁具有不对称、成本低、易执行、难规避、破坏大等特征。特征一，不对称。美元的货币金融体系中心地位，决定了除美国外其他国家很难独立发动金融制裁，即使发动也必须在美国的配合下才能奏效。在法律层面上，其他国家的制裁动议一般需要以联合国安理会多边决议为基础，而只有美国曾多次绕开联合国安理会、国际货币基金组织、世界银行等国际机构协议发动金融制裁，而被制裁国不享有司法审查的权利，没有国际法律层面救济的渠道和机制。特征二，成本低、易执行、难规避。美国实施金融制裁几乎没有成本，可以有针对性地实现精准打击且难以被规避。特征三，破坏大。金融制裁可以在短期内对被制裁对象施加巨大压力，使被制裁国陷入经济困难和金融崩溃，使被制裁企业无法正常融资甚至无法生产经营。

（四）发展演变

第二次世界大战前，美国金融制裁措施主要是冻结敌对国在美国的资产。20 世纪 20 年代末美国世界金融中心地位初步确立，美元霸权地位尚未确立，世界贸易还可使用英镑及黄金等，美国发动金融制裁需要联合英国等主要国家才能起到效果。冷战期间，美国多采取与盟国合作或通过联合国的多边方式进行。冷战后，美国发起单边金融制裁数量增多，希望用金融霸权达成外交目的。"9·11"事件后，美国金融制裁进入新阶段。"9·11"事件直接导致《爱国者法案》的出台，扩大了总统行使金融制裁的权利，扩张了财政部在控制和管理金融活动等方面的权限。法案第 311 条授权财政部长，在征求司法部长和国务卿意见后，确定"初步洗钱牵连"（primary money laundering concern）名单的权限。必要时财政部长可宣布禁止美国境内金融机构为名单上的境外银行开立或保持代理行账户等"特别措施"。第 312 条针对外国金融机构或外国人在美国代理行账户或私人银行账户规定了特殊监管措施，提高了监管标准。第 319 条授权财政部长可调取外国银行在美国开立的代理行账户资料权限。如不遵守，美国财政部可要求其境内所有金融机构在 10 日内中断与该行的任何代理关系，对不执行的境内金融机构，处以每日高达 1 万美元的民事罚款至彻底中断为止。此外，还将原隶属于美国财政部恐怖主义和金融情报司的金融犯罪执法署（FinCEN）提升为财政部司局级部门，突出 FinCEN 在金融情报和反恐融资方面的作用。随着全球经济金融化和美元化及互联网信息技术革新，金融制裁逐渐成为美国打着"国家安全"和"反洗钱"旗号，以长臂司法管辖原则维护自身利益的重要工具。

（五）组织机构

在美国金融制裁体系中，不同部门按职能划分为三类：一是决策部门。总统是美国发起金融制裁的常规决策者，国会是特定情况下的决策者，两者之间就金融制裁体系的主导权偶有竞争并相互制约。二是执行及监督部门。主要负责具体实施金融制裁，并对实施状况进行监督的财政部外国资产管理办公室（OFAC）以及负责制定金融制裁政策的国务院反金融威胁和制裁部门（TSF）等。三是执行渠道。主要包括银行体系与支付清算体系。银行是国际资金流动的主渠道，OFAC 要求的冻结资产、禁止或限制美国金融机构与被制裁对象之间的金融往来等都通过银行实施。"环球银行间金融电讯协会（SWIFT）"和"纽约清算所银行同业支付系统（CHIPS）"是美元支付和结算的主要通道。其中，SWIFT 被誉为"全球银行业的神经中枢"，是全球贸易金融支付和结算最重要的渠道，美国通过 SWIFT 可获取全面的银行交易资金流动情报。CHIPS 是全球最大的私营支付清算系统之一。通常由美国财政部负责搜集被制裁对象使用的账户信息及发生交易的银行和公司名单，一旦锁定会立即终止其通过 CHIPS 进行美元支付和结算。

（六）制裁手段

1. 冻结或没收资产

冻结资产是金融制裁最常用的手段之一，通常是冻结受制裁国及个别领导人等在美国的海外资产，例如禁止提取银行存款、禁止买卖股票和债券等，阻止资金流动和双方贸易往来，大幅限制被制裁对象的经济行为。第二次世界大战期间，美国对日本拥有的美元资金进行冻结，导致日本无法使用美元购买原油，对 90% 依靠进口原油的日本海军造成致命性打击，被日本视为除战争以外最有效的打击措施。

2. 限制融资

冻结或取消双边援助款项，包括冻结或取消世界银行和国际货币基金组织等主要国际机构的融资。冷战期间，限制融资被用作打击苏联的主要武器，一方面禁止西欧国家向苏联提供新贷款，另一方面将苏联认定为"相对富裕的国家"，大幅提高苏联在国际资本市场融资成本和利息支出，导致原本紧张的苏联财政雪上加霜。

3. 切断美元获取和使用渠道

美元是美国影响和控制世界经济金融体系最重要的工具。一方面，美国可截断其他国家获取美元的能力。另一方面，依托全球支付和清算系统切断美元使用渠道。通过"环球银行间金融电讯协会"和"纽约清算所银行同业支付系统"，美国政府可基本切断制裁对象使用美元进行转账、支付、结算等经济活动。由于目前70%的全球贸易通过美元支付，一旦堵死美元通道，制裁对象很难用其他货币进行直接支付。2012年，美国主导全球金融支付体系对伊朗终止服务，导致其他国家进口伊朗原油、燃料油和铁矿石等支付结算遇到困难。一旦其他国家选择与伊朗采取其他货币或以物易物等交易模式，也会被美国财政部列入黑名单，面临被踢出美元体系的风险。

4. 第三方制裁

美国凭借其雄厚的金融实力和国际金融体系中的主导地位，经常要求全球范围内主要金融机构配合美国政府发布的监视名单，冻结可疑资产和交易。对制裁对象来说，一旦进入美国制裁名单，基本意味着被踢出全球金融体系。虽然这种做法超越了法律管辖的界限，但如果金融机构不遵照美国意志行事，美国轻则可进行经济处罚，重则吊销其业务牌照甚至进行制裁。2005年在制裁朝鲜时，美国财政部指控澳门汇业银行为朝鲜金融交易提供非法帮助，威胁30天后彻底切断汇业银行与美国金融体系的联系，其他国家金融机构也先后宣布将减少或终止与汇业银行的业务往来，一度引发汇业银行出现挤兑。重压之下，汇业银行被迫冻结朝鲜2400万美元资金账户。

二、中国应对金融制裁的潜在劣势

中国作为全球第二大经济体，日益提升的综合国力和国际地位以及中美间"你中有我、我中有你"的经贸关系决定了美国不会轻易对中国实施金融制裁。但在1949年、1989年和2012年我国政府或相关金融机构受到美金融制裁的案例中，资产冻结、限制融资、切断美元支付结算渠道、要求第三方制裁等手段均有涉及。鉴于中美在国际金融体系中的地位明显不对称且我国金融体系尚不完备，我国应对制裁能力仍明显不足。

第一，在资产配置层面，中国作为世界最大的外汇储备国，2/3 的外汇储备是美元资产。长期以来，美元被世界各国公认为"最可靠资产"，基于保值增值需要，中国购买了大量美国国债。一旦中美关系全面紧张甚至出现恶化，这些国债不排除成为被冻结对象的可能。同时，由于我国资本市场开放度和人民币国际化程度相对较低，外国政府官方储备中人民币资产比例较小，可供我国反制的空间有限。根据国际货币基金组织 2017 年第四季度调查结果，目前全球外汇储备币种结构比重，美元占 62.7%，欧元占 20.15%，英镑占 4.89%，日元占 4.54%，而人民币仅占 1.23%。

第二，在交易层面，虽然人民币本币结算规模近年来持续上升，但美元依旧是全球交易最主要的货币。国际清算银行（BIS）调查报告显示，美元在全球外汇交易中占比 88%，人民币仅占 4%，并且约 95% 的人民币成交量是基于与美元间的交易产生。根据 SWIFT 数据，截至 2017 年 12 月，人民币在国际支付市场占比仅为 1.61%。据 IMF 统计，中国对外贸易以人民币结算的比例约 30%，主要结算方式仍是美元，尤其在能源等大宗商品进口方面，计价、支付、清算等还主要依赖美元。联合国贸发会议（UNCTAD）公布的 81 种国际大宗商品价格中，有 76 种用美元标价；在罗杰斯国际商品指数（RICI 指数）中，非美元计价商品的权重仅为 2%。

第三，在金融机构运营层面，中国银行、工商银行等国内金融机构在美国和世界各地设立分支机构，与国外金融机构业务联系日益密切。其业务运营在遵守国内法律法规的同时，还受所在国和国际通行规则的约束。例如，2012 年随着美国对伊朗制裁力度逐步加大，中信银行、建设银行及中国银行等先后都停止与伊朗的业务往来，昆仑银行成为中国通往伊朗的唯一结算通道。随后美国财政部对昆仑银行进行了制裁，关闭了昆仑银行的美元结算通道，禁止金融机构在美国为昆仑银行开设代理银行或可被第三方用以自行交易的代理银行账户，导致昆仑银行只能用欧元和人民币结汇，也被迫停掉了伊朗外的国际业务。

第四，在立法和机制建设上，我国目前仍是由外交部转发安理会金融制裁决议，通知国内各有关部门结合自身职能采取措施。相关措施缺少法律支撑和保障，效力和效率也有待提高，在国家层面缺少完备的预警和反制裁机制。

三、我们的看法及建议

随着中美贸易紧张局势不断升级，结合美国历来有打"老二"（苏联和日本）的传统，不排除特朗普可能根据形势需要，将贸易战扩展到金融领域的可能。短期内，我国应从国家战略安全的高度重视金融制裁和反制裁机制建设，逐步减少应急式和个案式的处理方式。从长远来看，应对金融制裁的根本在于提升我国经济金融实力和全球影响力。

（一）建立健全预警及反制裁机制

经济战通常涵盖舆论战、贸易战和金融战，目前舆论战和贸易战已经打响，一旦形势进一步升级，双方随时可能撕破脸打金融战。为此，一方面，应针对美国财政部发布的"特别指令国民"名单（SDNs），建立名单数据库及过滤系统和可疑交易监测分析系统，有针对性地动态开展日常监测分析，准确把握风险点，做好规避防范，不给美方留下任何制裁中方实体的机会。另一方面，应构建涵盖外交、财政、金融、商务等领域的信息共享平台，加强跨部门协调，完善境外资产投资、转移、处置的应急预案，健全反制裁机制，防范金融制裁对我国可能带来的不利影响，提前谋划在美国发动金融制裁时如何予以回击。

（二）实施多元化外汇储备和国际贸易结算战略

一是增加其他资产在外汇储备中的比重。我国外汇储备世界第一，其中美元资产超过2/3，而黄金储备不足美国1/5。面临当前中美关系不确定性风险上升，应保持外汇储备的合理规模、优化外汇储备币种结构和资产结构、增加黄金实物储备、完善外汇储备管理制度等，增强我国抵抗单一来源风险的能力。二是维护好对美国债权利益。中国是美国最大债权国，但美国《国际紧急经济权利法》规定在美国国家安全和经济利益遭受重大威胁时，可冻结外国主体持有的美国国债。三是积极推进多边经贸合作，推动国际贸易以美元、欧元、英镑、日元等多种货币结算，减少对美元的依赖。四是加快推进人民币货币互换和国际化。以"一带一路"建设为契机，积极推进国际贸易人民币结算业务和离岸金融市场发展，进一步增强人民币国际影响力。

（三）加强美国金融制裁体系研究和中资"走出去"合规指导

一是加强美国金融制裁体系的研究。美国金融制裁体系十分专业、相当完善，相关法律条款多而繁杂，制裁的手段多样且不断创新，需要我国深入研究并持续追踪，厘清各执行机构之间的关系及金融制裁的程序，密切跟踪其不断变化的制裁手段和OFAC发布的被制裁者名单，为我国积极防范应对美国金融制裁及建设自身金融制裁体系奠定坚实基础。二是加强反制裁研究。欧盟在1996年针对美国出台古巴经济封锁的"赫尔姆斯伯顿法"后，通过了针锋相对的反制裁条例。据此条例，欧洲公司无须遵守美国制裁规定，还可通过反诉讼补偿美国实施制裁而造成的损失。我国应加强反制裁研究，参考欧盟出台有针对性的反制裁措施，维护我国企业和金融机构利益。三是提高我国中资金融机构和对外投资企业风险防范意识，指导其严格遵守美国制裁法规，注意避开被列入制裁名单的机构人员，避免落入第三方制裁陷阱而受到金融制裁牵连。

（四）构建完善我国金融制裁体系

中国作为联合国安理会五大常任理事国之一，在配合联合国开展打击恐怖主义组织的金融制裁方面作出了积极贡献。在国际经济摩擦日益增多、海外经济利益受损可能性增大、经济全球化背景下其他政策手段的"缺陷"日益放大等实际情况下，有必要谋划如何构筑我国对外金融制裁体系，以备需要时及时出手，捍卫我国正当权益。当前，国际社会对经济制裁合法性的认同、周边其他经济体对我国经济依存度的提高和我国国际影响力的不断提升等因素客观上为我国实施金融制裁提供了契机。我国可参考美国相关做法建立健全金融制裁体系，完善相关立法，明确执行监督部门职责，将我国所支持的联合国安理会金融制裁措施转换为国内法律规范，建立起法定冻结扣押制度，更好维护我国家利益与公平正义。

（周福芳）

美国联邦政府巨额债务简析*

2018年3月17日,美国政府宣布联邦债务总额突破21万亿美元,再创历史新高。自特朗普执政以来,联邦债务规模大幅增长或将在未来3年达到25万亿美元。鉴于美国在全球经济和金融体系中的核心地位,债务规模上升不仅加大了美国国债的安全性风险,挤压了美国宏观政策空间,也为全球经济增长和金融稳定带来了潜在风险和不确定性。现将美国联邦政府债务现状及主要问题分析如下,供参考。

一、美国联邦政府债务现状

(一)国债规模创历史新高且增势不减

根据美国财政部最新数据,美国债规模已达21万亿美元,国债总额GDP占比由全球金融危机前的64.6%增至当前的107%,远超60%的国际公认安全标准。从2016—2017财年(至2017年9月30日)数据看,联邦政府财政赤字GDP占比3.5%,公共债务①余额GDP占比76%②。可以预见,特朗普的减税法案、万亿美元基建计划和增加军费等政策将进一步扩大财政赤字和债务规模。

美国财政部预测,2018年美国联邦政府将新增债务9550亿美元,接近2017年的两倍,为6年来最高;2018—2019财年联邦财政赤字将增长31%至8730亿美元。CBO预计,2027年美国公共债务GDP占比将达99%,若综合考虑其他因素,这一比例将升至109%,超过第二次世界大战后创下的106%的历史纪录。

---

* 本文写于2018年4月2日。
① 美国联邦政府债务由公共债务和政府内部债务两部分组成。前者可上市交易,后者为不可流通国债,主要由养老基金和美联储持有。
② 根据美国国会预算办公室(CBO)数据。

(二) 国债付息压力吞噬经济增量

巨额债务加大付息压力，利息成本又推高债务规模，二者相互影响，使联邦政府债务如滚雪球般迅速扩大。2008—2015年，不计需要偿还的到期债务，美国名义GDP增量几乎被同期支付的债务利息全部吞噬[①]。2016财年美国经济增速1.6%，债务利息GDP占比1.5%[②]；美国国会预算委员会（CBO）预计，2026年美国联邦政府债务利息GDP占比将超3%。

随着美国货币政策正常化进程有序推进，扩张性的财政政策与收缩的货币政策相组合，加大了融资成本，降低了经济效应。自2018年以来，10年期国债收益率曾一度逼近3%。相关研究显示，货币当局如果在财政扩张时期提高名义利率，会明显降低财政乘数，单位财政扩张对经济的拉动力将大打折扣。如果经济增长不及预期，则巨额债务和赤字会进一步阻碍经济增长。

(三) 债务上限制度的约束式微

随着美国财政失衡加剧，联邦政府支出对举债的依赖度与日俱增，"上限制度"对美国国债攀升的约束力日渐式微。从1962年至今，美国修法提高"债务上限"已达90余次；全球金融危机以来，上调更加频繁。2010—2017年上调"债务上限"8次，总额超8万亿美元。政府债务触及法定上限已成为美国一个周期性事件。特朗普执政后，先是力促国会上调债务上限，又于2018年2月在国会通过暂停债务上限一年的决定，并表示对彻底取消债务上限持开放态度。美元的"国际信用本位"地位，使美国债务经济能够维持运行，决定了"债务上限"天花板还将屡屡被打破。

二、美国联邦政府巨额债务的主要问题

(一) 刚性支出占比过半，债务削减知易行难

债务问题的实质是财政收支失衡。美国联邦政府的财政收支结构显示，其削减赤字和减少债务困难重重。从收入结构看，美国联邦政府80%以上的财政收入来自个人所得税和社会保险税。而加剧的贫富分化、逐年下降的劳动参与率、经济畅旺却薪资不涨，以及迎合选民的减税政策，都在削弱这两大税基，导致财政收入增长缓慢。从支出结构看，美国联邦政府财政支出包括法定支出、自主性支

---

① 根据美国财政部数据。
② 来自CBO数据。

出和净利息支出。法定支出主要包含社会保障、医疗保险、医疗补助等；自主性支出包括国防支出和政府开支。法定支出和净利息支出为刚性支出，自主性支出需每年通过拨款法案授权，为弹性支出。2017 财年联邦政府支出中，刚性支出占比 70%[1]，弹性支出占比仅 30%；而在弹性支出中，国防支出占比过半。由于政治因素和人口老龄化导致社会福利开支增长，法定支出 GDP 占比持续上升。美国联邦政府削减财政支出的操作空间主要是占比 15% 左右的非国防自主性支出。美国政府问责局[2]报告预计，2030—2040 年，联邦政府法定支出就将用掉当期全部财政收入。

（二）经济增速难赶赤字增速，债务规模不断累积

财政收支失衡，根源在于经济增长动力不足，经济增速不及赤字增速。财政政策是刺激经济增长的重要手段，如能有效刺激经济产出，使产出增速超过赤字增速，则可降低赤字率和债务率；否则，财政赤字和债务增长互相强化，将拖累经济增长，加重债务负担。

20 世纪 90 年代初，克林顿政府抓住信息技术革命契机，实现 9 年的经济高速增长，增速一度超过 4%；9 年内联邦政府债务增加近 3 万亿美元，但联邦财政由赤字转为盈余，债务 GDP 占比 9 年累计增长仅 1.4%。2001 年互联网经济泡沫破灭，美国经济增速跌至 1%。此后，小布什政府尝试以房地产和金融业为经济增长主动力，推动经济增速最高达 3.8%，却未能明显改善收支状况；金融危机以来，奥巴马实行扩张性财政政策带领美国走出危机泥潭，但财政负担进一步加重，2009—2013 年联邦政府年均赤字率 7.6%，年均债务增速约 12%[3]。

特朗普上任以来，美国经济增长势头向好，2017 年全年经济增长 2.3%。但特朗普减税和基建投资等法案推动联邦债务以更快速度增长：上任 1 年来，美国联邦政府负债增长 1 万亿美元，财政赤字增加 800 亿美元至 6660 亿美元，赤字增速高达 13.7%。纵观美国历史，联邦政府债务一直在小减大增中螺旋上升：寄望以经济增长减轻债务包袱，但一次次因战争和衰退背上更高债务，最终尾大不掉。

（三）"两党政治"难以出台系统性减债计划

美国经济政策长期服务于选举政治，两党之治难以出台并实施系统的、有连续性且负责任的财政政策和减债计划。共和党和民主党主张的联邦政府债务解决

---

[1] 根据 CBO 报告，2017 财年联邦政府支出总额 4 万亿美元，法定支出 2.5 万亿美元，自主性支出 1.2 万亿美元，净利息支出 0.3 万亿美元。
[2] 美国国会下属机构，负责审查、监督联邦政府的规划和支出，其前身是美国总审计局。
[3] 2009 年年初美国国债总额约 10.6 万亿美元，2013 年年底达 17 万亿美元。

路径存在严重分歧。共和党看重国防开支，特朗普竞选承诺"让美国再次伟大"，其根本保障是"让美军再次强大"，以"力量促和平"战略遏制美国全球霸权下坡势头；同时，共和党主张削减社会福利和医疗保险并减税。民主党关注科研和医保等社会保障支出，主张对高收入群体增税，取消富裕人群税收优惠。而民粹主义的兴起进一步加大了利益重新分配的难度。联邦预算委员会官员表示：很多开支一旦发生就难以取消，美国已经永久性进入万亿美元赤字时代。在现行机制下，如没有外部力量倒逼，美国联邦政府的债务问题还将持续发酵。

三、几点思考

（一）特朗普或就债务问题有所举措

债务问题不仅会削弱美国面对下一场危机时的应对能力，而且会影响美国国债作为全球安全资本的地位。特朗普曾表示，将在两个任期内消灭美国巨额债务。2018年是特朗普税改实施首年，也是美国的中期选举年。在经济和政治双重压力下，特朗普或将采取一定措施应对债务压力。

第一，贸易和能源领域。特朗普或将出台更强硬和具有保护主义色彩的贸易政策来缩减贸易赤字，为国内经济增长和经济结构调整争取空间。能源也是特朗普上任以来优先发展的领域之一，特朗普或将进一步放松监管，扩大油气开采和出口。第二，医改、基建和金融。特朗普自上任伊始就主张废除"奥巴马医改"，以削减财政支出，为其他政策腾挪空间。2018年预计在医改方面有所行动。基建计划是特朗普的核心经济政策之一，在巨大的财政压力下，或将推出其他措施填补资金缺口。

（二）为全球经济格局带来新的不确定性

美国作为全球最大经济体和国际储备货币发行国，其经济走势和政策动向的外溢效应明显。由于赤字和债务问题随时可能成为特朗普被攻击的"靶子"，在对内政策空间有限，难以立竿见影的情况下，特朗普或选择将向外转移矛盾来缓和国内压力。例如，频推贸易保护之举，将国内产业和就业问题归咎于主要贸易伙伴。或渲染外国威胁，不断扩大军费支出。可以预见的是，未来两党将就赤字和债务问题展开更为激烈的博弈，由此产生的政治经济风险可能给全球经济增长和金融稳定带来新的冲击。我国应继续跟踪美国联邦政府债务问题发展，关注特朗普在有限财政空间内的宏观政策和两党就债务与赤字问题展开的政治博弈，提前防范好潜在的风险和不确定性。

（乔慧）

美国《更新版 301 调查报告》简析*

继 2018 年 3 月 22 日发布《301 调查报告》（下简称"原始报告"）之后，美国贸易代表办公室（USTR）时隔 7 个月，于 2018 年 11 月 20 日发布《更新版 301 调查报告》（下简称"报告"）。报告更新了中国在强制技术转让、窃取知识产权等问题上的最新进展，称中方并未就美方关切的知识产权保护等问题作出根本性改变，且近期仍在继续其不合理行为。报告主要内容及我们的看法如下，供参考。

一、主要内容

（一）中国继续大规模推行产业政策

在原始报告发布之后，中国政府虽试图在公开场合淡化"中国制造 2025"这一表述，但仍在大规模推行这一产业政策。根据美方获取的信息，2018 年 6 月底，中方管理部门发布"口头通知"，要求各媒体"不要再使用'中国制造 2025'这一表述，否则后果自负"。虽有此类口径上的调整，但该战略实施实际未受影响。中国国家建设制造强国建设战略咨询委员会于 2018 年 2 月公布《中国制造 2025 重点领域技术创新绿皮书——技术路线图（2017 年版）》，以此替换原始报告中提及的《中国制造 2025 重点领域技术路线图（2015 年版）》。更新后的文件再次明确了数十个高科技行业的中国生产商在国内外的市场份额及其他目标，两版文件目录内容高度重叠，某些目标设置甚至高于 2015 年路线图标准。

此外，中方近期重新提及战略性新兴产业相关政策。中国国家发改委于 2018 年 9 月公开征集对《战略性新兴产业重点产品和服务指导目录》（2016 版）的修订意见，并增加对战略性新兴产业的财政支持。

---

* 本文写于 2018 年 11 月 27 日。

(二) 中国网络盗窃行为仍然存在并日趋严重

自原始报告发布以来,中国继续其未经授权入侵美计算机系统的网络盗窃行为,且此类网络间谍行为的频率和复杂性均有所上升。除原始报告中已提及的中国黑客组织APT10,一些此前并不活跃的其他黑客组织现已被激活,且中国政府支持的黑客已开发出"隐藏攻击"的新方法,加大了美方追踪和反击的难度。其中,美方发现来源于清华大学和中国电信的网络攻击。美国网络安全公司Carbon Black相关调查结果显示,2018年第三季度,针对美制造业企业的网络攻击频发,这或与中国的经济间谍活动有关。除美国外,澳大利亚、日本、欧洲、韩国等也就中方网络入侵和网络间谍行为提出指控。

同时,中国对美国航空航天和高科技公司继续进行经济间谍活动。中方此类间谍活动的常见模式是利用内部人士窃取信息,即引诱目标公司雇员,让其从雇主处获取商业敏感信息,并将其转交给中国政府机构。对此,美国司法部已在2018年10月30日对潜伏在某法国航空航天公司的2名中国情报官员、6名付费黑客和2名中国情报人员提起公诉,并于2018年11月对福建晋华公司发起制裁。

(三) 中国未彻底改变其不公平的技术转让制度

根据上海美国商会、美中贸易全国委员会、中国欧盟商会等机构调查结果,尽管中方已作出一些"渐进式"的改变,如在2018年放宽了部分外资所有权限制,但并未系统性地解决其技术转让制度中存在的问题,中国的强制技术转让行为仍在持续。

其中,中方继续在汽车行业对外商投资加以限制。2018年4月,中国国家发改委宣布对汽车行业分类型实行过渡期开放:2018年取消专用车、新能源汽车外资股比限制;2020年取消商用车外资股比限制;2022年取消乘用车外资股比限制,同时取消合资企业不超过两家的限制。但有迹象表明,中国正在考虑对汽车制造业外商投资施加新的限制措施,例如中国国家发改委现已起草《汽车产业投资管理规定(征求意见稿)》。

(四) 歧视性技术许可限制问题亟待解决

基于《与贸易相关的知识产权协议》(TRIPS),美国、日本、欧洲等均已向WTO提出与中国磋商以解决歧视性技术许可限制[①]问题。同时,美国也已向WTO申请就此设立争端解决专家小组,并在2018年11月21日的争端解决机构会议上重申了这一请求。但迄今为止,中方并未就此作出改变。

---

① 美国在《301调查报告》中曾指责我国《技术进出口管理条例》与《合同法》中关于技术改进的所有权和赔偿责任归属的相关规定偏袒国内企业,对外资企业设置歧视性限制。

（五）中国利用企业境外投资获取美国知识产权和先进技术的行为有所减少，但并未完全消除

相关数据显示，2018年中国境外投资总额与对美国投资总额均有所下降，但这并不意味着中国已从根本上改变其利用境外投资获取美国知识产权和先进技术的不公平行为。中国对外投资下降原因有二：第一，美国及其贸易伙伴不断强调对中国境外投资政策和做法的关切，并开始采取行动直接进行干预。例如，特朗普签署《外国投资风险评估现代化法案》（FIRRMA）以扩大美国外国投资委员会（CFIUS）的权限。第二，中国政府对房地产、酒店、娱乐业等敏感行业的境外投资加以限制，让更多对外投资转向高新产业。值得关注的是，中国对硅谷等美国科技中心的风险投资近期大幅增加，中国或将以此获取先进技术与知识产权。

（六）核心结论

在原始报告发布后，美国持续关注中国保护知识产权相关举措，并继续对中方存在的不合理行为进行调查取证。尽管美国一再努力与中国保持接触，但中国并没有给出建设性的回应，也并未采取任何实质性行动来回应美方关切。美方认为，中国未从根本上改变在技术转让、知识产权和创新领域的政策行为，很多不合理做法仍在延续。

二、我们的看法

"更新版"报告沿袭了原始报告罔顾事实和捕风捉影的风格，再次抹黑中方在知识产权保护上"不合理"行为仍在持续，意图把中国描述成不知悔改的"累犯"和"惯犯"。例如，报告在仅援引所谓"口头通知"、并无翔实证据的情况下，指控中国政府试图淡化宣传、但实则继续大规模推行产业政策；报告中对网络盗窃行为的指控，仅基于IP地址定位等缺乏说服力的证据，就直接点名清华大学和中国电信等存在入侵美网络行为，并强行将Carbon Black调查数据与中方捆绑。继美中经济与安全审查委员会（USCC）2018年11月14日发布2018年年度报告之后，USTR"不甘落后"地抛出更新版"301调查"，继续加码对华施压。在两国元首举行会晤前的关键时期，两份报告通过指责和抹黑中国，对内鼓动反华舆论，为特朗普挑起贸易战辩护，对外加码对华施压，争取更多谈判优势。对此，在对该报告予以严正批驳的同时，我国应继续保持战略定力，排除负面因素干扰，扎实推动经贸磋商相关工作，为2018年11月底元首会晤及后续相关工作做好准备。

（丁璐）

IMF 评估 2018 年美国宏观经济[*]

近日，国际货币基金组织（IMF）发布 2018 年度美国第四条款磋商成果报告。报告认为，美国经济总体运行良好，表现在：经济增速进一步加快，失业率为近几十年来最低水平，核心通货膨胀率有望升至 2%。同时，报告指出，美国经济仍面临诸多挑战。为此，IMF 提出了政策建议，主要包括：加大基础设施预算支出，提高政府初级财政盈余，完善税改，强化多边贸易规则，减少贸易冲突，完善金融监管体系等。主要内容如下，供参考。

一、美国经济展望及风险

（一）宏观经济展望

美国近期经济和就业将强劲增长。得益于短期财政刺激、私人投资复苏、有利的金融条件以及全球经济活动增强，美国经济增速将进一步加快，预计 2018—2020 年实际 GDP 增速将分别为 2.9%、2.7% 和 1.9%；失业率已接近 20 世纪 60 年代末以来最低水平，并已实现充分就业。预计 2019 年美国经济将创有历史记录以来最长扩张期。尽管近期形势乐观，但中期仍面临实际 GDP 增速放缓、产出缺口扩大等问题。过去 10 年，核心通货膨胀率一直低于 2%。随着劳动力和产品市场收紧，预计工资和物价水平将稳步缓慢上涨，劳动参与率将基本维持稳定，核心通货膨胀 2018 年中期将升至 2% 以上。

（二）顺周期财政政策将造成诸多风险

在强有力经济顺周期的支持下，美国通过减税和增加国防与非国防预算支出有效刺激需求。预计到 2020 年，刺激措施将推动美国产出增长 1.5%、潜在 GDP 增长 0.3%、失业率降至 3.5% 以下。财政政策将使 2019 年联邦政府赤字占 GDP

[*] 本文写于 2018 年 7 月 16 日。

比超过 4.5%，为三年前赤字水平的两倍。自 20 世纪 60 年代约翰逊政府以来，美国极少采取如此规模的顺周期财政政策。虽然顺周期财政政策能在短期内推动美国及贸易伙伴经济增长，但未来将对美国和全球经济带来以下风险。

第一，公共债务风险。财政赤字上升将使本已不可持续的公共债务占比进一步恶化。尽管紧缩财政政策将于 2020 年实施，联邦债务仍将持续上升，并于 2024 年超过 GDP 的 90%。

第二，通货膨胀风险。扩张性财政政策导致通货膨胀上升速度超出预期，迫使美联储加快升息步伐，进而导致美国资产市场波动和混乱、金融环境收紧等。

第三，国际溢出风险。美国财政政策组合将导致非美国企业、家庭和主权国家面临严重风险。同时，导致新兴市场资本外流，加大美元升值压力，加剧全球失衡。

第四，萧条风险。当前财政政策是基于紧缩财政政策将于 2020 年实施这个前提，因届时为货币紧缩周期峰值，美国政府预计届时美国经济增速将放缓至 1.5% 左右，略低于潜在增长率。但由于产出缺口弥合将更加迅速，该预期过于乐观，且政策引起的经济下行将对全球经济造成负面溢出效应。

第五，全球失衡风险。在实现充分就业情况下，刺激需求将转化为进口增长加快、经常账户赤字增加、美元升值压力加大以及国际投资状况恶化等。预计美国经常账户赤字升高时，其他相关经济体经常账户盈余也会增加。因此，全球失衡将加剧，并导致保护主义抬头等风险。

二、政策建议

尽管美国经济总体运行良好，近期经济前景乐观，但中期仍面临实际 GDP 增速放缓、产出缺口扩大、公共债务高企、人口老龄化和基础设施建设预算不足等风险。美国货币政策正常化将使高杠杆企业和家庭面临压力，税收和贸易政策调整也使美国经济面临诸多不确定性。为此，IMF 提出以下建议。

（一）加大基础设施建设预算支出

基础设施建设有利于刺激中期经济增长，提高生活水平。然而，联邦赤字增加将导致包括基建在内的供给侧改革资金紧张，最近批准的 2018—2019 年预算法案也几乎未增加基建预算。尽管政府通过精简监管结构、评估用户付费的可行性、进一步使用 PPP 和税收优惠等举措支持基建，但是，改善基建仍需以联邦支出持续增加作为后盾。应统筹考虑增加基础设施支出的方法，以便在未来稳步减少联邦赤字和债务。

(二) 提高政府初级财政盈余

提高政府初级财政盈余可有效降低债务占 GDP 比,并为支持中低收入家庭、促进投资和提高中期经济增长创造财政政策空间。为将政府初级财政盈余提高至 GDP 的 1.25%,同时使债务占 GDP 比逐步下降,美国可采取以下三项措施:一是改革社保制度。包括提高缴纳社保的收入上限,将社保金与通货膨胀挂钩,提高退休年龄等。二是控制医疗费用上涨。通过技术手段提高效率,增加与受益人费用分担,改革医疗服务提供者报酬机制等。三是提高联邦收入的 GDP 占比。落实碳税、联邦消费税的征收,提高联邦天然气税。

(三) 货币政策

美联储需加快升息步伐,政策利率或在短时间内略高于中期利率目标。联邦公开市场委员会预计核心通货膨胀率和联邦基金利率的增速将略慢于此前预期。除非出现严重负面冲击,否则资产负债表正常化将按照原计划进行。短期内,美国经济增长和加息将使多数经济体受益。由于加拿大和墨西哥与美国经济联系紧密,两国将获得最大溢出效应。但国内外高杠杆企业、家庭和负债的主权国家将面临压力。

(四) 税收政策

《减税和就业法案》获得通过,将致力于减少个人所得税减免范围、降低边际税率、鼓励私人投资、打击税基侵蚀和跨境利润转移问题等。但税收政策调整将增加预算成本,许多临时条款造成了税收政策的不确定性和税收制度的不稳定性。为此,IMF 建议加强以下条款:

营业税:将营业税税率下调至 OECD 国家平均水平,并允许用特定类型的资本支出抵扣,以刺激投资并减少税基侵蚀和利润转移。为进一步提高美国营业税竞争力并减少对企业投资决定的影响,美国应在《减税和就业法案》基础上进一步推动改革,推动实现现金流转税,永久性地允许用所有资本支出进行抵扣,全面取消用新合同债务的利息支出进行抵扣。

个人所得税:个人所得税税改或加剧收入两极分化,对解决贫困人口的迫切需求作用甚微。为精准帮助中低收入家庭降低税负,防止高收入家庭所得税减少,美国应重新调整税率结构,增加劳动所得税抵免的覆盖范围和抵免力度,消除高收入人群纳税政策中的漏洞和特殊制度安排。

《减税和就业法案》具有重塑国际税收体系的潜力,但该法案的国际条款尚有待完善:一是为遏制全球税收竞争,应在各个国家实施最低税收政策。二是取消出口商低税收政策,避免因出口产品和国内产品的税收待遇差别而扭曲经济。三是将"税基侵蚀与反滥用税"仅运用于旨在将利润转移到低税率司法管辖区的交易。

（五）贸易政策

美国将维持开放贸易政策，但公众对开放贸易副作用的担忧日渐提高。为此，美国政府已提出新关税措施来限制进口。这或对美国及其贸易伙伴造成四点不利影响：一是迫使其他国家制定报复性关税作为回应，并造成恶性循环，给国内外投资带来不确定性。二是促使其他国家以国家安全为由加大进口限制，这将破坏全球贸易体系和规则。三是中断全球和地区供应链会损害依赖这些供应链的国家和美国跨国公司的利益。四是加剧金融市场或商品价格波动，进而影响各国，特别是脆弱的新兴及发展中经济体。

美国及其贸易伙伴应共同致力于减少贸易壁垒，减少贸易和投资分歧，而不应过于聚焦和特定国家的贸易平衡问题。相反，各方应加强基于规则的多边贸易体系，就贸易和投资达成双边和多边协定。美国的经济体量、多元化和活力令其最能从贸易和投资自由化中获益。此外，政府不应忽视贸易政策对工人的影响，应及时出台上岗培训、临时收入支持和就业援助等相关政策。

（六）金融监管

全球金融危机后，美国在加强金融监管结构方面采取了一些举措，并取得了重要进展：一是通过立法将系统重要性银行的总资产门槛提高到2500亿美元。二是在计算补充杠杆率时不考虑托管资产。三是美联储和美国货币监理署已提议将全球系统重要性银行的补充性资本充足率（简称eSLR）修订为3%，并以风险资本附加费的50%作为缓冲。四是财政部主张修改决算框架，以加强法院在简化的破产程序下处理复杂金融问题的能力。五是财政部提出多项举措，增加金融稳定监管委员会（FSOC）执行过程的透明度和分析的严谨性。

IMF针对美国当前金融形势和已采取的改革措施提出以下几点建议：一是在统筹推进各项金融改革时，应进一步分析其联动影响。不同的监管政策调整存在重要的潜在相互作用，且通常按顺周期方向推进。因中期金融脆弱性和稳定风险均稳步上升，其相互作用尤其值得关注。二是未来金融监管改革应确保当前的风险管理、监管和应对方法得以保留。基于风险的资本和流动性标准仍是激励金融机构更好管理风险的核心工具。为支持资本和流动性要求，应维持和加强全面资本分析和审查工作。此外，美国应继续致力于发展国际金融监管框架，并充分遵循国际标准。三是加强对非银行机构的监管。由于缺乏统一的标准和监管，对保险公司监管仍有欠缺。还需为资产管理公司引入全面流动性风险管理框架。此外，监管机构间数据共享仍存在障碍，且存在数据盲区，特别是非银行机构相关数据。

这不利于完全掌控金融系统风险等问题。

（七）竞争政策

美国企业在各行业中的市场力量均在上升，并具有重要的宏观经济影响力。自20世纪80年代以来，企业利润率稳固上升，且增速在2010年以后加快。此外，行业集中度和盈利能力等指标也反映了市场力量的增长。市场力量不断上升对宏观经济结果产生重要影响，包括抑制未来的投资和研发支出等。

出台政策应对市场力量增强并不简单，需要区分不同情况处理。例如，政府可对市场力量带来的超额利润征税，但需注意避免对预先投资所获得的不公平利润征税，这可通过推行现金流税等方法实现；若市场力量增强是因为企业效率提高或技术创新，则应制定公共政策，通过再就业或再培训等方式支持下岗工人和面临转型的工人。

（谢宛霖　孙剑戟　郭昊　陈茜）

《美国先进制造业领先地位战略》简析*

2018年10月5日，白宫发布2018年《美国先进制造业领先地位战略》（以下简称"战略"）。该战略由美国国家科学技术委员会下属的技术委员会[①]先进制造业分委会制定，从确保美国先进制造业的全球领先地位、保证美国国家安全和促进经济繁荣为出发点，提出了三大战略目标和影响先进制造业发展的九个重要因素。其主要内容及我们的看法如下，供参考。

一、主要内容

（一）提出背景

美国制造业特别是先进制造业长期处于全球领先地位，被视为美国经济的基础和国家安全的支柱。但从20世纪90年代以来，随着服务业快速发展，美国制造业开始出现外流，较欧洲、日本甚至中国整体领先优势缩小，就业人口也呈长期下降之势，这一趋势在2008年金融危机的影响下进一步加速。尽管特朗普政府上任以来力推制造业回流，为提振制造业就业不惜对外挑起关税战，但美国制造业从对GDP的贡献和吸纳就业人口规模上看，仍未恢复到全球金融危机前水平。

（二）战略目标与职能分工

基于重振制造业的现实需要，以"确保美国在先进制造业的全球领先地位、保证国家安全和促进经济繁荣"为出发点，2018年"战略"提出了以下三个目标：一是制造业新技术的开发和转化。二是制造业劳动力的教育、培训和对接。

---

* 本文写于2018年10月22日。

① 美国国家科学技术委员会（NSTC）于1993年由时任总统克林顿推动设立。NSTC由六个委员会组成，其中技术委员会负责协调与先进制造业、材料学、自动化和无人运输、人工智能、纳米技术和生物技术相关的各机构开展工作。

三是扩大和发展国内制造业供应链。其中，每个目标都有对应的战略任务，同时"战略"明确了各政府部门的职责分工，具体如表1所示。

表1　　　　　　　　　政府部门职责分工

目标	任务	国防部	能源部	商务部	卫生部	国家科学基金会	国家航天航空局	劳工部	农业部	教育部
制造业新技术的开发与转化	掌握未来智能制造系统									
	发展世界领先的材料加工技术									
	确保国产医疗产品充足供应									
	维持电子研发制造的领先地位									
	发展粮食和农业制造业									
制造业劳动力的教育、培训和对接	吸引和培育未来制造业劳动力									
	升级并扩展职业技术教育									
	推广学徒制和职业证书									
	匹配技术工人与行业需求									
扩大和发展国内制造业供应链	提升中小企业在先进制造中的地位									
	鼓励促进制造业创新的社会生态									
	巩固国防工业基础									
	扶持农村地区先进制造业									

（三）影响先进制造业创新与竞争力的九大因素

为帮助三大战略目标，2018年"战略"还详细识别了九项影响先进制造业创新和竞争力的关键因素，用于指导未来先进制造业发展。一是技术的快速发展及其与实体经济的结合，正在改变产品和服务的构思、设计、制造、流通、支持等方式。二是先进制造业的发展需要先进的技术型基础设施作为支撑。三是扩大先进制造业投资依赖于可靠和可预测的知识产权保护体系。四是先进制造业可影响出口、贸易和新兴市场经济体。五是维持先进制造业领导地位需要贸易政策的保护。六是制造业驱动全球经济发展。七是构建稳固的国防工业基础是美国的优先事项，包括具有创新和盈利能力的国内制造业部门以及弹性供应链。八是先进制造业从业者需具备科学、技术、工程和数学（STEM）方面的基础。九是联邦、州以及地方政府需共同支持先进制造业发展。

（四）2018 年"战略"的三大创新之处

金融危机发生后，美国政府越发认识到制造业对经济增长和就业的重要性，先后出台了一系列政策文件。2009 年美国出台《重振美国制造业框架》，强调应从提高工人技能、资助新技术和商业实践、发展稳定高效的资本市场、投资交通基础设施等方面入手，大力扶持制造业发展。2011 年，美国总统技术顾问委员会就确保美国先进制造业的领先地位向总统提交了报告和建议，在此基础上，2012 年美国国家科技委员会发布《国家先进制造战略计划》。与此前发布的制造业相关文件相比，2018 年"战略"有以下几点创新之处：第一，"战略"将发展目标进行了详细分解，并将每项具体任务分配至各政府部门，其中国防部几乎将参与所有项目。第二，2011 年版《确保美国在先进制造业的领先地位》报告仅泛泛提及关注新技术在各领域的开发和应用，而 2018 年"战略"则明确点到医疗、电子、食品和农业领域的新技术发展，更进一步将技术与经济因素相结合，强调构建可控的弹性产业供应链的重要意义。第三，2018 年"战略"明确批评"全球不公平贸易行为"，并不点名批评"寻求主宰全球的反面角色"。

二、几点看法

（一）"战略"实为重振美国先进制造业的产业政策

自金融危机以来，美国已开始逐步规划先进制造业相关政策与发展战略，但此前并未过多强调具体产业部门，也未大规模制订不同部门参与制造业建设的具体计划。2011 年发布的《确保美国在先进制造业的领先地位》报告甚至特别指出，美国必须避免制订产业政策，偏向于特定企业或部门的产业政策并非有效解决方案。而 2018 年"战略"直接推翻了此前的政策立场，不仅对于医疗、电子、农业等特定行业和领域有明显侧重，还为农业部、教育部、卫生部等联邦部门直接制定了"工作任务"。可以说，2018 年"战略"实质就是一项多个联邦部门参与，涉及多个制造业领域的产业政策。

（二）"战略"将供应链建设摆在空前核心位置

技术发展的政策倾斜、劳动力的教育培训和供应链建设是 2018 年"战略"的三大核心要素，但鉴于目前美国减税和去监管措施已见成效，且美国在劳动力教育与培训上长期处于全球领先，未来美国制造业发展的相对重点必将落在供应链的建设上。从对九大影响因素的分析中不难看出，美国业界对发展高端制造业的态度已发生转变，"苹果模式"不再被广泛认可，即不能过分专注设计和销售而将制造环节拱手让出。换言之，制造业发展应同时关注高额利润和低端配套制造环节，构建具有弹性的完整产业链。这既是发展先进制造业的现实需要，也被视为维护国家安全和国内经济繁荣的重要举措。未来先进制造业的竞争一定程度上也是供应链体系的竞争，美国或已开始未雨绸缪，投入更多资源加强全产业链和产业生态系统建设。

（三）坚持以我国为主，继续加大对先进制造业的支持力度

2018年"战略"将我国暗指为"寻求全球主宰的反面角色"，对我国敌视和竞争意味升级，也与美国近年来对我国制造业竞争力增长的忌惮和对"中国制造2025"的敌意高度一致。虽然美国制造业发展在20世纪90年代之后开始放缓，但与其他经济体相比，美国仍是全球制造业当仁不让的领导者，在高新技术领域掌握着绝对的技术优势，而美国在此基础上已有如此忧患意识，一定程度上值得我国学习借鉴。随着综合国力和国际影响力的提升，我国将不可避免地成为美国主要竞争对手和压制对象，核心技术方面终究要靠自力更生，发展先进制造业终究要走自己的道路。越是像"中国制造2025"这样令美国忌惮的，越应该成为我们坚定推动和积极落实的。同时，作为人口大国，我国在发展先进制造业的同时应以美国近20年来产业结构空心化为戒，在提高高端制造业竞争力的同时，兼顾低端制造业对劳动力的分流和吸收作用，并将制造业内部消化和服务业等其他部门吸收相结合，在不增加就业压力的前提下，加大对先进制造业的支持力度。

（丁璐）

美国《主要贸易伙伴宏观经济与汇率政策报告》简析[*]

2018年10月17日，美国财政部发布最新《美国主要贸易伙伴宏观经济与汇率政策报告》，认定包括中国在内的主要贸易伙伴没有通过汇率操纵获取贸易竞争优势，但将中国、日本、韩国、印度、德国、瑞士这6个经济体列入汇率政策监测名单。报告主要内容及我们的看法如下，供参考。

一、主要内容

（一）美国主要贸易伙伴均非汇率操纵国

根据《1988年综合贸易与竞争力法案》第3004条[①]和《2015年贸易便利和执法法》（以下简称"2015年法案"），美国财政部认定一国为"汇率操纵国"需同时满足以下三条标准：一是年度对美国贸易顺差超过200亿美元。二是经常项目盈余GDP占比超过3%。三是一年内通过单边汇率干预买入的外汇超过GDP的2%。2017年，对美国贸易顺差国中，有80%的经济体对美国贸易顺差高于200亿美元；经常项目顺差国中，有超过3/4的经济体经常项目盈余超过GDP的3%。

报告显示，本报告期内（2017年7月—2018年6月），主要贸易伙伴均不同时满足上述所有标准，均非汇率操纵国。但美国财政部将称将密切监控主要贸易伙伴宏观经济与汇率政策，如近期美元走强和人民币贬值势头不减，贸易和经常账户失衡或将加剧。此外，美国财政部还将密切监控并严厉打击不公平的汇率政

---

[*] 本文写于2018年10月19日。
[①] 《1988年综合贸易与竞争力法案》第3004条（b）规定，美国财政部长应与IMF协商，每年分析其他国家的汇率政策，并考虑各国是否进行汇率操纵，以调整国际收支或为在国际贸易中获得不公平竞争优势。如果部长认为：1. 有巨大经常项目盈余的国家；2. 与美国间存在巨大贸易顺差的国家——存在操纵汇率的情况，财政部应采取行动，在IMF或双边层面迅速与该国展开谈判，确保其及时调整与美元的汇率，实现国际收支结构合理有效，消除不公平优势。

策,并以《美墨加协定》(USMCA)中关于避免不公平货币政策条款为参考,在其他贸易协定中加以应用。

(二) 将中国等 6 个经济体列入汇率政策监测名单

如果某一经济体满足"2015 年法案"三条标准中的两条,该经济体将被纳入汇率政策监测名单并连续被监督两个报告期。特朗普政府还于 2017 年新增一条补充标准,即如果美国与某经济体的贸易逆差占美国总体贸易逆差的比例较大,即使该经济体不满足 2015 年法案三条标准中的两条,也会被列入监测名单。本报告期监测名单中的经济体有中国、日本、韩国、印度、德国和瑞士。其中,中国和印度均只符合一条标准,即逆差过大,另外四国符合两条或两条以上汇率操纵国标准。

1. 中国

报告认为,2018 年中国对外汇市场直接干预有限,中国央行实际上保持中立,但央行以外的金融实体,尤其是国有商业银行,在 2018 年 4 月、5 月增加外汇买入,2018 年第二季度总计约 450 亿美元。2018 年 6 月中旬以来,人民币兑美元汇率已下跌逾 7%,中方采取了多种方式应对贬值压力,包括实施特定行政措施以及重新引入反周期调整手段。美国财政部对于中国未披露其外汇干预措施表示失望,希望中国遵守避免竞争性贬值的承诺,并提高汇率和外储管理的透明度。

报告显示,自 2017 年下半年以来,中国国际收支状况总体稳定,资本外流放缓。截至 2018 年 6 月中国经常账户盈余总计 680 亿美元,但中国对美国货物贸易顺差仍在美国主要贸易伙伴中位居首位,规模达创纪录的 3900 亿美元。2017 年,美国对中国的服务贸易顺差为 400 亿美元,2018 年上半年稳定在近 200 亿美元左右。美国财政部对中美贸易严重失衡深表关切,认为这种失衡来自非关税壁垒、非市场机制、补贴和其他扭曲行为。美国希望中国持续推进结构性改革,加大向美国商品和服务开放程度,为美国企业和工人提供更多参与中国市场竞争的机会,促进中美经济关系更加平衡。

2. 日本

日本符合第一、第二条标准。截至 2018 年 6 月的四个季度内,日本对美国商品贸易顺差高达 700 亿美元,服务贸易逆差为 120 亿美元,经常账户盈余 GDP 占比达 4.0%,高于 2017 年同期的 3.8%。日本继续保持高水平盈余的主要原因是,其过去多年的盈余积累了较多国外净资产,并因此产生高额收入。自 2011 年以来,日本从未干预外汇市场,日元汇率相对稳定,且接近 2013 年以来的历史低位。报告建议日本当局应推进结构性改革,在巩固增长的同时确保财政可持续性。

3. 韩国

韩国符合第一、第二条标准。韩国政府拟于 2019 年大幅增加财政支出,推动就业并刺激国内需求。目前，韩国尚未公布其外汇市场干预措施，且曾称将于2019年年初披露干预数据。美国财政部估计，2017年7月—2018年6月，韩国政府购买外汇41亿美元，占GDP的0.3%，购买活动主要集中在2017年11月和2018年1月。截至2018年6月的四个季度内，韩国对美国货物贸易顺差达210亿美元，约占GDP的7%，服务贸易逆差为140亿美元。由于韩国服务贸易赤字扩大，韩国经常账户盈余逐渐减少，2018年上半年约占GDP的4.2%。IMF认为，韩元仍被低估约2%~7%。美国财政部将监督韩国政府更加透明和及时地公布外汇干预数据。

4. 印度

印度符合第一条标准。由于外国投资者2018年上半年将资本从印度等新兴市场撤出，2018年上半年印度央行外汇净出售额较大，报告期内印度外汇净购入额降至40亿美元，占GDP的0.2%。近期印度对美国双边货物贸易顺差较大，本年度总额达230亿美元，而印度经常项目赤字占GDP的1.9%。因此，印度仅符合三项标准之一，若下次报告期内情况不变，美国财政部将把印度移出监测名单。

5. 德国

德国符合第一、二条标准。欧元区内由于危机遗留问题和内部经济表现差异，导致欧元汇率走低，而对个别表现较好的成员国（如德国）来说，欧元汇率事实上被低估。其中，德国实际有效汇率被低估了10%~20%。报告期内，按名义价格计算，德国经常项目盈余再创新高至3290亿美元，自2016年以来稳居世界第一，GDP占比达8.2%。同时，德国对美国仍有达670亿美元贸易顺差。虽然德国并没有独立的货币政策，但作为全球第四大经济体和一个拥有巨额外部盈余的国家，德国有责任促进更均衡的需求增长和贸易流动。报告建议，德国采取财政改革等措施，释放国内投资和消费潜力，缩小国际收支失衡。

6. 瑞士

瑞士符合第二、三条标准。自2017年中以来，瑞士通货膨胀率由负转正，国内经济活动加速，外汇干预在规模和频率上均显著下降。虽然瑞士央行并未在年度报告中披露其年度外汇干预总额，但美国财政部估计，报告期内瑞士外汇净购入量仅170亿美元，占GDP的2.4%。但瑞士经常项目盈余高企，报告期内经常项目盈余GDP占比达10.2%。美国财政部继续敦促瑞士当局进一步提高汇率政策透明度，并指出其应以更高频率公布外汇干预数据。

二、几点看法

（一）美国未将中国列为汇率操纵国符合预期

美国汇率报告公布前夕，美国总统特朗普和财长姆努钦曾频繁就人民币汇率问题对中国施压。而从汇率报告结论来看，美方基于客观事实保持了克制，未将中国列为汇率操纵国，符合国际社会和市场普遍预期。中方也在不同场合多次表态，不会搞竞争性贬值，不会将人民币汇率作为工具来应对贸易争端等外部扰动。美方在报告中也关注到中方采取了一定措施维护人民币汇率稳定，确保人民币汇率和经济基本面相一致。IMF总裁拉加德表示，近期人民币贬值主要是受强势美元影响，人民币对一篮子货币汇率并未贬值太多，IMF支持中国继续朝灵活的汇率制度迈进。而市场人士普遍认为，人民币贬值是在升值近一年后出现，在中美贸易摩擦爆发后加剧，并不是中方人为干预下的蓄意贬值。

（二）人民币汇率短期下行压力不减

自2018年年中以来，人民币兑美元汇率出现明显下跌，一方面是由于贸易摩擦升级叠加中国经济下行压力加大，导致市场预期不稳，投资者心理出现变化。另一方面，则是美元走强、美联储持续加息以及美国10年期国债收益率跳升等因素从整体上导致全球美元流动性收紧，新兴经济体汇率整体承压。可以预见的是，中美贸易摩擦短期内仍将持续，美联储2018年12月大概率再次加息，人民币汇率面临的外部风险短期内难有改善，下行压力仍将继续存在。中方对汇率市场的干预，也将更多集中于稳汇率与稳预期，而不是美方所担忧的"主动贬值"。

（三）对美国可能将"汇率问题政治化"应保持警觉

美方在前期表态强硬的情况下未将中国列为"汇率操纵国"，是基本基于事实并从其自身利益出发作出的理性选择。在中美贸易摩擦的胶着期，美方此举一定程度上缓和了双方的对立情绪，避免了事态进一步升级，但这并不意味着美方将放弃汇率武器或停止对华全面施压。只是在现阶段，对中国输出美国商品大规模加征关税等措施刚刚落地后，美国尚无必要立即加码汇率战。而将中国列为汇率操纵国甚至施以制裁，可能进一步加速人民币贬值，这也是美国不希望看到的。此外，从酝酿汇率报告的过程中可以看出，特朗普政府内部或尚未就人民币汇率问题形成最终共识，财政部和其他部门的立场并不完全一致。未来随着中美贸易摩擦发展和美国内形势变化，美国仍可能随时拿汇率问题做文章，进一步挑起事端，将"汇率问题政治化"。

（贾静航　丁璐　范行凤）

美国服务贸易壁垒情况简析[*]

美国政府长期高度重视服务贸易，采取一系列措施支持服务业和服务贸易发展，在服务市场准入等方面设置了广泛的限制性壁垒，为他国对美国服务贸易出口制造障碍，以保证美国服务贸易在出口规模和竞争力方面的世界领先地位。尽管美国服务贸易在全球处于领先地位，但美国在多个领域设置的贸易壁垒水平均显著高于经济合作与发展组织国家平均水平，美国服务贸易市场开放有待提高。

一、美国服务贸易概况

根据世贸组织《服务贸易总协定》的标准，服务贸易是在跨境交付、境外消费、商业存在和自然人移动四种供应模式下提供的跨境服务。服务贸易种类众多，主要包括商业服务、通讯服务、建筑及有关工程服务，销售服务，教育服务，环境服务，金融服务，健康与社会服务，旅游服务，娱乐、文化与体育服务，运输服务等。

美国是世界最大的服务贸易出口国和进口国，服务贸易总额长期居全球首位。2016年，美国服务贸易总额达1.215万亿美元，2017年美国服务贸易出口额近8千亿美元，旅游、专业服务、金融服务以及知识产权使用等在美国服务贸易出口中占比较大。其中，美国对华服务贸易长期保持顺差，且差额不断扩大。据美方统计，2007—2017年，美国对华服务出口额由131.4亿美元扩大到576.3亿美元，增长了3.4倍，同期美国对世界其他国家和地区的服务出口额增长为1.8倍，美国对华服务贸易年度顺差扩大30倍至402亿美元。在跨境交付、境外消费、商业存在、自然人移动等四种模式下，2017年美国对华贸易服务顺差总额或超过900亿美元。美国企业在旅游、教育、电影、图书、知识产权转让等领域获得了高额利润。以知识产权为例，美国每年对外许可知识产权净收入达800亿美元，而中国每年对外支付知识产权使用费近300亿美元，美国是最大受益方。

[*] 本文写于2018年10月17日。

二、主要领域存在广泛壁垒

经济合作与发展组织国别调查报告显示,在 22 个服务贸易领域中,美国有 7 个领域的贸易限制指数(STRI)① 高于经济合作与发展组织国家平均值,分别为航空运输、海运、保险业、快递物流、建筑业、通关服务和货运代理,其中海运、航空运输和保险业贸易壁垒水平最高。限制市场准入和外资国家安全审查机制是美国服务贸易壁垒的主要表现形式。

海运领域。美国《海运商业法案》规定,在美国境内航行的船舶必须由美国制造,并在美国登记注册;船舶所有权至少有 75% 由美国公民拥有,船员必须为美国公民。尽管该法案豁免了部分货物的运输限制,包括用于海上油气开发的井口设备、管汇、平台及管道修理设备等,但近期美国海关及边境保卫局拟删除豁免条款,进一步保护美国海事服务业和造船业发展。

航空运输领域。美国《1926 年航空贸易法》《1938 年民用航空法》等规定,所有美国航空运营商必须由美国公民实际控制,董事长和 2/3 董事会成员必须为美国公民,外国参与不得超过无表决权权益的 49% 和表决权权益的 25%。以美国与欧盟等经济体签署的"市场开放""天空开放"等双边协定为例,其中部分内容就具有明显不对等特征。如在航空市场准入协定方面,美国航空企业可由美国境内的任意一点飞往对方国家,而对方国家航空企业却只能飞往美国境内有限的几个通航点;美国承运商可以竞标英国或其他国家航空邮件运输,但其他国家承运商却不能竞标美国航空邮件运输;美国航空公司不可以租用外国飞机和机组人员,但可以向外国航空公司出租自有飞机;美国政府合同产生的货物运输需求只能由美国空运企业来承担等。

保险领域。美国没有全国统一的保险监管机构和保险法规,各州政府在外资市场准入、经营条件等方面的规定有较大差异,但基本都要求外国保险公司在美国建立商业存在后才可提供服务。以纽约州为例,在纽约州注册的外国保险公司资本金需大幅高于美国保险公司,且确保多数董事为美国公民,且至少一人为纽约州居民。

电信和互联网领域。根据《美国 1934 年通信法》《关于外国运营商的市场进入命令》《外资参与美国电信市场的规则和政策》等法律和规定,美国在电信和互联网领域主要存在以下几种壁垒:一是投资并购国家安全审查,主要由 CFIUS 进行实际操作。二是电信牌照获取国家安全审查,主要由美国电信管理局和电信

---

① 影响所有领域 STRI 得分的指标包括:每年可进入该国的签署合约和独立服务供应商的数量配额限制。

小组（Telecom Team）审查。三是国会监督机制影响外资准入。中国鞍钢集团、中海油、华为、中兴等企业投资并购失败均是由于国会出面阻挠。

知识产权领域。美国一方面通过知识产权与技术标准相结合的方式形成标准型知识产权贸易壁垒，对发展中国家的出口造成威胁。另一方面利用边境保护措施打击侵权货物出入境行为。美国海关对知识产权的边境保护措施主要体现为：一是执行美国国际贸易委员会（ITC）根据《美国关税法》337条款关于不正当竞争的规定，对进口到美国的侵权货物发布禁止令。二是根据《美国联邦法规》第133条和171条有关商标、商号和版权及罚款、惩罚和没收的相关规定对商标和版权等实施备案保护。在执法过程中，美国海关拥有较大自由裁量权，存在滥用行政执法程序或在执法过程中故意设置障碍的行为。

快递物流领域。美国通过立法与税收减免措施奠定了美国邮政服务（USPS）在快递物流领域的垄断地位。第一，《美国联邦法规》《美国邮政法》《私营快递条例》《限制私营递送信件的规定》等法律法规规定，USPS不受《反垄断法》约束，是唯一有权为居民信箱递送邮件的公司，且一定资费和重量范围内的信件由USPS专营。第二，USPS无须缴纳销售税和财产税，极大降低了产品价格，提升了竞争力。这些规定事实上意味着外资企业无法在美国全面经营文件寄递业务。

此外，《公共土地法》《采矿许可法》《萨班斯法案》等其他一系列法律也对美国的建筑、金融服务、商业咨询服务等行业设置一系列准入障碍，为国外企业进入美国服务业设置非市场性壁垒。

三、我们的看法

（一）美国在航空运输、海运等诸多领域设立高壁垒为本国谋取竞争优势

作为全球服务贸易第一大出口国，美国在国际服务市场中占有绝对优势。这种绝对优势既是基于竞争机制下优胜劣汰的市场法则，也得益于其人为设定的大量服务贸易壁垒。经济合作与发展组织国别报告显示，美国服务贸易壁垒范围较广、限制措施较多，在OECD监测的全球44个主要经济体的排名中相对靠后，且美国近年来降低服务贸易壁垒的力度明显低于货物贸易，货物贸易领域积极降壁垒，服务贸易领域却往往"避而不谈"，甚至提高限制措施。其中，美国最常用的手段是限制市场准入和出口管制，美国还常以维护国家安全和竞争优势为由，对部分领域尤其是创新性服务领域采取严格的管制政策，并利用行政部门自由裁量权在执法过程中人为设置障碍。

(二）就美国对我国结构性要价中不合理之处，有理有据进行反击

美方在 2018 年 5 月的对华要价单中提出"中国将迅速采取行动取消影响美国服务和服务提供者的投资限制和市场准入障碍"，具体要求涉及 18 个重点领域。其中多数领域与我国改革开放议程相符，存在与美国相向而行的可能性，而少数领域涉及我国核心利益无法进行谈判。事实上，美方要价中有相当一部分其自身也未实现完全开放。以快递物流行业为例，美方也在限制本国邮政快递行业开放范围，却要求中方"全面有效"全面开放快递市场。对此，我国可继续加大对美国联邦和地方政府涉及服务贸易壁垒相关法律法规的系统性研究，有理有据回击美方要价和不当指责，维护我国国内相关行业的发展权利。

（三）提升我国服务业发展质量，将外部压力转换为发展动力

经过改革开放 40 多年的发展，我国服务业质量、水平和国际竞争力已明显提升，但与发达国家相比仍存在竞争力弱、服务贸易结构不合理的问题，在旅游、运输、知识产权使用等领域存在较大的服务贸易逆差。从积极的角度看，中美贸易摩擦可成为倒逼我国服务业和服务贸易发展的重要契机，推动我国服务业和服务贸易进一步向咨询、金融、文化、数字贸易等资本密集型和技术密集型领域转型。此外，在主要经济体中，服务贸易领域存在不同程度的行政干预和非市场性壁垒仍是未来一段时间内的客观实际，我们在积极坚持降低壁垒、减少扭曲的同时，应进一步识别我国服务贸易优劣势和具有发展潜力的行业，在宏观层面推出更具针对性的支持政策，多措并举改善服务贸易结构和质量，使服务贸易成为我国新的外贸发力点和经济增长极。

（贾静航　薛涵哲）

美国《更好地利用投资引导开发法案》主要内容及简析*

2018年10月5日，美国总统特朗普签署《更好地利用投资引导开发法案》（Better Utilization of Investments Leading to Development Act of 2018，简称"BUILD"法案）。该法案授权成立美国国际开发融资公司（International Development Finance Corporation，IDFC），整合海外私人投资公司（OPIC）现有业务并与联邦对外援助机构合作，支持美国私人资本参与发展中国家发展融资项目。BUILD法案有明显针对我国"一带一路"之意，其主要内容及我们的看法如下，供参考。

一、BUILD法案的出台背景

长期以来，美国将对外援助和发展融资视为实现其国家利益与外交政策目标的主要手段之一。21世纪以来，特别是全球金融危机以后，美国对援助和发展融资的重视相对下降。特别是特朗普上任以来，主张大幅削减美国国务院发展融资预算。对比中国提出"一带一路"倡议、筹建亚洲基础设施投资银行等举措，美国在发展融资领域相对沉寂，美国国内普遍认为其发展融资体系已变得落后和低效，使美国在国际影响力乃至外交领域陷入被动，应予以大刀阔斧的改革和扩充。

（一）美国现有发展融资体系较为分散，难成合力

美国对外援助与发展融资体系庞杂，多个政府部门参与其中，较为核心的是美国国际开发署（United States Agency for International Development，USAID）和海外私人投资公司（Overseas Private Investment Corporation，OPIC）。USAID是独立的联邦机构，在全球范围内开展救灾、减贫、医疗卫生、环境保护、经济社会发展等援助项目。USAID以推广美式民主价值观为第一愿景，援助动机具有强烈的政

---

* 本文写于2018年10月17日。

治色彩，甚至明确附带政治条件。虽然标榜竞争性采购流程，但 USAID 的技术或招标援助往往选用美国供应商，限制了受援国的自主选择权，也造成了成本上升、占用受援国资源的现象。

OPIC 是从 USAID 拆分出的开发投资机构，致力于通过提供贷款、担保、政治风险保障等服务促进私人资本参与海外发展投资项目。OPIC 提供服务的间接性限制了其参与开发性投资的规模和项目类型。近年来，OPIC 的年新增项目总规模波动较大，动员资金能力相对有限。同时，OPIC 的项目在地域分布上随机性较强，无法主动在特定地区形成持续、大规模的开发投资，推动大型基建项目的能力较低。

除 USAID 和 OPIC 外，美国国务院、国防部、财政部、卫生部、能源部、农业部等部门均有发展融资和对外援助业务，但总体规模较小，很难形成合力。

（二）"一带一路"倡议和中美贸易摩擦"倒逼效应"明显

自 2013 年至今，中国对"一带一路"沿线国家投资超过 800 亿美元，庞大的资金规模和倡议的迅速推进引发美国各界广泛关注。美国政界一方面抹黑"一带一路"倡议具有政治背景、债务不可持续、缺少高标准和透明度，另一方面积极着手制订对冲战略，提升美国在"一带一路"沿线的政治和商业存在。美国学界认为，与"一带一路"相比，美国现有海外发展融资体系不足以对"一带一路"形成有效竞争，强烈要求政府加大扶持私人资本参与海外开发投资的力度。特别是随着中美贸易战发展，美方鼓吹中美全面竞争甚至对抗的声音增加，BUILD 法案凭借对冲"一带一路"倡议、重塑美国国际影响力等标签，迅速在两党内形成共识并顺利获得国会通过。

二、BUILD 法案的主要内容

BUILD 法案旨在改进美国发展融资体系，撬动更多美国私人资本参与发展中国家经济发展，以更好地服务于美国利益和外交政策目标。法案授权成立美国国际开发融资公司（IDFC），将由 OPIC 与 USAID 下属多个职能部门整合而成，为私人资本参与海外发展融资项目提供资金支持，并开展担保、保险、项目管理、技术援助等相关工作。IDFC 是美国联邦政府所有的商业实体，经营活动受美国外交政策指导。

（一）宗旨和业务范围

IDFC 旨在通过撬动私人资本参与国际发展融资项目，促进发展中国家可持续和更广泛的经济增长、减贫与发展。IDFC 称，将在安保政策、透明度和公信力方面坚持高标准，以实现经济与社会发展目标。其业务范围包括向私营部门提供贷款或贷款担保、作为少数股东参与发展融资项目、向私营部门提供保险或再保险、提供技术援助、管理特定项目、设立企业基金、对已经提供的支持进行监管、帮助中小企业发展等。

（二）组织架构

IDFC 将整合 OPIC 以及 USAID 下属多个相关职能部门，包括发展信贷管理局、私营资本和小微企业办公室、企业基金等。IDFC 将设立董事会作为公司管理层，董事会主席由美国国务卿或其授权代表担任，董事会副主席由 USAID 署长或其授权代表担任。董事会成员包括首席执行官、副首席执行官、首席风险官、首席发展官等。董事会中还将包括财政部部长或其代表、商务部部长或其代表、私营部门代表等。同时，IDFC 还将设立发展咨询委员会、监督部门以及独立问责机制等。

（三）资金规模

BUILD 法案规定，IDFC 作为一个独立实体，支持海外发展融资项目所产生的或有负债总额最大可达 600 亿美元，且每 5 年可随物价水平上浮。但通过各种金融工具，IDFC 能够撬动的资金规模将远高于 600 亿美元。

（四）与国际开发署的关系

BUILD 法案规定，IDFC 和 USAID 将进行更加紧密的合作，协同实现美国对外援助与外交政策目标。第一，USAID 署长担任 IDFC 董事会副主席兼首席发展官，IDFC 的部分投资工具及业务流程需经两机构共同向国会提交报告后才能开展，从制度上保证了两机构的高效协同运转。第二，USAID 的开发投资部门积累了大量海外发展投融资经验，可帮助 IDFC 提高运营效率，在较短时间内实现较大规模投资目标。第三，IDFC 和 USAID 在业务上有所交叉，既能够发挥两部门原有经验和优势，重建完整有效的对外援助与发展融资体系，也可解决国际法律适用问题，在不同场合以不同主体推广美国利益。IDFC 成立后，USAID 将继续开展美国政府层面的对外非军事性援助工作，业务规模基本保持不变。

三、几点看法

（一）BUILD 法案战略意义大于经济意义

特朗普就任伊始，本要以"扭曲自由市场"为由裁撤 OPIC，但出于政治和经济双重考量，裁撤 OPIC 最终变为成立加强版的 IDFC。这标志着特朗普本人和其政府在内外压力下对于发展援助政策的一个根本性转变。与过去的 OPIC 相比，IDFC 拥有更高的投资规模上限、更加灵活主动的投资工具以及与 USAID 更加协调的合作方式，能够根据美国利益需求设置项目，邀请私人资本进行投资并为其提供相应保障，在提高发展融资效率的同时更直接地体现美国国家利益和战略导向。鉴于 OPIC 成立近 50 年来从未出现亏损，且贡献着较为可观的行政收入，将 OPIC 升级为 IDFC，既反映出美国迫切希望整合国内资源加大对外援助和发展投入，对冲"一带一路"倡议的迫切需要，也有向国际社会特别是亚太区域及其他"一带一路"沿线地区宣示立场，意图重塑国际影响力之意，其战略考量明显大于经济意义。

（二）BUILD 法案再次凸显美国政界阻华遏华思想趋于一致

此次 BUILD 法案从在众议院提出到特朗普最终签署成法，仅耗时 8 个月，且两党对整合海外援助和发展融资体系的诉求高度一致，法案在参众两院均为高票通过。由于 BUILD 法案对冲"一带一路"倡议色彩浓厚，其顺利出台再次凸显美国政界对我国国际影响力持续增强的担忧，以及对"一带一路"倡议的疑虑和忌惮。原 OPIC 主席沃什伯恩称，"一带一路"倡议正在改变世界政治经济格局，这种国家主导的开发投资不符合美国价值观，美国需要为发展中国家提供可靠的替代性方案，遏制中国"国家主义"模式输出。法案推动人之一、众议院外交委员会亚洲和太平洋事务小组委员会主席特德·约霍甚至明确表示，发展援助和海外投资是美国重要的外交工具，IDFC 将成为中国"一带一路"倡议的"对立面"。正如近期贸易摩擦升级等一系列事件所反映的，美国政界阻华遏华思想已趋于高度一致，凡是制衡中国的举措，往往都能在美国国内获得高度支持。

（三）妥善应对外部压力，积极推动"一带一路"建设

美国是第二次世界大战后全球治理体系的主导者，在国际发展融资领域拥有绝对话语权，不仅牢牢掌控世界银行、IMF 等多边机构，还经常凭借政治和军事影响向受援国施压，以实现其外交目标。特朗普上任伊始，对传统的国际发展问题兴趣不大，但在政界和精英阶层的推动下，美国或以 BUILD 法案为序幕，进一步提升其在全球各区域的政治和商业存在。在 IFDC 正式投入运营后，"一带一路"倡议在沿线地区可能迎来真正的竞争对手。但积极的因素是，"一带一路"倡议提出 5 年来，已开始在沿线国家和地区落地生根，我国在推动"一带一路"建设过程中积累了较为丰富的经验，更加了解沿线国的实际情况和发展需求，并在制定融资规则和引导国际多边开发机构参与等方面迈出了坚实步伐。面对巨大的国际发展融资需求，与其纠结如何与 IFDC 竞争，不如扎实推动"一带一路"

建设，就美国等西方国家惯常指责的债务负担、高标准、透明度等问题形成更多制度安排，以更加丰富的合作成果打消国际社会的疑虑，争取更多沿线国家和国际社会更广泛的支持。

（王虎　贾静航）

中期选举及美国对华政策走势简析
——中期选举系列研究之一[*]

2018年11月6日,美国将举行新一轮中期选举,全部435位国会众议员、35位国会参议员、36个州的州长以及其他层次的选任职位都将面临改选。从目前选情看,民主党有望以微弱优势赢得众议院多数,而共和党继续维持参议院多数席位。这一变化或深刻影响至少未来两年美国对华政策走势。

一、选情预判

从历史经验来看,中期选举是选民对在任政府的一次满意度公投,总统所在政党往往会丢失国会席位,国会众议院尤为明显。目前在众议院,共和党以241比194占据多数,但上下只差24席,领先幅度不是很大。近期美国主要民调及主流智库均认为,在特朗普支持率持续低于50%、贸易保护政策招致国内部分群体不满以及此次中期选举民主党投票热情远超共和党的背景下,民主党很可能在众议院赢得额外20~35个席位,进而以微弱优势重回国会众议院的多数地位;而在参议院,此次中期选举35个需换届席位中民主党占25个,共和党仅占10个,共和党失去席位的可能性相对较小。目前美国民意调查显示,共和党大概率以微弱优势维持参议院多数,席位可能在50~54席之间,相应地民主党占据46~50席。即使民主党此次超水平发挥,由于副总统彭斯可在平票时投票,共和党仍可在参议院保持优势。总体来看,中期选举后,美国政坛可能进入共和党控制白宫、国会两院分属两党的格局。

---

[*] 本文写于2018年10月26日。

二、对中美关系的正面影响

(一) 两院协作通过负面涉华法案的可能性相对下降

在共和党同时主导国会两院的第 115 届国会当中,《与台湾交往法》、2018 财年以及 2019 财年国防授权法案中的涉及中国与涉及中国台湾条款纷纷获得通过,为近年来所罕见。如果民主党在众议院翻盘,在党争极化的前提下,两院协调合作推进立法必然面临更大难度。例如,在相关涉华条款上,两党之间的博弈必然抬升立法成本;又如,涉及军费增加或对地区局势的影响,民主党在军费开支与安全议题上的认知与共和党存在明显差异。因此,新一届国会中,两党博弈或使部分涉华负面法案获两院一致通过的可能性较前一届国会有所下降,对华负面立场或转而表现为国会两院中的其中一方出台更多不具备法律效力的涉华涉台决议案。

(二) 议员改选或使负面涉华议题有所减少

此次中期选举中,部分长期持反华立场的议员选情并不乐观。先后两任国会众议院外委会主席、对华持负面态度且对台友好的罗斯·莱蒂南(Ileana Ros‐Lehtinen)以及埃德·罗伊斯(Ed Royce)相继宣布不再谋求连任;长期负面操作涉华议题的共和党人罗拉巴克尔(Dana Rohrabacher)、夏伯特(Steve Chabot)、考夫曼(Mike Coffman)等人都在连任中面临极大压力;而鼓吹对中国投资强化审查的皮滕杰(Robert Pittenger)已因在初选中失败而无法连任。在中期选举后,可能有较大规模的反华议员离任,进而导致涉华议题进入一段时间的"低谷期"。这种变动意味着,在新一届国会成立后的一段时间内,负面涉华议题可能呈下降趋势。但按照以往经验,在意识形态、选民立场及特殊利益驱使下,很快就会出现新的负面涉华议员及涉华行为。

三、中期选举后中美关系或面临更大挑战

(一) 两党或以贸易议题为原点,在更广泛领域开展对华"示强竞赛"

第一,共和党执掌参议院,占据人事及外交事务便利。在财政和拨款议题上有优先权的国会众议院掌握在民主党手中,在外交事务上具有优先权并独享提名确认权的国会参议院仍在共和党手中,这意味着特朗普可能将在国内议题上备受掣肘,但在人事及外交事务上仍有巨大操弄空间,甚至可能"重外轻内",进一步

强化其在外交政策上的主导地位。

第二，特朗普为求连任，或跨议题联动施压以塑造"政绩"。在特朗普对2020年谋求连任有强烈意愿的情况下，必将进一步落实"美国优先"、"美国伟大"等竞选承诺来稳固选民基本盘。随着2020年大选临近，特朗普可能会在外交事务上显露更多短视性与功利性。结合特朗普的"商业思维"，其极可能采取跨议题联动的"大交易"操作，不排除在"人权、南海"等诸多议题上协同施压，给中美关系造成更大困难。

第三，民主党传统对华立场更为强硬，手段也更加宽泛。民主党在面临稳固少数族裔群体和高素质白人群体这一基本盘以及实现蓝领中下层群体回流的双重压力下，很可能与特朗普政府在贸易政策上展开"示强竞赛"，而中国必将"首当其冲"成为靶子。传统上，民主党人在贸易议题上的立场较共和党更为强硬，也曾在历史上屡次将最惠国待遇与所谓"人权"议题挂钩、炒作人民币汇率等负面议题。因此，民主党赢得众议院后，小概率对特朗普对华政策作出修正，更大可能是操弄中美贸易摩擦朝更广泛领域扩展。

（二）"反华制华"思想或在美国政坛进一步合流

从贸易战形势发展不难看出，尽管在策略和具体措施上有所分歧，但两党在对华立场上高度一致。贸易上的自由主义者尽管对特朗普奉行保护主义表示不满，却认同美国对中国政策的杯葛，且并不反对政府对华总体强硬的立场，相反，还敦促政府拉拢盟友和合作伙伴来一致对华施压。从长远看，美国已将我国视为正在崛起的战略竞争对手，选举格局的任何变化都不会明显改变美国采取对抗性的对华政策。无论是共和党人还是民主党人，"对华施压"、"抨击中国"都将是毫无疑问的政治正确，反而基于事实"替中国说话"将变得越来越难。

（三）两党或从不同角度继续对华施压

在外交事务上，民主党更重视价值观问题、重视多边机制的作用，共和党则强调军事安全问题，倾向于单边主义。两党或以各自的方式竞相对华示强。共和党或继续以贸易为核心通过双边渠道向中国施压，民主党或更重视提升全球政治和商业参与度，塑造对美国更加有利的多边体系。此外，民主党很可能推动特朗普重回巩固盟友协同制华的传统上来，更积极地参与多边体系并重塑规则，全方位规制中国的可能性将上升。反映在贸易领域，或将尽快解决目前与欧洲、日本等盟友的贸易摩擦，改革WTO或推出新的规则体系，以集中精力应对中国。而在政治安全等其他领域，不排除出现特朗普版的"亚太再平衡"战略或使"印太战略"更明晰化，压缩我国国际空间。

总的来说，本次中期选举很可能形成民主党掌握众议院、共和党掌握参议院和白宫的格局，这一格局下美国对华政策或更加强硬。我国应密切关注两党在涉华议题上的协调合作，防范美国将贸易摩擦扩展到更广泛领域，警惕特朗普在国内政策受到掣肘的情况下，在对外政策特别是对华政策上作出"出格"举动。此外，随着近年来美国选举政治周期的拉长，2018年年底或2019年年初，两党就会陆续有主流政治人物宣布参加下一届总统大选，主要参选人之间将就主要政策议题进行辩论，其中，对华政策议题无疑将是其中重要组成部分，也最容易在大选中被加以炒作和利用，给中美关系造成更大干扰。

（国际财经中心课题组）

中期选举对美国内政经议程影响简析
——中期选举系列研究之二[*]

2018年11月6日，美国将举行新一轮中期选举，国会全部435名众议员与35位参议员及其他层次的职位将面临改选。基于当前选情研判，2018年中期选举最有可能的结果是民主党以微弱优势重新回到众议院多数，共和党以微弱优势保持对参议院的控制权，进而形成共和党控制白宫、国会两院多数派分属两党的"府会分立"局面。本文将分析中期选举对未来美国政治格局和经济议程的影响，供参考。

一、对美国内政局的影响

中期选举后，民主党人或以众议院为阵地"阻击"特朗普和共和党，对特朗普政府未来两年国内政策议程，特别是税收、移民、医改等议题形成掣肘，甚至很有可能上演所谓"弹劾"大戏，提前为2020年大选布局。但从长远看，由于存在民意"回摆效应"，丢掉中期选举对特朗普来说并非完全不利，反而可能有助于其在2020年大选赢得连任。

（一）特朗普将面对更大政治压力

特朗普在中期选举后极可能面临所谓的"弹劾"危机。民主党掌握国会众议院多数后可以发起对总统的弹劾程序，尽管共和党内部对特朗普支持仍较稳定，弹劾决议几乎不可能得到参议院2/3支持票，但民主党出于牵制和抹黑特朗普的需要，完全有可能强行启动弹劾，扰乱特朗普既定政策议程。此外，"通俄门"和沙特阿拉伯王国记者卡舒吉事件的进一步发酵也将使特朗普在国内政治上面临更大压力。

---

[*] 本文写于2018年10月26日。

（二）特朗普或选择对外政策作为突破方向

由于参议院在外交事务上具有优先权并独享人事提名确认权，特朗普在外交事务上仍可占据主导地位。在意图谋求连任，而国内议程受到民主党掣肘难以顺利推动的情况下，特朗普很可能选择对外政策作为突破口，在外交事务上显现更多冒进和短视倾向。基于此，未来两年"印太战略"、半岛事务、中东事务、中美关系、美俄关系等都可能成为特朗普创造连任"政绩"的潜在筹码。

（三）丢掉众议院反而利好特朗普赢得2020年大选

即使民主党能在本次中期选举中夺回众议院，这一优势也未必能延续到2020年大选。近期民调结果显示，特朗普对蓝领中下层白人这一关键选民群体的吸引力并未减弱。民主党并不是得到了更多选民支持，而是部分选民出于对特朗普政策不满退出投票，并非转向支持民主党。这种微妙变化在国会选举的小选区中可能利好民主党，但在以各州为单位的总统大选中未必能导致决定性变化。此外，由于民意"回摆效应"，民主党在本次中期选举占优后，2020年民意可能再次摆回对共和党的支持。一旦未来两年经济形势不利，特朗普完全可以将问题推卸给民主党，进而得到选民的再次认可和期待。

二、对美国经济议程的影响

中期选举后，特朗普未来两年推动经济议程或受到较大掣肘。由于众议院在预算与拨款等问题上有先发优势，特朗普政府未来推动财年预算与拨款、移民、基础设施建设及二次减税等经济议程必然面临更大压力。民主党也可以预算为要挟，捆绑通过更多有利于民主党的经济议题。总的来看，由于参议院仍掌握在共和党手中，未来两年特朗普政府经济政策出现重大变化的可能性不大，但取得诸如《2017减税与就业法案》等重大进展的可能性也同样有限。

（一）"税改2.0"或举步维艰

中期选举前，共和党人为争取更多选民支持，提出"税改2.0"计划将原定于2025年到期的多项减税条款永久化，进一步为美国中产阶级家庭和小企业减负以刺激经济增长。该法案目前已经众议院投票后提交至参议院审议，但预计共和党无法在中期选举中赢得明显优势以支持"税改2.0"落地。此外，近期数据显示，美国联邦政府赤字创6年来新高，而"税改2.0"预计将在未来10年内增加1.5万亿美元赤字。对于一直批评特朗普加重美国赤字和债务负担的民主党人来说，让税改2.0在国会通过的可能性较低。

（二）预算博弈加剧，政府"关门"可能再现

两党长期在移民法规和边境安全、国防开支、医疗保险等重点预算项目的分配上存在分歧。如民主党认为，国内开支必须与国防预算开支增长持平，共和党人则希望民主党同意美墨边境墙的开支计划等。民主党人夺回众议院后，势必积极推动其党内优先议程，并对共和党形成制衡。两党在预算安排上的分歧可能导致联邦政府再次"停摆"。目前，维持联邦部门运转的资金到2018年12月初即将耗尽，中期选举后，两党或将就此展开更激烈博弈。

（三）对外贸易安排存在不确定性

根据《贸易促进授权法》规定，特朗普最早可于2018年11月30日签订《美墨加协定》（USMCA）并提交国会，国会则需要依据国际贸易委员会（ITC）对USMCA的评估进行投票，因此在2019年之前，国会几无可能推进USMCA。鉴于两党就USMCA中部分条款存在分歧，民主党也不会轻易使USMCA在国会过审。在今后的对外贸易谈判中，民主党也将有能力施加更大影响。

（四）资本市场或迎政策利好

历史数据显示，中期选举一般不会对金融市场产生重大影响。尽管"府会分立"会拖累特朗普经济议程，进而影响经济预期与投资者决策，但历史上府会分立期间金融市场表现总体稳定，甚至好于"一致政府"时期。且民主党一定程度上代表华尔街资本的利益诉求，有民主党对特朗普及共和党形成制衡，或更有利于美国金融市场平稳运行。

总体而言，中期选举对美国内政治经济议程的直接影响相对有限，但在民主党控制众议院后，特朗普施政难度将进一步加大，减税、放松管制、移民、医疗改革等一系列经济社会议程恐遭迟滞。加之周期性因素影响，美国经济未来两年或面临较大下行压力。中期选举后，美国政局将正式进入2020大选周期，民主党夺回众议院，反而可能利好特朗普2020年赢得连任。除民主党能否提出统一政纲、选出有竞争力的总统候选人外，未来两年美国经济和就业市场走势或将成为决定2020年大选结果的最关键因素。

（国际财经中心课题组）

美国中期选举选情预判及后续做好对美国工作的几点想法
——中期选举系列研究之三[*]

2018年11月6日,美国将举行新一轮中期选举,全部435位国会众议员、35位国会参议员、36个州的州长以及其他层次的选任职位都将面临改选。从目前选情看,本次中期选举很可能形成民主党掌握众议院、共和党掌握参议院和白宫的格局,这一格局下美国对华政策或更加强硬,一方面,两党在对华立场上的可能出现"示强竞赛",将贸易摩擦扩展到更广泛领域的限制和对抗。另一方面,特朗普在国内政策受到掣肘的情况下,可能在对外政策特别是对华政策上作出"出格"举动,这也对我国下一阶段做好对美国工作提出了更高的要求。

一、中期选举选情预判

从静态层面看,目前共和党在众议院以241比194占据多数,但上下只差24席,历史经验显示该领先幅度并不能确保共和党在选举中获胜。参议院中,此次35个需换届席位中民主党占25个,共和党仅占10个,共和党失去席位的可能性相对明显较小。从动态层面看,经济形势稳固显然是共和党的加分项,但特朗普政府的贸易保护政策及其招致的外部反制,导致了部分选票的流失。例如,农业利益群体和持有传统共和党理念的中产白人群体在本次中选中注册投票率明显下降。而民主党支持者、独立人士、年轻人以及少数族裔群体在2018年中期选举中都显现出更为踊跃地投票倾向,且绝大部分涌入民主党阵营。值得关注的是,在民主党大搞"身份认同"和"Me Too"等社会运动的影响下,女性群体在本次中期选举中表现出极高的参政热情。目前,民主党在国会众议员、参议员以及州长层次选举中提名的女性候选人分别为187位、23位以及16位,为历史上最高。

结合近期美国主要民调及主流智库预测,民主党很可能在众议院赢得额外

---

[*] 本文写于2018年11月2日。

20~35个席位，进而以微弱优势重回国会众议院的多数地位；共和党大概率以微弱优势维持参议院多数，席位可能在50~54席之间，相应地民主党占据46~50席。总体来看，中期选举后，美国政坛可能进入共和党控制白宫、国会两院分属两党的格局。

二、下一阶段开展对美国工作的几点想法

（一）中期选举对美国政治经济形势的短期影响有限

如顺利赢得众议院多数席位，民主党对共和党和特朗普政府的制衡能力将有所提升，特别是就两党分歧较大的移民、医改、税改等议题，特朗普受到的制约将进一步增多。甚至不排除民主党为牵制和抹黑特朗普，强行启动弹劾议程以消耗特朗普政治资本，为2020年大选布局。但从另一个角度看，丢掉众议院并不是共和党和特朗普的"末日"，民意在2018年出现回摆要好于累积到2020大选年集中爆发。且特朗普自参选以来，就有意树立与传统政客和历任总统不同的"非主流"形象，无意弥合党派甚至党内分歧，民意支持率虽然较低，但始终较为稳定。执政前两年，民主党和共和党内建制派对特朗普的牵制一直存在，但没能阻碍特朗普对内推出税改和放松管制，对外不断"退群"，四处挑起贸易争端。因此，即使中期选举中共和党丢掉众议院，也不意味着特朗普未来两年将明显丧失对内外政策的控制力，更不意味着特朗普将无法在2020年谋求连任。

（二）美国对华政策不会因中期选举出现明显转变

1. 联邦层面对华立场或持续强硬

在对外政策上，美国总统本就具有较大行政权，加之参议院握有外交事务上的优先权和提名确认权，特朗普在对外政策上仍有足够空间。即使民主党掌握了众议院，也不会阻止特朗普在贸易等领域对华挑起摩擦，反而可能按照民主党的传统思维和优先议程，与共和党开启对华"示强竞赛"。如民主党可能更倾向于联合主要盟友联合对华施压，或是将经贸问题与台湾、南海、甚至人权等问题挂钩，导致中美经贸摩擦进一步升级并趋于复杂化，甚至有可能向政治安全等更广泛领域蔓延。

2. 州和地方层面或有更多合作空间

与联邦政府相比，州和地方政府拓展中美经贸合作的愿望和需求显然更加迫切，政治因素对决策的干扰也相对较小。本次中期选举中，共有36个州的州长面临改选，从目前选情看，民主党或将较选举前赢得更多州长席位。根据弗吉尼亚大学政治中心预测，民主党需要改选的9个现有州长席位中有8个政党倾向未变，

共和党需要改选的 26 个州长席位中，有 3 个席位转向民主党，另有 9 个州选情焦灼。因此，民主党在本次中期选举后大概率掌握更多州长席位，对华政策上或与联邦政府进一步分化，至少在经贸领域更加友善和开放。在中美贸易摩擦仍在持续的情况下，省州合作、友好城市等地方层面交流合作机制或能为稳定和改善中美经贸关系打开新的空间。

（三）用好美国各界对华形成统一负面共识前的窗口期

美国政界在如何定位和应对中国上已基本形成共识，特朗普上任后的首份《国家安全战略报告》将中国定位为"竞争对手"，副总统彭斯发表涉华演讲，政府部门多位高官在不同场合批评中国，国会中不同形式的反华议案屡屡出现。以贸易摩擦为例，两党都认为应改变中美贸易"失衡"和所谓的"结构性问题"，分歧更多集中在是否选择关税，是否联合盟友等操作层面。

美国商界在此次贸易摩擦中发挥的作用相对有限，一方面，是特朗普政府较为强势，商界对特朗普的影响有限。另一方面，是跨国公司近年来失去"超国民待遇"后，替中国发声的意愿下降。但基于产业链转移的长期性和中国巨大的市场吸引力，跨国公司并不希望中美经贸关系持续紧张。如进行积极引导，在保障美国企业在华合法权益的前提下，商界仍可为改善中美关系作出更多贡献。

而在普通民众层面，盖洛普 2018 年调查结果显示，美国民众对中国持有好感的比例达 53%，为近 30 年来最高水平，持有负面态度的仅为 45%。这或意味着美国对华负面共识仅停留在华盛顿精英层，远未拓展至美国民众层面。我国可考虑绕开华盛顿政治圈和联邦层面的政治障碍，在美国推动"基层路线"，增强美国普通民众在中美经贸关系中的获得感，为中美关系稳定发展打造坚实民意基础。

（国际财经中心课题组）

美国 2018 年中期选举结果简析
——中期选举系列研究之四[*]

北京时间 2018 年 11 月 8 日早晨，美国 2018 年中期选举结果出炉，民主、共和两党就 435 位国会众议员、35 位国会参议员、36 个州的州长以及其他层次的选任职位展开角逐，民主党获得众议院多数席位，共和党保住参议院多数席位，共和党在州长数量上的领先优势从 33∶16 缩小为 27∶23。相关情况及我们的看法如下，供参考。

一、中选结果

截至北京时间 2018 年 11 月 8 日 9 点，美国国会参议院共和党与民主党席位占比由选举前的 51∶47 变为 51∶44，共和党在印第安纳州、北达科他州、密苏里州成功翻盘，扩大了对参议院的控制权；众议院共和党与民主党席位占比由选举前的 241∶194 变为 200∶223，民主党在 29 个选区成功翻盘，时隔 8 年重新控制众议院。州长方面，民主党在密歇根州、伊利诺伊州、堪萨斯州、威斯康星州等 7 个州翻盘，与共和党的差距从选前的 33∶16（阿拉斯加州长为独立人士）缩小为 27∶23。

从选票数量和结构上看，本次中期选举投票率创下新高，其中民主党支持者在"蓝色浪潮"的口号下踊跃投票，特朗普为共和党积极站台，帮助共和党保住了参议院多数和关键州州长席位。在 2018 年 11 月 6 日正式选举前，已有 3840 万美国人提前投票，远超 2014 年中期选举提前投票的 2740 万人。预计 2018 年有 45%~50% 的合格选民参加投票，投票率或将创下自 1966 年（49%）和 1970 年（47%）后的新高。《纽约时报》预计，此次美国众议院选举的投票人数约为 1.14 亿人，而这一数字在 2014 年仅为 8300 万人。从结构上看，共和党主要依靠高龄、白人、男性和大学学历以下的选民；民主党则更多依靠女性、少数族裔、年轻人

---

[*] 本文写于 2018 年 11 月 9 日。

和大学生。

二、我们的看法

（一）民主党"身份政治"收到效果

本次中期选举中，民主党表现出极强的"求生欲"，在一贯坚持多元化倾向的基础上力推"身份政治"，推出多位女性和少数族裔候选人参选州长和国会议员，以争取相应群体支持。其本质是将女性和少数族裔对特朗普的不满转化为对共和党的不满，从而转向支持民主党。从结果看，民主党"身份政治"策略获得了极大回报，其在众议院夺回的多数席位均为女性候选人或少数族裔，包括第一位索马里裔美国国会女议员伊尔汉·奥马尔（Ilhan Omar），第一位穆斯林女国会议员拉希达·特莱布（Rashida Tlaib）；有史以来最年轻的女国会议员奥卡西奥—科特兹（Ocasio-Cortez）；第一位印第安人女同性恋国会议员莎莉丝·戴维兹（Sharice Davids）；新罕布什尔州第一位公开同性恋身份的国会议员克里斯·帕帕斯（Chris Pappas）；第一位印第安人女众议院议员黛布·哈兰（Deb Haaland）等。而在州长层面，民主党候选人贾里德·波利斯（Jared Polis）赢得科罗拉多州州长竞选，成为美国第一位公开同性恋身份的州长；堪萨斯州州长劳拉·凯利（Laura Kelly）和缅因州州长珍妮特·米尔斯（Janet Mills）均为女性。

（二）共和党"特朗普化"趋向显著

特朗普的影响力是此次共和党成功抵御"蓝色浪潮"席卷国会的重要保障。由于特朗普在共和党选民群体中保持着很高支持率，多数参加中期选举的共和党候选人都获得了特朗普的公开背书。而特朗普在中选前最后一周共到访8个州，参加了11场竞选集会，并大量发布推特支持共和党候选人。从中选结果看，特朗普明确支持的14位参议院非在任候选人中有7人竞选成功，6位在任者中有5位成功连任，2个空缺席位（犹他州、田纳西州）竞选成功，包括得克萨斯州的科鲁兹（Ted Cruz）、密苏里州的霍利（Josh Hawley）、印第安纳州的布朗（Mike Braun）、田纳西州的玛莎（Marsha Blackburn）、北达科他州的克莱默（Kevin Cramer）、印第安纳州的布鲁恩（Mike Braun）等。

此外，特朗普在塑造共和党竞选人主张和对外形象方面也发挥着重要作用。在过去一年中，不少共和党候选人的政策立场与特朗普政府基本趋同，党内还出现了一批在理念上支持特朗普，并效仿其风格的政治人物。这都是共和党人为迎合选民偏好而作出的动态调整。特朗普本人也表示，中期选举就是对于他本人的一次全民公投。

(三)两党均宣布"获胜",选举结果符合预期

中选结果基本确定后,特朗普发推特称"今晚取得重大胜利,感谢大家"。而民主党代表人物佩洛西在发表"胜选演讲"时称,此次选举意味着恢复对特朗普政府的制衡,"明天将是美国新的一天"。总的来看,共和党在选前已意识到众议院大概率被民主党翻盘,特朗普本人也将更多精力放在了参议院和州长改选上,最终共和党如愿保住了参议院多数席位和佛罗里达、俄亥俄等关键州,特朗普本人也借此次中期选举证明了自己在执政两年后,仍然拥有强大的政治吸引力和拉票能力,为2020年大选增强了信心。而民主党虽如愿拿下众议院和密歇根、堪萨斯等关键州州长,但没能借"蓝色浪潮"席卷参议院,并以微弱劣势落选佛罗里达州、俄亥俄州和佐治亚州等几个州长席位。

(四)特朗普国内议程或受较大影响,对外政策影响有限

民主党拿下众议院后,特朗普政府推动各项政策议程特别是国内政策议程将受到更多制约。由于众议院在预算与拨款等问题上有先发优势,特朗普政府未来推动财年预算与拨款、移民、基础设施建设及二次减税等经济议程必然面临更大压力,彻底废除奥巴马医改已无可能,"政府关门"可能再次上演。民主党也可以预算为要挟,捆绑通过更多有利于民主党的经济议题,为2020年大选布局。而在对外政策方面,特朗普仍拥有较大自主权。尽管特朗普表示愿与中国达成协议,以维系两国元首间的良好关系,但考虑两党在对华定位上已基本达成共识,不排除美方将在更广泛领域、从不同角度继续对华示强。

(国际财经中心课题组)

美国中期选举州长改选情况简析
——中期选举系列研究之五[*]

北京时间2018年11月8日，美国中期选举结果出炉。在此次改选的36个州长席位中，民主党赢得其中16个，其中包括共和党任现任州长的缅因州、密歇根州、伊利诺伊州、堪萨斯州、威斯康星州、新墨西哥州和内华达州。通过此次改选，民主党与共和党在州长席位上的差距缩小至23∶27，在州一级对共和党和联邦政府的制衡能力得到加强，将在一定程度上对2020年乃至2024年大选产生影响。具体选情及分析如下，供参考。

一、重点州选情概况

此次改选的36个州中，既有佛罗里达州、佐治亚州等深红州，也有加利福尼亚州等深蓝州[①]和俄亥俄州、爱荷华州等摇摆州；既有密歇根州等铁锈带工业州[②]，也有堪萨斯州等典型农业州。对共和党来说，传统中西部红州和南部红州选情仍较稳定，但是在重要红州佐治亚和铁锈带核心俄亥俄州，共和党州长候选人仅仅以微弱优势胜出，由于选前领先优势较大，目前在州长层面仍保有数量优势。而民主党在州长改选中基本守住了现有阵地，共和党无一翻盘，还在7个州对共和党实现了翻盘。但在拥有全美第四多选举人团票的佛罗里达州，民主党候选人以小于1%的差距落选。

在民主党"蓝色浪潮"和特朗普本人积极参与下，2018年中期选举投票率或将创历史新高。《纽约时报》预计，2018年中期选举将总共产生1.14亿张选票，远远超过2014年中期选举的8300万张选票。其中，3900万选民提前投票，比2014年的2720万增长了32%。30岁以下年轻选民投票率创下新高。而在竞选资

---

[*] 本文写于2018年11月9日。
[①] 在美国选举中，长期倾向于共和党候选人的州称为深红州，长期倾向于民主党候选人的州称为深蓝州。
[②] 铁锈地带（Rust Belt）最初指美国东北部五大湖附近，传统工业衰退的地区，现泛指工业衰退地区。

金方面，两党竞选总花费预计将突破 52 亿美元，较 2014 年中期选举增长 35%，为近 20 年来最大涨幅。

二、部分新任州长对华立场

此次州长改选聚焦医保、移民、税收等民生议题和地方性议题，对特朗普贸易政策讨论有限，中美经贸关系更是较少涉及。大部分民主党当选州长无论是在本次选举中，还是在此前的政治生涯中，均没有明确的对华立场。且州长往往更多考虑地方经济和就业问题，政治因素对其干扰相对有限。

以加州和伊利诺伊州为例，新任加州州长纽森和伊利诺伊州州长杰伊·普利兹克大概率对华持温和立场。第一，加州和伊利诺伊州与我国经贸联系较为紧密，加州更是长期走在中美经贸合作的前列，对华强硬不符合本州经济利益。第二，纽森和普利兹克均为民主党建制派，在政治极化的大环境下很难明确支持特朗普贸易政策。第三，加州和伊利诺伊州均有大量跨国公司总部，一旦跨国公司受到贸易战冲击，很可能游说州政府改善对华关系。尽管传统的民主党人很难从意识形态上认同中国，但在经贸合作上，加州和伊利诺伊州有望延续对华温和或积极态势。

同样可能对中美经贸合作持温和或积极立场的还有堪萨斯州、密歇根州和爱荷华州。密歇根州和堪萨斯州对华经济交往较为紧密，前任州长均对华友好，甚至主动为中国在贸易问题上辩护。新任州长惠特默和凯利上任后，有望出于州内经济考量延续对华友好态势。而爱荷华州新任州长雷诺兹曾于 2012 年和 2017 年两度带领农业代表团访华，曾受到习近平主席接见。2012 年，时任国家副主席习近平访问爱荷华州时，正是由时任副州长的雷诺兹和时任州长如今为美国驻华大使布兰斯塔德主要接待的。而在政治立场上，雷诺兹也与特朗普有所差异，特朗普从未正式背书雷诺兹，也从未参加过雷诺兹的竞选集会。

从目前公开信息看，俄亥俄州新任州长德温和佛罗里达州新任州长德桑提斯对华立场或偏保守。德温属于温和派共和党人，而德桑提斯则属于保守派。在参选初期两人在贸易议题上都曾被指不够强硬。因为早年在国会投票支持中国加入 WTO，共和党保守派曾攻击德温支持与中国"不公平"贸易。德桑提斯则在贸易政策上三番五次变化立场，在选战中为争取特朗普支持者的选票从温和转为对华强硬。

三、几点看法

（一）"民意回摆"效应在州一级得到充分体现

在本次州长选举中，共和党候选人呈现出明显的"特朗普化"倾向，不仅政策立场和公众形象上向特朗普靠拢，且凡是得到特朗普背书的候选人，大多能在党内初选中脱颖而出，甚至能够战胜强劲对手顺利当选。如科罗拉多州共和党州长候选人沃克·斯特普尔顿和佛罗里达州新任共和党州长德桑提斯等。特朗普本人也将此次中期选举称为对他个人的民意公投。但"特朗普化"倾向在帮共和党提振选情的同时，也在部分地区引起甚至加剧了"民意回摆"，民主党人也在利用共和党"特朗普化"来争取女性、少数族裔和高知人群的选票。特别是在深红州堪萨斯州和2016年大选中倒戈支持特朗普的密歇根州、威斯康星州，州长席位均落入民主党之手。此次民主党能在州长改选中赢得23个席位并在7个州实现翻盘，一定程度上归因于共和党"特朗普化"倾向加剧后，"民意回摆"效应的集中释放。

（二）民主党"身份政治"策略收到积极效果

在本次中期选举中，民主党主打的"身份政治"不仅帮助其赢得了众议院多数席位，在州长层面也收益颇丰。民主党候选人吉拉德·波利斯（Jared Polis）赢得科罗拉多州州长竞选，成为美国第一位公开同性恋身份的州长；堪萨斯州新任州长劳拉·凯利（Laura Kelly）、新墨西哥州新任州长米歇尔·格里汉姆（Michelle Lujan Grisham）、密歇根州新任州长格雷琴·惠特默（Gretchen Whitmer）和缅因州新任州长珍妮特·米尔斯（Janet Mills）均为女性。此外，以变性人标签代表民主党参选佛蒙特州州长的赫尔奎斯特和以非裔身份代表民主党参选佐治亚州州长的阿布拉姆斯在各州也仅以微弱劣势落选。

（三）本次州长选举或为2020年和2024年大选埋下伏笔

根据美国选举制度，众议院选区每10年重新划分一次，州长在选区重划中拥有绝对主导权。共和党在2010年中期选举中获得多数州长席位，一定程度上帮助共和党利用选区优势维持了近8年来众议院的主导权。此次改选后，民主党与共和党的州长席位比缩小至23：27，与共和党差距较选前的16：33大有改善，2020年选区划分也将更为均衡，民主党在众议院的优势有望得到延续。具有指向意义的是，民主党此次在五大湖区收获颇丰，不仅拿下了2016年支持希拉里的伊利诺伊州和明尼苏达州，还在支持特朗普的威斯康星和密歇根实现了翻盘，这一趋势如能得到巩固或将帮助民主党收复五大湖区这一传统铁盘，动摇中下层白人对特朗普的支持，为2020年乃至2024年大选埋下伏笔。

（四）州和地方层面开展对华合作或有更多空间

中期选举期间民调显示，特朗普贸易政策在州和地方层面并无坚实的民意基础，认为特朗普贸易政策有利于州和地方经济的比例仅为25%，反之，认为其伤及州和地方经济的比例为29%。尽管贸易政策并非州长改选的核心议题，但由于大部分共和党候选人出现"特朗普化倾向"，贸易议题乃至中美经贸关系随之受到更多关注。在共和党方面，特朗普贸易政策在南部和中西部的传统红州支持度较高，州长大多选择"站队"特朗普。如加州州长候选人考克斯、乔治亚州新任州长肯普和佛罗里达州新任州长德桑提斯。而民主党方面，此次新当选州长对特朗普政策大多持批评和抵制态度，无论出于提振本州经济和就业，还是制衡特朗普、维护党派利益需要，都可能在贸易政策上与联邦政府有所差别，如加州新任州长纽森和伊利诺伊州新任州长普利兹克。

未来中美开展经贸合作特别是省州级合作、友好城市等地方层面交流时，可能获得更多空间。

（国际财经中心课题组）

国际主流媒体和智库热议美中期选举结果
——中期选举系列研究之六*

北京时间 2018 年 11 月 8 日，美国 2018 中期选举结果出炉，民主党赢得众议院多数，共和党保持参议院多数。海外主流媒体和国际知名智库高度关注此次选举，均在第一时间给予了密集报道。各方一致认为，两党对立明显，中选结果将有效制衡特朗普国内议程，但对其贸易政策影响有限，特朗普连任的可能性增大。各方主要观点如下，供参考。

一、"蓝色浪潮"未起，社会分化加剧

《华盛顿邮报》评论称，尽管民主党如愿赢得众议院，但他们期待的蓝色浪潮并未出现，特朗普上任以来美国社会的分歧和隔阂并未减弱，反而有增强之势。共和党在参议院优势扩大也表明美国政治和文化分歧进一步加深。据《纽约时报》报道称，两党各自在州长竞选中取得了一些重大胜利。美国企业研究所（AEI）访问学者 Ramesh Ponnuru 撰文称，中选之后两党在立法方面的僵持或将持续，此次选举体现出党派分歧继续扩大，两党政策主张少有一致。彭博社认为，中选结果只能看到两党不合，却看不到两党可以合作的领域。

路透社指出，此次中选美国城市和郊区的对立局面依然存在。《辛辛那提问询报》也报道，共和党在中期选举中横扫俄亥俄州，州内农村地区均明显支持特朗普。布鲁金斯学会高级研究员 Elaine Kamarck 撰文称，民主党的优势主要来自女性选民和退伍军人等，因此本届众议院的民主党将有比以往更多的女性议员。选举标志着美国仍在政治上有强烈的两极分化现象，分裂的根源在于选民而非政治家。商业内幕认为，民主党"身份政治"收效显著。国会迎来了有史以来最年轻的女性以及第一位穆斯林女性、韩裔女性和美国原住民女性，科罗拉多州选举出美国首位公开同性恋身份的州长。《纽约时报》认为，女性候选人及投票者在民主

---

* 本文写于 2018 年 11 月 9 日。

党夺回众议院中起重要作用。美联社也表示，中期选举表明共和党主要依靠高龄、白人、男性和大学学历以下的选民，而民主党则更多依靠女性、少数族裔、年轻人和大学生。

二、特朗普为共和党发挥的作用不容忽视

《华尔街日报》指出，特朗普为本次选举所投入的时间和精力远超之前的多位总统。特朗普并不需要在中期选举中大获全胜，而只需避免灾难性失败即可，他已完成了他所需要完成的任务。路透社认为，特朗普成为不容忽视的选举因素，他为共和党保住了参议院中的摇摆州，而被民主党用来争取女性、少数族裔和高知人群的选票。

三、特朗普国内议程将受制衡

《纽约时报》、美国之音、福克斯新闻等多家媒体均报道，异乎寻常的高投票率帮助民主党额外获得 26 个众议院席位，同时表明，大多数人希望看到特朗普在未来两年受到限制。商业内幕网指出，民主党自 2011 年以来首次控制了众议院，这将让他们能够有力制衡特朗普的立法议程。具体来说，民主党领袖已表示将利用成为众议院多数党的第一个月推进竞选和道德法律的全面改革。《金融时报》报道称，众议院民主党领袖佩洛西在民主党总部发表演讲时表示，接下来将把重心放在降低医疗保健成本、基础设施建设和扫除腐败上。《华盛顿邮报》也指出，未来两年的最大问题在于，民主党是否继续调查特朗普，这将显著影响两党关系和潜在合作。

四、特朗普贸易政策或更加强硬

彭博社发表题为《民主党将如何帮助或妨碍特朗普下一步贸易动向》的评论文章称，中期选举以后，特朗普或推出更多贸易保护主义政策，甚至可能在贸易政策方面得到民主党助力。CNN 报道指出，有参议院在手，特朗普可免于被弹劾，继续大肆推行单边主义政策。CNBC 也认为，中期选举将改变特朗普国内政策议程，但不会影响美国贸易政策，"美国优先"政策不会被颠覆。CFR 高级研究员 Joshua Kurlantzick 撰文称，民主党掌握众议院后，美国的亚洲政策或将更加强硬。众议院外交事务委员会的民主党议员 Eliot Engel 等人主张对俄罗斯和中国"干涉美国选举"进行制裁，并推动白宫方面明确其对亚洲贸易战略，推进与日本、菲律宾与越南的双边合作。路透社更表示，共和党在偏保守的国会领导层带领下，

恐将进一步向特朗普路线靠拢，更紧密围绕在特朗普偏激的辞令和强硬执政计划下，"特式风格"将更加突出。

五、特朗普连任概率反而增大

福克斯新闻称，中期选举结果增加了特朗普2020年的连任可能性，选举结果证实特朗普拥有强大的政治吸引力和拉票能力，此外，赢得佛罗里达等关键州州长席位也为其2020年大选打下了良好基础。路透社透露，特朗普已开始认真准备连任竞选，他将尽一切努力激励狂热的支持者。《辛辛那提问询报》指出，在共和党失去众议院后，俄亥俄州或在特朗普2020年大选时扮演重要角色。同时，各方也针对民主党2020年选情作出预测。商业内幕网称，民主党人此次从共和党手中赢得了7个州的州长席位，将为2020年总统大选做好铺垫。《华盛顿邮报》则认为，民主党需吸取教训，根据中选格局谨慎考虑总统提名者和竞选策略，特朗普竞争力仍然强大。CNN也评论称，尽管赢得了众议院，民主党缺乏如"让美国再次强大"一般鲜明有效的执政理念。

（国际财经中心课题组）

以波音公司为例看美国政府补贴问题[*]

美国政府长期为企业提供不同形式的补贴,从研发、经营、市场开拓、海外竞争等各个环节帮助企业获得竞争优势。这些非市场性补贴有违WTO规则,直接对市场造成扭曲。本文以波音公司为例,研究美联邦和州(地方)政府长期存在的非市场性补贴问题,供参考。

一、美国政府对波音公司的补贴情况

波音公司从1916年成立到逐步发展成为全球航空航天工业的领袖公司,与美国政府长期为其提供支持密不可分。在成立之初的十余年里,美国政府和军方是波音公司的主要客户,大量的军用订单为其初期发展提供了基本支撑。战后军用需求下降,美联邦政府授权波音公司航空邮政运营许可,允许其以航空信收费的方式获取利润,补贴襁褓期的民航业。至1934年,波音公司已不再是家庭作坊式飞机生产商,成了美国航空工业的托拉斯。虽然第一次世界大战以后波音业务逐渐向民用飞机转型,但仍涉足作战飞机领域,并深度参与美国航天计划[①]。作为回报,美国政府除不断提供大额采购订单外,从波音公司成立初期就开始对其提供税收优惠,包括联邦税收立法和州政府的减税政策;成立NASA联合国防部以研发项目的名义,为波音公司提供出口补贴和专项性补贴等。此外,美国进出口银行等联邦机构长期为波音公司提供财政支持。1998—2004年,该行为波音公司提供280亿美元贷款,曾一度被冠以"波音银行"的称号。美国商务部也持续对波音公司海外市场的拓展和维持提供重要支持。这些不同形式的补贴和支持为波音公司的发展提供了雄厚的资金支持和坚实的经

---

[*] 本文写于2018年9月4日。

[①] NASA与波音公司签订CCDev(Commercial Crew Development)类SAAs(Space Act Agreement),将创造发明的权利授予波音公司。

营基础。1963年，波音2707项目①中标联邦航空局超音速客机发展项目，联邦政府为这些项目研发活动提供75%的资助，波音公司逐步转入民用飞机时代。

随着欧洲空客公司的快速发展，空客公司2003年的订单数和交付数超过波音公司，打破了美欧双方在1992年签订《关于实施GATT的协定（民用航空器贸易协定）》后形成的利益平衡状态，两家公司的竞争愈发激烈，波音各种形式的补贴进一步升级。巨额补贴助力波音公司开发关键技术，为其带来竞争优势，使得空客公司相关机型销售量下降。

（一）美国各级政府对波音公司提供补贴

美国政府在1989—2006年②对波音公司的补贴总额达236.76亿美元，具体细节如下：

1. 联邦层面

美国联邦政府补贴包括美国国家航空航天局（NASA）研发资助、国防部研究、开发、试验与评价（RDT&E）项目、商务部先进技术项目（ATP）、NASA和国防部技术援助、国会立法（FSC/ETI）税收优惠等。

（1）NASA高速飞行研究（HSR）项目、先进亚音速技术（AST）项目、高性能计算与通信（HPCC）项目、航空安全计划、飞机降噪技术（QAT）项目、研究和技术（R&T）项目、车辆系统工程以及先进材料技术（ACT）计划共8个项目对波音公司提供支持，形式包括：研发项目拨款，享有重要数据和商业秘密的访问权、免费使用专利并享有研发项目成果转让权，拥有国家测试与评估设备的使用权，包括兰利研究中心等，提供项目投标方案补偿金等，补贴金额达104.06亿美元。

（2）国防部研究、开发、试验与评价项目通过采购合同高价购买民用飞机相关部件等形式为军民两用飞机项目研发提供补助，共23.79亿美元。

（3）先进技术项目依据《综合贸易竞争法（1988年）》建立，旨在通过政府直接公共资金资助，开发那些竞争前成长期内、高风险却对国家产业竞争力具有巨大潜在影响的技术研发活动。《美国技术卓越法（1991年）》首次明确规定ATP申请主体若是外资公司，则必须在美国境内设立且运营，原则上不鼓励美国境外外国公司和研究机构直接参与项目，相关项目审批必须通过外商投资审查。上述3项均属于政府航空研发投入，补贴总额为127.9亿美元。

---

① 波音2707项目是波音公司首次开发的超音速客机计划，也是美国历史上至今唯一由美国政府直接主导、出资的民航客机研发项目。

② 2010年欧盟再次上诉WTO（即DS353案），指称美国政府在1989—2006年对波音公司的补贴总额达236.76亿美元。

（4）NASA 和国防部技术援助即借用航空航天科技基础研究和军事研发活动的名义，通过转让知识产权等方式为波音提供间接技术支持，使其可免费获取数据资料和技术成果，并通过一般性大型民用飞机研发项目为公司提供资金补助和人力设备，并补偿招投标费用（IR&D/B&P）等，总计 38.35 亿美元。

（5）海外销售公司或域外所得排除法案（下称"国会立法（FSC/ETI）"）税收优惠即为波音公司提供税收减免，降低出口或对外租赁大型民用飞机的实际税负，共提供额外补贴 22 亿美元。

2. 州和州以下政府层面

华盛顿州颁布 2294 号法案为波音生产民用客机提供税收优惠，包括 B&O（Business and Occupation Tax）减税、零售税和使用税豁免等。此外，华盛顿州还提供基础设施建设领域的相关补贴，并与奥林匹斯市政府合作资助波音 787 生产、为其提供职工培训等，补贴共计 39.2 亿美元。

堪萨斯州通过发行工业收入债券（IRB）为波音民用客机零部件生产设施提供财产和销售税减免、通过 KDFA 债券为波音机身生产提供财政贴息，共计 9.06 亿美元。

伊利诺伊州为波音总部搬迁项目相关费用提供资金援助，并为总部提供收入税抵免，共计 2480 万美元。

（二）WTO 认定的违规补贴情况

根据 2010 年欧盟向 WTO 提供的上诉材料，2011 年 WTO 专家小组裁定美国各级政府违反 WTO《补贴与反补贴措施（SCM）协定》，涉案金额至少 53 亿美元。

1. 联邦层面

WTO 多次认定美国联邦政府为波音公司提供补贴。1989—2006 年违规补贴总额不少于 53 亿美元。其中 NASA 航空研发项目通过采购合同为波音公司提供研发支持，专家组认定其构成专向性补贴，金额达 26 亿美元；国会立法以及后继法案补贴构成禁止性出口补贴，金额达 22 亿美元。2016 年 11 月，美政府通过减税优惠向波音公司 777X 型商用宽体客机制造和销售提供补贴。2017 年，NASA 为波音公司提供人员和设备、签署合作协议和太空行动协议、与国防部共同提供援助（不包括国防部采购协议），以及 2010 年联邦航空局和波音公司签署的"其他交易协议"均属于补贴范畴。

2. 州和州以下政府层面

华盛顿州长期采取税收减免等措施，并实施 B&O 减税政策，1989—2006 年合计补贴金额达 7770 万美元左右。堪萨斯州就生产 737NG 采取财政贴息等措施，补贴金额近 4.87 亿美元。2013—2015 年，华盛顿州 B&O 税收减免额达 3.25 亿美元;埃弗雷特市 B&O 减免达 5410 万美元。在此期间,南卡州有三项专向性补贴,即对双子座项目基础设施的补贴,总计 5000 万美元;豁免财产税及销售税 2800 万美元。

二、几点看法

(一) 联邦和州政府长期为企业提供各种形式的非市场性补贴

以波音为例,NASA 研发支持、国会立法(FSC/ETI)税收优惠以及华盛顿州及地方政府 B&O 减税等非市场性补贴长期扶持波音公司发展,美各级政府从资金、技术和研发等各方面为波音筑牢产业基础,为其在民用航空领域保持竞争优势提供了强力支撑。1994 年,NASA 总计 10.2 亿美元的航空科研经费大部分被用于民用技术,航空企业以军用补贴的名义得到民用技术研发资金,获得了超额商业利润。除航空制造业外,美政府长期为各领域大型企业提供接近整个生命周期的补贴。如联邦政府近 18 年来,共为军工巨头洛克希德·马丁公司提供各种形式的补贴 12.3 亿美元。这些补贴在一定程度上支撑了第二次世界大战以来美国在全球经济体系中的核心地位和美国企业超强的国际竞争力。据统计,目前世界 500 强中排名前 50 名的美国企业没有一个未接受过美国联邦和地方政府不同形式的补贴支持。

(二) 美国对我国产业政策适用双重标准

美国国防部、NASA、商务部、能源部等机构以多种形式提供技术和资金支持,并通过免费提供数据和商业秘密等为波音公司提供研发补贴。而在地方政府层面,资金和税收等不同形式的补贴更是层出不穷。1989—2006 年美国政府对波音公司的补贴总额达 53 亿美元,预计 2006—2024 年补贴总额将不少于 31 亿美元。但美方在近期的《"301"调查报告》和所谓《中国的经济侵略威胁美国及世界的技术和知识产权》中却指责我国在农业、制造业等领域存在政府补贴,并把所有国有企业视为完全被政府拥有和控制,获得政府给予的大量公共资源。这一指责极不客观。对此,我国在坚决予以批驳和回击的同时,应进一步加强对美联邦和地方政府补贴措施的研究,积累相应的素材和案例,为下一阶段潜在结构性问题谈判增加筹码。

(三) 进一步完善国内相关政策支持

科技发展离不开政府的支持,大力发展先进制造业,培育优质创新型企业,需要政府在尊重市场对资源配置起决定性作用的前提下,给予必要的政策引导和资金支持。而对基础性和前沿性研发等正外部性市场行为给予补贴也是政府宏观调控的重要职能，符合经济学原理与国际通行做法。但在具体操作过程中，特别是地方政府层面，以往确实存在一些不合规补贴，一定程度上造成了市场扭曲，也给国际社会落下了话柄，需要在今后工作中予以坚决纠正和避免。

（袁璇）

《美中经济与安全审查委员会 2018 年年度报告》简析*

11 月 14 日,美国国会美中经济与安全审查委员会(USCC)发布 2018 年年度报告,回顾过去一年中美经贸关系并向国会提出政策建议。报告认为,特朗普政府对华贸易政策成效有限,没有从根本上改变中国不公平贸易行为,应就中国国有企业改革、中国海外投资行为、中美科技合作等重点问题推出更有力措施,甚至恢复台美"贸易暨投资框架协议"(TIFA)① 会议以牵制中国。报告主要内容及简析如下,供参考。

一、报告主要内容

(一)2018 年美国对华贸易逆差将再创新高

2018 年,针对中国强制技术转让、知识产权保护不力和不公平政策补贴等问题,特朗普政府依据 301 调查报告对中国发起了一系列贸易执法行动,并向世贸组织提出申诉。而中国对美各项执法行动均采取了报复措施。截至 2018 年 10 月,美国对华 2500 亿美元输美商品加征关税,主要面向中等技术产品;中国对 1130 亿美元美国进口商品加征关税,主要针对美国农产品及汽车、航空业产品。总的来看,关税措施并未有效削减贸易逆差,2018 年前 8 个月,美国商品贸易逆差同比增长 9%,由于美国服务贸易顺差规模较小,预计 2018 年全年,美国对华贸易逆差总额将创历史新高。

---

* 本文写于 2018 年 11 月 23 日。
① 台美"贸易暨投资框架协议"(TIFA)是台美间唯一高层经贸协商渠道(次长级)。1994—2016 年,双方共举行 10 次会谈,在农业等领域达成过合作共识。目前台美 TIFA 已停摆两年,台在美退出 TPP 后一度欲利用台美 TIFA 推动双边经贸合作。

（二）特朗普对华贸易政策收效有限

特朗普政府通过双多边途径打击中国贸易不公平行为，但总体收效有限，没有从根本上改变中国产业政策并解决贸易扭曲问题。针对出口补贴，美国采取了双反调查、向WTO申诉等措施，但关税针对面过窄，且识别发放补贴的具体主体十分困难。针对关税、本地化要求及市场监管问题，美国多次通过WTO等多边组织上诉，但中国行政命令通常以非正式形式传达导致难以取证，诸多本地化要求及监管限制仍未取消。针对市场准入问题，特朗普政府就特定领域外资准入规则与中国政府进行双边谈判，但美国贸易代表办公室（USTR）认为谈判并不成功。针对知识产权盗窃，技术转让和经济间谍活动，虽然美国可以通过外国投资委员会（CFIUS），出口管制系统和司法手段等多种途径加以制止，但跨国公司往往因害怕遭到中国政府报复选择放弃发声。随着中国在国际标准制定体系中的参与度和领导力日益增强，美国政府向中国施压以使其放弃或推迟歧视性技术标准的做法正趋于失效。最后，中国政府于2017年实施的《网络安全法》及其数据本地化要求与跨境数据传输限制将严重阻碍美国对华贸易及跨境电子商务发展。

（三）中国经济增长放缓给美国经济带来风险

中国经济增长放缓和国内政策调整为美国经济带来潜在风险。第一，受中美贸易摩擦及中国政府降低债务水平措施的影响，2018年中国经济增长放缓，投资消费热情和贸易活跃度下降，还未取得显著成效的去杠杆、治污和减贫进程在保增长的压力下面临暂停和推迟，债务对中国经济稳定的中长期威胁再次上升。尽管中国政府宣称超额完成2018上半年经济增长目标，但数据可信度存疑。第二，中国政府经济改革进程滞后，扭曲市场经济模式。不仅至今未兑现其反复承诺的放宽外资市场准入等事项，还利用重商主义政策扶持国内关键产业，帮助中国企业培育竞争优势并加强政府对经济的控制。第三，2018年上半年，中国经常账户逆差达283亿美元，为近20年来最高。经常账户逆差扩大可能导致人民币汇率波动加剧，使中国政府抵御金融冲击能力下降。第四，中国政府加强资本外流管控与美收紧投资审查造成不确定性上升，导致中国对美国外商直接投资下降。

（四）建议继续从不同角度加大对华施压力度

为应对挑战，USCC向美国国会提出如下建议。一是建议USTR联合美国盟友和伙伴国依据《关税及贸易总协定》条款，通过WTO共同向中国发起"非违反起诉"①。

---

① 根据《1994年关税与贸易总协定》中的第23条"利益丧失或减损"，不论他国是否违反任何缔约义务，WTO成员国均可因其"利益丧失或减损"或"协定的目标的实现受到阻碍"向WTO提起违反起诉、非违反起诉或情况起诉。

二是建议 USTR 公布中国国有企业的贸易扭曲行为并制定应对政策。三是建议政府问责局就中美科技合作项目进行评估，包括合作性质、资金来源、参与方及合作成果如何应用等。详细报告合作项目中的专利保护和监管制度；审查美方知识产权是否得到充分保护；中国国企及军方是否从研究成果中获益；调查合作中的中方研究人员是否有政府或军方背景；调查参与美政府支持项目的美企业、院校或实验室是否受到中国网络渗透；评估合作为美方带来的收益；分析中美科技合作项目数量是否过多，并为改进合作项目提供意见。四是建议国会设立基金，为易受中国经济或外交影响的国家，尤其是印太地区国家提供额外双边援助。基金可用于促进基础设施发展、推进反腐进程、提高政策透明度、改善法治、应对人道主义危机以及建设公民社会和媒体能力等。五是巩固与欧洲及印太地区盟友的共同经济和安全利益，定期进行中国投资信息共享与联合监测，制定共同外资审查标准等。六是建议 USTR 于 2019 年恢复"台美贸易暨投资框架协议"会议。

二、我们的看法

USCC 是美国国会为监测中美贸易往来及经济关系对美经济与安全的影响于 2001 年特设的咨询机构。USCC 定期向国会提交报告并给出立法与行政建议，其成员多为与美联邦政府密切相关的学者与前政要，其建议可直接影响美国会立法。如 2017 年，USCC 建议加强对中资企业赴美投资并购的监管力度，后被《外国投资风险评估现代化法案》采纳。2018 年以来，随着中美贸易紧张局势升级，USCC 在国会的影响力有进一步上升之势。

在 2018 年年度报告中，USCC 认为特朗普贸易政策并未从根本上改变中国产业政策并解决贸易扭曲问题，中美贸易逆差还在扩大，中国经济放缓给美国经济带来了新的风险。基于此，USCC 建议美联合盟友形成"意愿同盟"，利用多双边渠道全面加大对华施压力度，并将经贸问题与中美科技合作，海外发展援助甚至台湾问题挂钩，有挑起更大范围对抗之意。从短期看，在两国元首会晤前夕，美国先后抛出该报告和更新版"301 调查报告"，继续加码批评中国，可能对元首会晤形成负面影响。从中长期看，报告涉及的国有企业改革、中美科技合作、中国海外投资等内容及相关政策建议，未来很可能成为国会正式立法和具体政策措施，我国应对此有所防范，提前谋划应对之策。

（薛涵哲）

从"蚂蚁金服收购美国速汇金案"看美国外资安全审查*

2018年1月2日,中国蚂蚁金服集团与美国速汇金(MoneyGram)公司宣布终止并购交易。自2017年3月蚂蚁金融服务(简称蚂蚁金服)与速汇金达成收购协议后,在与美国外国投资委员会(CFIUS)、美国政客、政府官员和相关企业"斗争"近一年后,蚂蚁金服无奈最终放弃交易。这表明,中国企业赴美国投资的正常商业交易,越来越多地受到美国政治因素和CFIUS肆意干扰和阻拦。本文以该收购案为案例做简要分析如下。

一、蚂蚁金服终止收购速汇金相关情况

为提升跨境汇款服务水平、推动全球普惠金融发展,2017年1月,中国金融服务企业蚂蚁金服与全球领先的国际汇款公司美国速汇金达成并购协议。蚂蚁金服旨在通过技术输出实现速汇金从传统的线下代理转变为线上数字化服务,并承诺收购完成后继续将速汇金主要数据中心保留在美国本土。该项交易基于正常合理的商业原则达成,并将实现多方共赢。

为使项目获得批准,2017年3月至2018年1月,蚂蚁金服和速汇金三次向CFIUS提交联合自愿通知。但在政治因素的干扰下,CFIUS以"蚂蚁金服有中国国有股东背景"、"速汇金业务涉及大量美国公民个人及敏感信息"为由,认定并购交易可能会对"美国国家安全产生难以克服的不利影响"。针对CFIUS提出的质疑,申报方及时详尽地给出回复以及解决方案:一是蚂蚁金服为民营企业,所有国有股东仅为财务投资人,不担任任何董事或高管职务。二是速汇金承诺不向蚂蚁金服提供且蚂蚁金服不向速汇金调取任何美国公民个人及敏感信息。三是提出IT系统完全隔绝、接受CFIUS指定人士独立监管、剥离速汇金涉及美国公民个人及敏感信息的部分业务以及项目完成后接受CFIUS持续审查等一系列解决措施。

---

* 本文写于2018年1月25日。

但 CFIUS 对此未做任何明确回应，并以涉及美国国家机密为由，拒绝向申报方给出涉及"国家安全风险"的具体原因。2017 年 12 月 CFIUS 告知该项目将无法获批，无奈申报双方于 2018 年 1 月宣布终止收购交易。蚂蚁金服由此直接经济损失超过 4000 万美元，包括向速汇金支付的 3000 万美元赔偿金及各类交易费用，间接机会成本更无法估量。

二、关于案例的几点分析

（一）CFIUS 审查不可预测性显著增加

CFIUS 在审查流程和结果方面不可预测性显著增加。根据惯例，CFIUS 一般都会给出交易被否决的理由。本案中，CFIUS 认定交易可能会对"美国国家安全产生难以克服的不利影响"，但以涉及国家机密为由，拒绝向申报方给出涉及"国家安全风险"的具体原因。此外，只有在交易双方提出的解决方案可能可行但又无法在法定期限内确定解决方案的情况下，才会同意申报方撤回并重新提交申报。但本案中，尽管 CFIUS 允许双方多次撤回并重新申报，但对申报方提供的解决方案未做任何明确回应，使得申报方只能在猜测的情形下反复提交方案，导致巨大交易成本。

（二）竞争对手发起政治攻击使得该项目被政治化

在蚂蚁金服与速汇金达成并购协议后不久，世界第三大汇款公司美国嘉银通公司（Euronet）对速汇金发起"恶意收购"，并对该项交易展开政治攻击，包括联合多名美国政府官员及议员发布该交易会危及美国国家安全的言论，声称蚂蚁金服的股东中存在国有机构，将会泄露美国公民信息，并用于情报、定位和胁迫目的等。最终，蚂蚁金服不得不提高收购价格与速汇金达成新并购协议。该项目在美国相关利益团体的左右下逐渐演化成政治事件，被赋予过多政治解读。

（三）美国贸易和投资保护主义抬头

近年来，美国政府尤其是特朗普政府执政以来，推出了一系列逆全球化政策，包括退出 TPP、巴黎气候协定、重谈北美自由贸易区（NAFTA）等，为全球化蒙上阴影，贸易和投资保护主义抬头。2017 年 11 月，特朗普明确提出"美国不会无条件继续开放市场"，一方面加紧设置贸易壁垒，另一方面加快推进美国企业国际化，试图展开新的不公平竞争。美国政府以"危害国家安全"为由，将商业合作政治化，对中国企业赴美投资造成实质性阻碍，影响了美中贸易、投资公平发展。

三、建议

(一) 敦促美国公平对待中国企业赴美投资，并酌情采取反制措施

美国此次否决并购，是 CFIUS、美国政客和相关企业联合对中国企业正常商业交易的肆意干涉，是对中国企业的又一次不公平待遇，已在国际上引发强烈关注。中国政府可在今后的中美全面经济对话等对话机制中与美国进行交涉，并以此案例敦促美方遵守国民待遇原则和实行对等开放原则，增加相关审查和合规监管透明度，提高政府官员专业水准，公平对待中国企业在美投资，避免将商业合作泛政治化，利用行政手段阻挠合法商业交易。同时，酌情对美国在华投资采取反制措施，在关系国家安全和国计民生的金融、国防、信息通信等重点领域，加大对美企审查力度，避免因不公平竞争导致国家利益受损。

(二) 继续支持中国企业"走出去"

近年来，中国企业对美投资快速增长，2016 年中国企业对美累计投资 1090 亿美元，成为中美经贸关系重要推动力。但近年因 CFIUS 审查受阻的中国企业投资超过 500 亿美元。尽管包括美国在内的西方国家惯用安全审查对中国投资设置"玻璃门"，但"走出去"战略是中国企业自身国际化发展的需要，有助于企业积极参与国际竞争与合作，在国际市场中占据有利地位。政府应坚持扩大对外开放，鼓励中国企业合理合法地"走出去"，并为企业"走出去"提供相关政策支持，推动中国经验、中国标准更好地在相关国家落地，不断提升我国国际影响力。

(三) 政府应大力支持相关企业应对 CFIUS 审查

仅凭企业"单打独斗"难以应对 CFIUS 审查并获得公平待遇，政府应大力支持我企业与美国相关部门加强沟通，规避风险。一是政府相关部门需继续加强对企业相关利益诉求和被审查证据的分析，摸清 CFIUS 审查依据的"底牌"。蚂蚁金服案例表明，CFIUS 对传统意义上并不涉及国家安全领域交易进行阻挠和限制，政府部门应及时调整美国敏感地区和敏感行业名录，为企业"走出去"提供政策支持。二是鼓励有能力的企业向政府提供相关法律和商业规则研究成果，并及时通报其应对安全审查和规避风险的经验与案例，以便政府部门归纳分析，从政府层面做美国工作。三是应积极发挥行业协会等非政府组织优势，为中国企业赴美国投资提供数据共享、法律互助平台等方面服务。

(于晓　胡振虎)

CFIUS审查中资企业最新情况简析[*]

近年来,中国企业对美国投资快速增长,成为中美经贸关系的重要推动力。随着中国企业赴美国投资增长,美国外国投资委员会(CFIUS)加大了对中国企业赴美国投资审查力度。截至目前,中国已两次连续三年居CFIUS审查数量国别榜首,并于2017年9月再次发生中国企业被总统"行政令(Action of President)"[①]否决的案例。2018年,美国或将有针对性地修改CFIUS审查机制,进一步收紧相关政策。

一、CFIUS对中资审查最新情况

(一)中国企业被审查数两次连续三年位列国别第一,且申报数量快速攀升

2017年12月发布的CFIUS年报[②]显示,2013—2015年,CFIUS共审查39个国家(经济体)的387件涵盖交易,中国企业被审查交易74件,占19%,与2012—2014年占比相同,中国两次连续三年位居CFIUS审查数量国别榜首且占比最高。近年来,因安全审查受阻的中国企业投资超过500亿美元,已对中国企业赴美国投资造成实质性阻碍。事实上,中国投资只占美国吸引外资总额的不到1%,中国企业投资占比与受审查案件数量形成强烈反差。同时,中国[③]企业申报案件数量近年增速较快,从2009年的4件快速增加至2015年的29件。

---

[*] 本文写于2018年2月9日。

[①] 由总统裁定并签发暂缓或终止的命令。

[②] 2007年FINSA颁布实施后,CFIUS自2008年依法向国会提交年度报告,报告数据截至发布年份之前第2年,如2017年发布的报告数据截至2015年。本部分数据均来自2017年12月发布的CFIUS年报(2009-2015)"Committee on Foreign Investment in the United States Annual Report to Congress"。

[③] 在CFIUS统计年报中,中国大陆、中国香港和中国台湾三个经济体各自单独统计,其中"中国"指中国大陆地区。如无特殊说明,本报告所有统计口径与CFIUS年报一致。

(二) 制造业被审查数占比最高,金融、信息和服务业位列第二

2013—2015年,从涉及行业来看,制造业被审查39件,占比最高,为53%。其中,制造业被审查最多领域为计算机和电子产品,年均占行业比高达45%以上。2016年被总统"行政令"禁止的福建宏芯投资基金收购德国芯片设备制造商爱思强公司交易,以及2017年9月被总统"行政令"禁止的峡谷桥1号基金收购美国俄勒冈州莱迪思半导体公司交易,均属于电子行业;金融、信息和服务业被审查15件,位列第二,占比20%。2018年1月因CFIUS审查导致失败的中国蚂蚁金服集团收购美国速汇金(MoneyGram)公司交易[1],即属于金融、信息和服务业;此外,采矿、公共事业和建筑业被审查13件(17.5%),批发、零售和交通业7件(9%)。

(三) 四次总统"行政令"均针对中国企业

2017年9月,美国总统特朗普接受CFIUS建议签发总统"行政令",以危害国家安全为由禁止具有中资背景的峡谷桥1号基金收购美国俄勒冈州莱迪思半导体公司的交易。这是特朗普总统第一次、美国总统第四次根据CFIUS建议否决外资并购交易,而被总统禁止的4宗交易均为中国企业投资。除1990年和2012年两宗外[2],2016年福建宏芯投资基金收购德国芯片设备制造商爱思强公司项目和2017年"峡谷桥1号基金案"为近两年遭总统"行政令"否决的两大投资项目。

(四) 中国企业面临审查不可预测性增加

CFIUS在审查流程和结果方面不可预测性显著增加。峡谷桥基金的交易在被总统"行政令"禁止前,CFIUS曾耗时8个月对其进行审查却未取得进展,为重新起算审查时限,期间要求申报方多次撤回申报并重新提起申请。根据CFIUS惯例,只有在交易双方提出的解决方案可能可行但又无法在法定期限内确定解决方案情况下,才会同意申报方撤回并重新提交申报。尽管CFIUS允许申报方多次撤回并重新申报,但峡谷桥基金最终未能找到解决方案。蚂蚁金服收购美国速汇金交易也存在类似情况,双方三次向CFIUS提交申请,但CFIUS以"蚂蚁金服有中国国有股东背景"、"速汇金业务涉及大量美国公民个人及敏感信息"为由,认定

---

[1] 详请见国际财经中心《国际财经》报告《从"蚂蚁金服收购美国速汇金案"看美国外资安全审查(CFIUS之六)》。

[2] 两宗交易分别为1990年的中国航空技术进出口公司(CATIC)收购美国西雅图飞机零部件制造商MAMCO公司和2012年中国三一重工关联企业美国罗尔斯(Ralls)收购俄勒冈州风电项目。

并购交易可能会对"美国国家安全产生难以克服的不利影响"。针对 CFIUS 提出的质疑，申报方及时详尽地给出回复以及解决方案，但 CFIUS 未做任何明确回应，并以涉及美国国家机密为由，拒绝向申报方给出涉及"国家安全风险"具体原因。2017 年 12 月 CFIUS 告知该项目将无法获批，无奈申报双方于 2018 年 1 月宣布终止收购交易。

此外，CFIUS 目前明显存在管理层上岗不及时、决策不专业、过程不透明、审查不及时等问题，导致大量交易排队等待审查，并产生难以估量的交易和机会成本。2016 年 12 月，美国金融服务公司考恩集团（Cowen）以延误和取得 CFIUS 批准的"不确定性"取消了中国华信能源有限公司投资。2016 年 10 月，中国泛海控股集团收购美国金沃斯金融公司交易，目前仍在等待 CFIUS 决定。

二、CFIUS 审查机制或将进行重大调整

（一）强化 CFIUS 审查力度

近期，美国国会参议员罗伯特·皮廷格（Robert Pittenger）和约翰·科恩（John Cornyn）提交"外国投资风险审查现代化（FIRRMA）法案"，极有可能获得国会批准。该法案内容包括：一是扩大 CFIUS 审查交易范围①。二是建立强制申报机制。三是将审查期限由 75 天（包括 30 天的审议和 45 天的调查）延长至 90 天甚至 120 天。四是增加国家安全风险审查应当考虑的因素，包括交易是否会削弱美国与其"特别关注的国家"间有关国家安全方面的技术或工业优势、是否会对为美国提供战略性国家安全优势的技术造成潜在损失或其他不利影响等 11 项因素。五是限制法院对 CFIUS 审查结果的司法审查。六是扩大对 CFIUS 处理国家安全风险的权限，包括 CFIUS 可在审查或调查全部完成前先行中止可能对美国国家安全构成风险的拟议交易或待定交易，扩大 CFIUS 在订立减损协议或条件方面的权限。七是审查将由无偿变为向投资者收取申请费，收费标准为交易金额的 1%（最高 30 万美元）。

（二）更加关注食品安全和经济问题

共和党参议员查克·格拉斯利（Chuck Grassley）和民主党参议员黛比·斯塔博诺（Debbie Stabenow）已提交立法提案，要求加大食品安全审查力度；少数党

---

① 包括购买或租赁位于美国军事设施附近或敏感的美国政府财产附近房地产、任何对美国关键技术公司或关键基础设施公司的非被动投资（被动投资范畴将被缩小）、美国关键技术公司通过合资等形式向外国投资者提供知识产权和相关技术支持。

领导人查克·舒默（Chuck Schumer）正起草法案，要求 CFIUS 在审查过程更关注经济因素。

（三）特别针对中国加大审查力度

2016 年 11 月 16 日，美国国会下属美中经济与安全审查委员会（US-China Economic and Security Review Commission）向美国会提交了 2016 年年度报告，建议美国国会修改法规，授予 CFIUS 禁止中国国有企业收购美国公司资产或获得美国公司有效控制权的权力。

三、几点分析

（一）CFIUS 将继续加大对中国企业审查力度

一是美国或主要针对中国而修改外资安全审查机制。由于近年来中国对美国直接投资快速增长，导致美国出现政治焦虑，因此美国国会两党议员动议对美国外资安全审查机制进行重大改革。二是美国将继续使用行政终裁手段加大对中国企业审查力度。四次对中国企业使用"总统命令"，对市场造成负面影响，也使国际社会认为美国会协同行政部门采取了针对中国的不公正行动，特朗普政府或在"美国优先"战略下继续诉诸行政终裁手段，加大对中资企业审查力度。

（二）强化政府层面对话，并酌情采取反制措施

针对中国企业赴美投资遭受的不公平竞争和差别待遇，中国政府应通过中美全面经济对话等对话机制，敦促美方实行对等开放原则，增加相关审查和合规监管透明度，提高政府官员专业水准，公平对待中国企业在美投资，避免将商业合作泛政治化，利用行政手段阻挠合法商业交易；同时，可酌情对美国对华投资采取反制措施，对美国企业提高安全审查要求和力度，尤其是关系国家安全和国计民生的军事、金融、互联网、信息通信、高技术等重点领域，维护国家经济安全和利益。

（三）政府应大力支持相关企业应对 CFIUS 审查

仅凭企业"单打独斗"难以应对 CFIUS 审查并获得公平待遇，政府应大力支持我国企业与美国相关部门加强沟通。一是政府相关部门需继续加强对企业相关利益诉求和被审查证据的分析，摸清 CFIUS 审查依据的"底牌"，及时调整美国敏感地区和敏感行业名录，为企业"走出去"提供政策支持。二是鼓励有能力的企业向政府提供相关法律和商业规则研究成果，并及时通报其应对安全审查和规

避风险的经验与案例，以便政府部门归纳分析，从政府层面做美国工作。三是应积极发挥行业协会等非政府组织优势，为中国企业赴美国投资提供数据共享、法律互助平台等方面服务。

（于晓　贾英姿　郭昊　胡振虎）

美国《外国投资风险评估现代化法案》简析[*]

近期,美国《外国投资风险评估现代化法案》(FIRRMA)获立法部门审批并开始实施[①]。该法案系统修改了美国现行外国投资国家安全审查机制,强化并扩大了美国外国投资委员会(CFIUS)[②]的权力和审查范围,其中中国企业赴美国投资限制明显增多,投资成本和投资风险陡然攀升,审查政治化倾向进一步加大。

一、FIRRMA 出台背景

作为全球最早对外国投资实施安全审查的国家,美国对外资监管程度处全球较高水平。CFIUS 是由美国财政部主导的联邦政府跨部门外资审查核心机构。为了有效平衡引进外资与国家安全,美国一再通过 CFIUS 强化外资审查。近些年来,尤其是特朗普上台后,美国继续加大外资安全审查力度,并起到有效审查外资并购和维护美国所谓"国家安全"的政策效果。然而,美国当局对 2007 年通过的《外国投资与国家安全法》(FINSA)仍不甚满意,尤其是无法充分应对中国投资对美国国家安全"威胁"[③],希望完善现有外资安全审查法案以使其更"现代化"。

---

[*] 本文写于 2019 年 1 月 14 日。

[①] FIRRMA 法案于 2018 年 8 月 13 日经特朗普签署并正式立法,10 月 10 日美国财政部又发布两套 FIRRMA 实施细则,并于 11 月 10 日正式实施。

[②] 美国外国投资委员会(CFIUS)成立于 1975 年,是由美国财政部主导的联邦政府跨部门外资审查机构,主要负责审查影响美国国家安全的关键性基础设施和关键技术领域的海外投资,并评估此类交易对美国国家安全的影响。

[③] 与中国存在战略竞争是 FIRRMA 出台的主要动因。FIRRMA 法案的主要提出者、参议院共和党党鞭科宁(John Cornyn)在多个公开场合明确表示,该法案提出的背景是基于中国在美国科技领域大幅投资的趋势,以及美国企业在中国长期"以技术换市场"的情况。2018 年 8 月 23 日,特朗普在白宫与国会议员和主管经济的内阁官员召开背景简报会讨论 FIRRMA,会上汤姆(Tom Cotton)参议员等直接点名剑指中国,表示国会应正视中国是美国的长期竞争对手。曾作为 CFIUS 一员的美国商务部国际贸易前副部长斯德芬(Stefan Selig)认为,中国一直都是 CFIUS 的审查重点,针对中国的审查要比对他国的数量更多。

自 2017 年 6 月 FIRRMA 被提出以来，美国加紧对现行外国投资国家安全审查制度进行系统修改并积极为 CFIUS 扩权，以维持美国在特定技术领域的领导权，对抗来自国家安全和重要基础设施方面的威胁。

二、FIRRMA 主要内容与特征

FIRRMA 主要在以下四个方面对 CFIUS 改革需求作出回应：一是人员扩充，为 CFIUS 快速增加的审查量给予人员保障。二是资金扩充，允许 CFIUS 对审查的每笔交易收取审查费。三是流程优化，完善了财政部牵头的多部门参与的工作流程。四是技术优化，提出了搭建 CFIUS 外资安全审查互联网平台计划。同时，FIRRMA 对美国外资安全审查相关法律和 CFIUS 工作机制进行了系统性修改，主要内容和特征如下：

（一）CFIUS 审查面更宽

第一，拓宽审查对象范围，界定强制申报的交易类型：一类是可能取得美国企业控制权的交易，"控制"是指拥有决定或影响企业重要事项的直接或间接权，无论该权力是否行使；另一类是不会取得美国企业控制权的投资，但涉及以下试点计划（Pilot Program）规定的情况：投资者可通过交易获得美国企业非公开重大技术信息访问权、在美国企业董事会或同等管理机构中拥有席位或担任观察员权利、提名个人担任美国企业董事会或同等管理机构职位权利，除通过投票方式外，拥有美企使用、开发、收购或推出关键技术的实质性决策权等。此外，还包括涉及美国企业芯片、半导体、飞机、航天、电子计算机等 27 个行业[1]关键技术的投资。

第二，扩大"关键技术"定义。FIRRMA 试点计划对"关键技术"作出界定并继续扩大范围，使其符合美国《国际武器规制条例》（ITAR）和美国核能委员会（NEC）相关规定及其他有关药剂和毒素规定的"关键技术"规定。

---

[1] 27 个行业包括：1. 飞机制造；2. 飞机发动机和发动机零件制造；3. 氧化铝精炼和原铝生产；4. 滚珠轴承制造；5. 计算机存储设备制造；6. 电子计算机制造；7. 导弹与航天器制造；8. 导弹和空间飞行器推进装置和推进装置零件制造；9. 军用装甲车，坦克和坦克部件制造；10. 核电发电；11. 光学仪器和镜头制造；12. 其他基本无机化学品制造业；13. 其他制导导弹和航天器零件及辅助设备制造业；14. 石化制造业；15. 粉末冶金零件制造；16. 电力、配电和特种变压器制造；17. 原电池制造业；18. 广播电视广播和无线通信设备制造业；19. 纳米技术的研究与发展；20. 生物技术研究与开发（纳米生物技术除外）；21. 铝的二次冶炼和合金化；22. 搜索、检测，导航，制导，航空和航海系统和仪器制造；23. 半导体及相关器件制造业；24. 半导体机械制造；25. 蓄电池制造；26. 电话设备制造业；27. 涡轮机和涡轮发电机组制造。

第三，新增特定不动产交易。FIRRMA 规定，如外国人购买、租赁或取得特许经营权的相关政府设备或资产属于以下两种情况，则均纳入审查范围：一是非常接近军事设施或与国家安全风险的相关政府设备或资产。二是属于 CFIUS 规定的其他不动产。

第四，新增网络安全内容。为应对利用网络发动针对美国政治、经济和安全利益的颠覆活动，FIRRMA 新增"恶意网络活动"概念，是指涵盖交易可能会制造或加剧美国新的网络安全漏洞，或导致外国政府开展影响联邦选举结果等对美国的恶意网络活动。

（二）CFIUS 监管权更大

第一，扩大缓解协议执行权。缓解（mitigation）协议或条件，是指 CFIUS 为消除或缓解某交易对美国国家安全所造成的潜在风险，而与交易相关方所达成的协议。缓解协议适用于存在一定国家安全风险，且风险较为可控的交易。这一措施可视为准许交易与拒绝交易之间的防火墙设置。FIRRMA 对缓解协议措施以法律形式固化，并提高 CFIUS 的执行权。一是规定 CFIUS 有权监督缓解协议执行。二是保留 CFIUS 对未遵守缓解协议交易的重启审查权与民事处罚权，并规定 CFIUS 有权对该交易方的其他受管辖交易进行国家安全审查，该交易方须服从审查决定，并制定纠错行动计划。三是规定 CFIUS 可在审查期结束前，对已经完成的交易施加任何过渡性的缓解协议。四是规定 CFIUS 可对交易方自动放弃的交易施加缓解条件。FIRRMA 还要求 CFIUS 持续监控对缓解协议的执行情况。由此，FIRRMA 有效敦促了交易方对缓解协议的遵守，并提高了 CFIUS 对缓解协议的有效监督。

第二，扩大重启审查权限。FINSA 规定，一旦交易通过审查或调查，CFIUS 无权对该交易采取任何行动，除非交易方故意并实质性违反缓解协议，或是交易方所提交材料中存在虚假信息或遗漏信息，CFIUS 可单方面对该交易重启审查。而 FIRRMA 第 1708 条款，删除"故意的"（intentional）表述，对重启审查条件予以放松，即只要发现交易中有实质性违规行为，无论主观故意与否，CFIUS 都将有权单方面重启审查，降低程序启动门槛。

第三，新增中止交易权。FIRRMA 确认，CFIUS 有权对拟定或正在进行的交易进行审查、调查，以确保国家安全；并有权中止风险交易，或者缩短其调查时间并直接提交总统，以便采取进一步行动，包括总统下达禁止交易的行政令。此外，FIRRMA 明确建立识别程序，以确认非主动申报交易是否为 CFIUS "受辖交易"，进一步赋予 CFIUS 主动权，大幅增进其独立调查与审批职能。

第四，建立信息共享工作机制。FIRRMA 明确 CFIUS 正式与美盟国建立信息共享程序，并定期与这些国家政府代表进行磋商和会议，以便保护美国与这些国家的国家安全。这一举措扩大了 CFIUS 与盟国间的信息共享、技术共享能力。

(三) CFIUS 审查程序更完善

第一，延长审查时限。FIRRMA 将 CFIUS 初始审查时限由 30 天延长至 45 天。特殊情况下，CFIUS 主席有权继续将调查时限延长至 60 天。因此，从接受书面通知算起，现行 CFIUS 审查期将由当前的 75 天延长至 90 天，在特殊情况下将延长至 105 天。这将有利于 CFIUS 在面对外国投资形势错综复杂的情况下更有效解决受管辖交易对美国国家安全构成的威胁。

第二，提供"双轨"申报机制。FIRRMA 为投资者设立了选择性申报程序作为快速通道，允许投资者以声明（Declaration）替代完整的书面通知（Notice）。此类申报较书面通知更为简短，通常不超过 5 页，且 CFIUS 需在 30 天内对声明作出回复。

第三，收取申报费用。此前，CFIUS 不对任何申报收取手续费。FIRRMA 将允许 CFIUS 设定并收取申报费，但费用不能超过交易额的 1%，30 万美元封顶，且将根据每年根据通货膨胀情况对费用进行调整。

第四，建立内部程序识别未申报交易。FIRRMA 要求 CFIUS 建立程序，根据相关条款获取未通知和未申报交易的相关信息。

第五，成立 CFIUS 基金。基金由 CFIUS 主席管理，并授权在 2019—2023 财年每年拨款 2000 万美元用于履行 CFIUS 职能。

(四) 加入"歧视中国"的条款

FIRRMA 中存在着明显"歧视中国"的条款，第 1719 条《修改年度报告和其他报告要求》第（b）、（c）款①要求美国商务部每两年应向 CFIUS 提交对中国在美国 FDI 的专门报告，并报告中国国有或国家控制企业对美国某些铁路投资。事实上，如此高度指向、要求对一个主要贸易国家的投资进行"单独报告"，将特定国家写入立法法案，在各国相关立法中实属罕见。

三、几点分析

从全球范围看，美国国家安全审查机制经过几轮修订，形成了相对完善的法律体系，也取得了较好的政策效果。在制度方面，FIRRMA 有了较大制度扩展，不仅为 CFIUS 扩权，且与《出口管制法案》实现关联；在审查方面，中国对美国投资已受到更严苛的审查，全球赴美国投资均面临较大风险；在外溢风险方面，

---

① （b）关于中国投资的报告
（1）一般而言——不迟于本法案颁布之日起 2 年，此后每 2 年至 2026 年，商务部长应向国会和美国外国投资委员会提交一份关于中华人民共和国在美国的实体进行的外国直接投资交易的报告。
（2）要素——第（1）款要求的每份报告应包括以下内容：（A）中华人民共和国在美国的外国直接投资总额，包括根据最终实际拥有人分类的外国直接投资总额。（B）根据以下分类按价值分析中华人民共和国在美国的投资：(i) 少于 50000000 美元。(ii) 大于或等于 50000000 美元且少于 100000000 美元。(iii) 大于或等于 100000000 美元且不足 1000000000 美元。(iv) 大于或等于 1000000000 美元且少于 2000000000 美元。(v) 大于或等于 2000000000 美元且少于 5000000000 美元。(vi) 大于或等于 5000000000 美元。（C）按照两位数的北美行业分类系统代码对中华人民共和国在美国的投资进行细分。（D）按投资类型分列的中华人民共和国在美国的投资分类，使用以下类别：(i) 新设业务。(ii) 收购业务。（E）中国人民共和国在美国的投资细分，包括政府和非政府投资，包括每类投资的数量，部门和类型。（F）通过中华人民共和国政府投资购买的在美国注册的公司名单。（G）中华人民共和国管辖实体的美国附属公司数量，这些附属公司的员工总数，以及该实体的任何公开交易的美国附属公司的估值。（H）对（A）至（F）项所述投资模式的分析，包括数量、类型和部门，以及这些投资模式与中国政府概述的目标一致的程度。中华人民共和国"中国制造 2025"计划，包括对中华人民共和国在美国的投资和对美国的所有外国直接投资的比较分析。（I）根据第（1）款的规定，确定商务部长对每两年完成报告所需的时间表，合理合法地提供中华人民共和国在美国的外国投资的收集综合信息的能力的任何限制，包括：(i) 美国的政府和私营部门对中华人民共和国在美国投资估计数之间的任何差异；(ii) 描述不同的方法或数据收集方法，包括私营部门实体，用于衡量可能导致不同估计的外国投资；和 (iii) 关于加强商务部长改进中华人民共和国对外国投资信息数据收集的能力的建议。
（3）延长截止日期——如果由于根据第（2）（I）款的限制，商务部长确定将无法在第（1）款要求的时间提交报告，可以要求延长时间来完成报告。
（c）报告中国国有或国家控制企业对美国某些铁路投资
（1）一般而言——不迟于本法颁布之日起一年后，国土安全部长应与美国外国投资委员会的相关成员协调，向国会提交报告以评估——（A）与国有或国家控制实体在制造或组装机车轨道、客运铁路系统、公共交通铁路系统或城际交通中的机车车辆或其他资产投资有关的国家安全风险（如果有的话）；（B）此类投资的数量和类型以及风险。
（2）咨询——在编写第（1）款要求的报告时，商务部长应与交通部长和在外国投资委员会中没有代表但他们具有编写本段报告需要的专业技术和知识的任何机构的负责人协商。

美国收紧外资安全审查已对美国盟友产生影响，欧盟、德国、日本等国纷纷效仿并加强相关立法。今后，我国应密切关注对外开放过程中的国家安全与吸引外资之间平衡问题，加快我国相关立法进程，并引导中国企业立足长远，着力提升产业国际竞争力。

（一）FIRRMA延续原有法律精神并有较大制度扩展

FIRRMA及其试点计划体现了美国对外国直接投资基本态度的变化，既有延续，也有扩展。一是延续FINSA的基本精神，在"国家安全"定义上模糊处理，给CFIUS更多自由裁量权，便于作出有利于美国利益的解读。二是继续关注特定交易的政治影响。加入"特别歧视"中国条款，实质是通过应对中国投资对美造成的"威胁"而获得不同政治派别的支持。三是CFIUS的关注重点将进一步扩大至经济安全与技术安全。从FIRRMA条款看，投资对等开放与技术转让将成为未来较长时期美国的核心诉求，而不仅局限于过去的国家安全范畴。四是FIRRMA法案试点计划体现了美国对FIRRMA细化实施的总体方向，既通过详细列明纳入强制审查的27个行业扩展审查范围，也扩大了CFIUS审查权限或将导致全球主要经济体在外资安全审查立法、运行机制等相关规则上展开同质竞争，不利于全球投资并购自由化和便利化。五是"外资安全审查"与"出口管制"双管齐下、双向更严审查将成为趋势。FIRRMA与2018年《出口管制改革法案（ECRA）》作为《2019财年国防授权法案》的两个部分同时通过立法程序，表明美国将加强CFIUS与出口管制部门的协同，通过进口和出口两方面同时管控所谓"新兴技术和基础技术"流出，全方位巩固美国技术全球领先地位。

（二）全球赴美投资将受更严苛的审查，面临更大经济损失风险

按FIRRMA试点计划，涵盖交易企业既面临审查期限延长、审查领域和行业拓宽的挑战，也将面临罚金大幅提高、向CFIUS缴纳审查费的直接成本压力。实际上，在FIRRMA正式立法前，出于潜在风险预期的考量，外资对美国投资已出现大幅下降。以中国为例，2018年1月至5月，中国对美直接投资流量仅为18亿美元，同比下降92%。2018年5月，美国外交关系协会（CFR）报告表明，2017年向CFIUS提交交易文件的外企已从2009年的65家攀升至240家。以中国企业蚂蚁金服并购速汇金（MoneyGram）案为例，蚂蚁金服遭受支付"分手费"3000万美元的直接损失，前期运营费、机会成本等其他成本更高。FIRRMA法案试点计划实施后，全球对美外资并购都将面临更高的交易风险和成本。

（三）美国盟友和其他经济体将跟随美国，全球投资贸易正常秩序将遭到进一步破坏

近两年，在贸易保护主义和单边主义阴霾下，全球发达国家与经济体均呈现加强外资安全审查趋势，并将在评估方法、流程设计和法理依据等方面跟随美国。

美国盟国方面，加紧修订完善国家安全审查机制，构筑和完善国家经济安全屏障，并发布了明显针对中国的政策。德国、法国、新西兰、日本等国相继加强了外资安全审查立法进程或收紧相关政策。例如，2017年7月，德国正式颁布修订的《对外经济条例》；2018年2月，法国政府拒绝将其在图卢兹机场股份出售给中国企业；2018年12月7日，日本政府欲以安全理由为由，将华为与中兴通讯两家产品排除出日本政府采购清单。

欧盟方面，在内部相关立法也同步推进中，相关保护领域与美国FIRRMA有较高重合度，与美国不同的是，欧盟外资安全审查机制为非强制。2017年9月，欧盟委员会发布《欧盟外国直接投资审查法律框架草案》，提出在欧盟层面强化对并购和外国投资审查的相关立法建议。2018年11月20日，欧洲议会谈判代表就对外国直接投资设立筛选框架草案达成一致，将建立外国直接投资（FDI）筛选机制，以确保外国资本不会对关键基础设施、关键技术或敏感信息访问造成威胁[①]。

（四）我国应全面加强国家经济安全，加快相关立法进程

面临对外投资的严峻形势，如我国政府"以其人之道还治其人之身"，即用行政手段制裁在华外企，则必然于双方企业和全球贸易投资秩序产生更大负面影响，因此，"针锋相对措施"非到不得已时不可为之。我们认为，当前更紧迫且更长效的办法是，以服务国内经济建设和经济安全为首要政策目标，加快我国外资安全相关立法进程，有效平衡我国国家安全与对外开放的关系。

2018年，正值我国改革开放40周年，中国的关键基础设施和部分关键技术都已居世界领先，我国应高度重视国家经济安全，按习近平总书记总体安全观要求，加快完善符合中国国情和发展需要的国家外资安全审查体系，以应对未来越来越错综复杂的全球政治和经济风险。

（五）中国企业要立足长远，提升产业国际竞争力

虽然FIRRMA法案及其试点计划将继续对中国企业赴美国投资构成潜在威胁

---

① 欧盟提出防止国外威胁的关键基础设施和关键技术。其中关键基础设施包括能源、交通、通讯、数据、太空与金融产业；关键技术包括半导体、机器人、人工智能、水资源、纳米技术、医疗健康、电动电池、国防、媒体、生物科技，以及视频安全等。

和增加额外交易成本，但美国市场仍是全球投资关键的目标市场。因此，中国企业不应因噎废食，要立足长远，仍可将美国作为企业国际化战略的重要国家。一是通过加大企业自身研发投入和提升治理水平，迅速提升企业的国际竞争力，在对外投资并购过程中先通过专业的中介机构做好前期功课，把握主动权。二是借助政府和行业协会力量，为赴美国投资中国企业在美国法律和政策咨询等方面提供更多支持，不断提高投资自由化和便利化水平。三是关注绿地投资与非重点审查行业投资。通常，外资安全审查政策关注并购投资而非绿地投资，审查目标偏重于关键基础设施和关键技术。投资欧美发达国家，除了上述外资审查关注的领域外，还可重点加大体育、养老等相关服务业投资。四是美国外资安全审查法律法规、反垄断法、出口管制法案等带有保护主义的政策必然影响人力资本的分配，中国企业应对投资后在经营管理方面的可持续性进行评估和风险防范。

（贾英姿　胡振虎　于晓　郭昊　胡嫣洁）

从制裁中兴看中美贸易摩擦的长期性和复杂性[*]

近期,中美贸易摩擦持续发酵。当前"301调查"尚未完结,又传言美国将发起新的调查;美国财政部虽未将我国列入汇率操纵国,但商务部随即宣布制裁中兴,剑指我国信息通信产业。总的来看,经过一个多月的博弈,结合包括特朗普本人在内的美方高层近期表态,以及叙利亚和朝鲜核问题发展,短期内中美贸易摩擦仍有一定转圜余地。但在中期选举前甚至更长时间内,中美贸易摩擦或陷入反复拉锯。制裁中兴只是开始,美国对我国信息通信等高精尖产业的限制和打击或将进一步升级。

一、中美经贸问题的长期性和反复性进一步上升

(一)当前贸易摩擦仍有望通过谈判解决

特朗普具有强烈的实用主义思维,在500亿美元关税计划遭到我国对等反制后,迅速抛出1000亿美元征税计划,一方面摆出更强硬姿态对华施压,另一方面旨在平息其国内质疑。从目前的情况看,中美双方公开宣布的经贸举措均留有余地,通过谈判解决当前贸易摩擦的可能性仍然存在。白宫经济顾问委员会主席库得洛和贸易顾问纳瓦罗近日也公开表示"贸易战"实质是"与中国交易",希望中国对美国作出让步以减少贸易逆差。在白宫以外,一些国会议员和主流智库均对贸易摩擦升级表示担忧,呼吁政府明确政策目标,尽早开启中美对话。近期,习近平总书记在博鳌论坛上宣布一系列开放举措,被美国舆论视为特朗普对华策略的胜利,客观上给了特朗普加大国内宣传、缓和对立情绪的台阶。我国有机会利用特朗普的交易思维,用实际利益把美国拉回到谈判桌上,以较小的经济利益避免贸易摩擦升级。而贸易之外的朝鲜核问题、叙利亚问题既牵扯着美国经历,

---

[*] 本文写于2018年4月19日。

也需要中国从中发挥作用，一定程度上为中美解决此次贸易摩擦创造了条件。

（二）经济结构决定中美经贸摩擦将日益增多

当前中美经济依然具有很强互补性，但竞争性明显增强。一方面，近年来中国高端制造业发展步伐加快，尤其在"中国制造2025"提出后，美国等发达国家普遍担忧中国将挑战其在大型飞机、电子芯片、信息通信、云和大数据、生物技术等高精尖领域垄断地位。如华为、中兴在信息通信和5G领域的快速进步，已引起包括思科等美国竞争者和美国政界的高度警觉。另一方面，特朗普上任后，通过减税、放松管制、加大基建投入、放开能源生产与出口等一系列措施，优化国内营商环境，吸引甚至"胁迫"美国企业海外资金回流，改善美国经济"空心化"问题，夯实经济增长与扩大就业的产业基础。美国的制造业回流政策势必在全球范围内与中国竞争资金和市场，潜在竞争进一步加剧，经贸摩擦转向常态化、长期化。

（三）警惕特朗普反复挑起对华贸易争端

自特朗普上任以来，美国经济复苏势头强劲，就业市场和薪资水平持续改善，周期性经济回暖加上特朗普减税和放松监管等举措，使美国经济增长势头进一步巩固，市场情绪和居民收入水平得到改善。这在一定程度上对冲了普通民众对贸易战的担忧，也使得特朗普本人更有底气打贸易战。特别是在经过"钢铝关税"后，特朗普尝到了从"千夫所指"到"万国朝拜"的甜头，不仅从韩国、欧盟、加拿大、墨西哥甚至日本等主要盟友身上捞到了些许好处，还塑造了自身能够兑现诺言、维护国民利益的形象。截至2018年3月底，特朗普民意支持率升至42%，单月涨超7个百分点，其中重要原因就是主动挑起与中国的贸易争端，赢得了激进选民的支持。随着2018年5月中期选举拉开帷幕，特朗普或将继续对华打出"贸易牌"来争取民意，为中期选举和两年后的大选铺路。

二、未来中美关系复杂性将进一步上升

（一）国会和内阁对特朗普的制约逐步减少

作为"素人"政治家，特朗普善于利用社交媒体直接调动选民，也有充足财力保障，在竞选时期较少依赖党派架构，共和党建制派对特朗普制约力度有限。近期连同保罗·瑞安在内，已经有46名共和党众议员宣布退休或者不再寻求连任，建制派的影响或进一步减弱。执政一年多来，在特朗普提出的税改、基建和废除奥巴马医改等主要政策目标中，税改已经完成，基建需要联邦财政投入有限，

替代"奥巴马医改"的法案虽在国会受挫，但特朗普已通过行政令向"奥巴马医改"下手，民主党可通过国会制约特朗普的筹码正在减少。在政府团队内部，经过频繁人事变动，特朗普初步形成了既屈从其指示，又与其持相似立场的执政团队，能够更顺畅地将其政策主张转化为具体措施。在正式就职一年多以后，特朗普本人核心地位得到进一步巩固，决策方式较上任初期更为集中。

（二）特朗普商人思维与主流社会制华思想开始捆绑

本轮中美贸易摩擦爆发以来，特朗普与其经济团队在表态上存在一定差异。特朗普本人更关注贸易逆差，反复强调贸易逆差危害美国经济与就业，要求与所有国家建立"更公平贸易关系"来压缩逆差，打开市场。而纳瓦罗、莱特希泽等右翼人士则频繁攻击"中国制造2025"、中国窃取美国知识产权等问题，炒作中国将危及西方在高新技术领域的主导地位，部分主流智库和媒体也在跟风炒作，甚至提出了一整套"排华制华"措施。正如之前所判断的，特朗普没有对华战略，不代表美国精英阶层没有对华战略。美国精英阶层遏制中国的固有思维正在与特朗普的实用主义相捆绑，共同推动美对华立场趋于强硬。前期高票通过"台湾旅行法"，此次以中兴为目标打压中国通信制造业，后续或还有进一步举动，使中美关系的复杂性进一步上升。

（三）经贸背后的"发展模式之争"日益成为焦点问题

习近平总书记在党的十九大报告中提出"中国特色社会主义道路、理论、制度、文化给世界上那些既希望加快发展又希望保持自身独立性的国家和民族提供了全新选择"后，美国精英阶层高度紧张，不少主流媒体与知名智库将此视为中国即将"输出发展模式"、"挑战西方传统价值观和经济和政治秩序"的信号。随着贸易摩擦升温，类似论调在美国国内再次升温，污指我国窃取美国核心技术以实现弯道超车，炒作我国反制措施异常强硬等，甚至形成了一定程度的"恐华"思想，认为中国即将直接挑战美国的领导地位，中美冲突近在眼前。除贸易问题外，美国拉拢主要盟友就产能过剩问题对我国施压、诋毁我国对非洲援助、要求世界银行提高对华贷款利率以及推动《海外发展投资整合法案》等措施表明，美国正有意识地对我国开启包括经济领域在内的全方位竞争模式。

（四）在高新技术、国有企业和产能过剩等问题上或出现"反华同盟"

在钢铝关税博弈中，美国曾要求主要盟友共同就产能过剩问题对华施压。随着中国经济竞争力持续增强，未来美国很可能继续纠集其盟友特别是主要西方国家在产能过剩、高新技术、知识产权和国有企业等问题上构建"反华同盟"，联合对我国施压。理性地看，此次美国除一些不切实际的要价外，对我国提出的降低部分商品关税、扩大相关行业开放、减少政府补贴与干预等诉求，一定程度上反映了西方国家的普遍关切，也与我国党的十九大战略部署有诸多关联之处，符合改革开放的基本方向。我国在与美国博弈过程中，既要在必要时拿出以战止战的态度坚决回击，也要理性看待其部分诉求的合理性，按我国既定的发展和开放战略，在坚持独立自主、有序开放原则下，适度回应其关切。一方面借外力倒逼我国国内改革进程，另一方面为全面建成小康社会，实现"两个一百年"目标营造良好外部环境。

（王虎　郭子珩）

美国政府直接制裁企业可能造成的影响简析
——基于美国制裁中兴通讯公司案例[*]

在中美贸易战背景下,美国制裁中兴事件引发国内外广泛关注。作为我国最大的国有控股通信设备上市公司之一,中兴通讯公司(下简称"中兴")所需元器件高度依赖美国且短期内无法找到替代方,一度面临生死存亡的考验。美国制裁中兴也给其他中美多家公司造成损失,对中美两国的经济、贸易、就业、产业和5G技术发展等带来深远影响。现简要分析如下,供参考。

一、美国制裁中兴有关情况概要

中兴约30%的核心元器件依赖美国芯片厂商供应。美国政府主要基于《出口管制法》和《出口管制条例》,对中兴实施禁售制裁,中兴短期无法获得同等替代产品,影响通信设备和智能手机等业务的正常生产与销售。

事件具体演化过程如下:2016年3月,美国以中兴涉嫌向伊朗出口美国供应商科技产品为由,对中兴实施出口限制。2017年3月,中兴与美国财政部、商务部和司法部达成和解。2018年3月,美国商务部官员称中兴只解雇了4名高级雇员,未处罚或减少和解协议中要求的35名员工的奖金。4月16日,美国商务部发表声明称,由于中兴违反与美国政府达成的和解协议,将对中兴执行为期7年的出口禁令,即7年内禁止美国企业向中兴出口任何零部件、商品、软件和技术。经多次协调,双方达成以罚款14亿美元(其中4亿为保证金)并更换董事会和高管团队等为条件的协议解除禁令。6月19日,美国参议院以85:10投票结果通过恢复中兴销售禁令法案。7月13日,美国商务部终止2018年4月16日拒绝令,中兴才重新"复活",于7月15日正式启动业务重建计划,恢复全球业务。正式解禁后较短时间内,中兴连续获得中国移动、中国电信和国家电网3家运营商总额超过5亿元人民币的业务订单。在多方支持下,中兴已快速回血,逐渐走出

---

[*] 本文写于2018年9月4日。

"拒绝令"的风波影响，回归正常经营。

二、美国直接制裁企业的影响分析

（一）短中期影响

一是直接经济损失。美国制裁中兴事件，仅和解协议中须支付的民事罚款即高达 14 亿美元（其中 4 亿美元为保证金，若无违约，10 年后可豁免），加之 2016 年已支付的 8.92 亿美元罚金，即使不考虑可豁免的 4 亿美元保证金，中兴最低须支付 18.92 亿美元罚款，约占其上市 20 年以来净利润的 40%。巨额罚款、业务停摆、管理层大换血对中兴冲击巨大。据中信证券测算，和解协议在具体协议要求、短期停工和营收冲击等三方面影响中兴业绩。

二是合规成本高昂。按照和解协议，中兴须在 30 日内更换公司全部董事会成员、解聘公司现任高级副总裁及以上所有高层领导，现有的中兴高管完全被踢出中兴体系之外，一次性如此之多的高管被弃用，显然对中兴未来的发展规划产生重大影响。且中兴需在 30 天之内找到数十位高级管理人才填补空缺，难度极大。中兴还需聘请美方合规人员，负责协调、监察、评估和汇报中兴及关联企业在 10 年监察期内遵守 1979 年《美国出口管理法案》等有关情况。今后 10 年，中兴都将处于美国政府的严格监管之下，随时可能再度激活拒绝出口令，是悬在中兴头上的摩克利斯之剑和未来发展最大的不确定因素。

三是产能和市值严重受损。在长达 3 个月的"拒绝令"风波中，中兴因无法从美国获得生产通信设备的元器件，并难以找到合适的替代方，一度陷入业务停摆的休克状态，产能受限，市值损失惨重。2018 年 6 月 13 日中兴港股复牌股价暴跌 41.56%，2018 年 6 月 15 日再次大跌 11.69%，市值蒸发已超 6 成。2018 年 6 月 19 日受美参议院恢复中兴禁令影响，中兴港股股价再次暴跌 24.81%。产能受限导致企业出口额大幅下降。因制裁具有滞后效应，不仅影响当期贸易流量，还会影响下期贸易流量，在一定时期内持续对经济增长产生负面影响。

四是美国关联企业市值缩水。中兴作为全球第四大网络设备制造商，美国市场第四大智能手机制造商，芯片等元件需求量占美国市场比重较大。中兴与数百家美国企业有广泛的贸易投资合作，美国供应商集中位于产业链上游，美国关联高技术产业首当其冲。2018 年 4 月 16 日，美国商务部宣布出口禁令后，与中兴有业务往来的美国关联公司股票 Acacia Communications Inc. 隔夜暴跌近 36%，奥兰若公司暴跌超 15%。美国制裁中兴，其国内关联企业市值大幅缩水。

五是影响相关企业员工就业。被制裁企业产能萎缩或企业关停，直接后果是企业人员转岗或失业，短期内失业人数增加。美国直接制裁中兴，一方面影响其全球8万员工收入和全球30万股东利益,如未及时解除禁令,中兴员工将面临大规模转岗、被迫另外找工作乃至失业的风险。另一方面,中兴等企业进口减少,导致美国相关企业出口减少,进而影响到美国相关企业经济利益和员工就业。有机构预测,如美国不解除中兴禁令或因此失去数万个就业机会。

六是影响产业和5G技术发展。由于中兴在大部分领域不具备独家提供技术的能力,制裁中兴对关联企业的影响主要集中于产业链上游企业,对下游企业影响相对较小。因对中兴依赖大的中国大企业较少,仅中兴通讯一家公司受到制裁,对中国相关产业链的影响主要体现在短期,对中国行业的整体影响有限,对位于产业链上游的美国企业影响相对较大。近年来中兴加大5G网络标准制定、产品研发和商用验证等投入,已组建4500余人的5G研发队伍,与全球20余家运营商建立5G战略合作伙伴关系,制裁中兴短期内或对中国5G研究产生一定冲击,但鉴于5G产业还涉及物联网、云计算、通信等相关领域,即使制裁中兴禁令得以执行,对我国推进5G的冲击总体可控。但若美国停止向中国企业提供一些必需技术,短期内可能会损害我国工业竞争力。

(二) 长期影响

特朗普曾表示,希望阻止美国技术不公平的流向中国。从长期看,若美国扩大禁令实施范围,对我国高度依赖美国进口的CPU、GPU、FPGA、高端通信芯片、高端模拟和射频芯片、光器件等执行采购禁令或导致全球通信行业重新洗牌。

一是不利于美国高技术产业发展。在全球价值链时代,高技术企业基于成本考虑,仅在国内保留研发等价值链高端环节,而把生产、制造等附加值较低的环节转移到生产成本更低、集成能力更强的国家。美国高举制裁大旗,限制芯片等高技术产品出口,损失的不仅仅是美国关联企业当期经济利益和市场需求,从长远看也不利于激发美国企业自身活力,减缓美国高技术研发迭代,长期或导致全球通信业重新洗牌。

二是动摇国际社会对美国投资和营商环境的信心。美国频频高举直接制裁大旗,引发了国际社会对美国贸易和投资环境的担忧。在自由公平的营商环境下,企业间的合作,遵循商业利益原则,即好的产品与合适的价格是采购的基础。滥用直接制裁工具将使得海外企业赴美国投资时将不得不考虑更多政治因素,以对冲潜在的经营风险。

三是维持美国的科技核心地位的信赖基础可能瓦解。经历了中兴事件,全世界的高科技公司发现,连民用芯片也不能随意买卖,造成国际市场对美国芯片业等高技术产业的信赖基础动摇。可以预期未来一段时期内,为降低对美国芯片厂商的依赖,国外的芯片采购商积极寻找替代品、扶植潜在的替代品,芯片产业的上下游厂商积极寻求与美国芯片制造商之外的企业合作,加强研发进程,芯片产业的去美国化或大幅提速。以美国公司为核心的全球芯片研发生态圈，将出现瓦解。

四是加速中国关键核心技术自主化进程。美国制裁中兴事件发生在中美贸易战大背景下，对中国发展自主创新、掌握核心技术产生重要推力，使国人更清楚认识到只有把核心技术抓在手里，才不会受制于人，才能从根本上保证国家经济安全。这坚定了中国加快产业转型升级的决心，有利于形成共识，进一步减少中国对外国核心技术的依赖。若中国能突破短期技术瓶颈，将有助于推进我国关键核心技术自主化进程，有助于加快实现我高质量发展目标。

三、几点看法

改革开放40年来，中国高技术产业快速发展，我国已成为制造业大国。近期的"美制裁中兴案"充分暴露出我国制造业"大而不强"、关键核心技术受制于人等诸多弊端，进一步凸显了在关键核心技术领域实现自主可控的重要性。对此，我应冷静思考、客观理性看待，这既是重大挑战也是一个历史机遇，既要充分认识向制造业强国迈进的征程绝非坦途，必须坚定信心，切实提高我国关键核心技术创新能力，把科技发展主动权牢牢掌握在自己手中，为我国发展提供有力科技保障，也要正确认识我国所处的历史阶段，正视我国企业与世界一流企业的差距，加大自主研发力度，补齐合规"短板"，提升我国企业的国际竞争力。

（一）加强重点产业和技术攻关

历史和现实告诉我们，关键核心技术是国之重器，是买不来的。必须从国家发展需要出发，提升技术创新能力，加强基础研究，努力取得重大原创性突破。创新科技管理的体制机制，多措并举、灵活施策，如设立产业基金、加强重点领域的政府采购等，加大对关键技术领域的研发投入与扶持，力争在基础研究、关键核心技术等领域尽快取得早期收获。

（二）抢占全球价值链高端环节

占领全球价值链高端环节是实现高质量发展的应有之义。从全球化的视角来看，国际分工有利于最大限度地发挥各国企业长处、提高效率。多年来，在跨国公司推动下，全球生产和供应体系逐步得以形成。当前我国应抢抓重塑世界分工价值链体系的机遇，支持传统产业优化升级，加快发展现代服务业，瞄准国际标准提高水平，促进我国产业迈向全球价值链中高端，培育若干世界级先进制造业集群，加快产业转型升级，加快推进中国5G网络进程，抢占国际分工中高附加值环节，实现从全球价值链中低端向高端过渡。

(三) 建立健全出口企业合规机制

在此次中兴制裁案中，美国商务部工业和安全局根据美国《出口管理条例》相关规定签发了出口限制令，并首次采用派驻助理合规官制度。在监管方式上，也从过去高额罚款的单一监管方式，转化为以"高额罚款＋行为监管"的组合方式进行长期、实时的行为监管。就监管措施的正当性而言，美国政府利用本国法律，干涉一个外国公司的职位设定和未来运营，摆脱不了"长臂管辖"的嫌疑，但此次事件提醒我们建设出口企业合规制度至关重要。出口企业应重视合规制度建设，积极转变观念，真正将"合规"建设上升为企业战略，建立健全相关制度体系。

(四) 强化宣传与舆论引导

党的十九大明确指出，我国仍处于并将长期处于社会主义初级阶段的基本国情没有变，我国是世界上最大发展中国家的国际地位没有变，应正视我国目前所处的历史发展阶段，正视我国与发达国家的差距，坚持韬光养晦、埋头苦干，把握好舆论宣传的尺度，正确引导舆论走向，深入研判美国限制技术出口和直接制裁我国有关企业的影响，做好应对预案，稳定市场预期，为我国营造良好的外部发展环境。

（周波　周福芳）

美国对欧盟贸易和投资壁垒简析*

美国为提高贸易竞争力，保护国内市场，维护相关行业全球领先地位，对贸易和投资设置了广泛的限制性壁垒，造成市场竞争扭曲，严重违反相关国际规则。根据欧盟委员会设立的市场准入数据库（MADB）① 统计，截至 2018 年 11 月，全球现存贸易和投资壁垒 405 项，其中美国占 23 项，为发达经济体中最高。现将欧盟长期跟踪并认定的美国贸易和投资壁垒情况梳理如下，并提出我们的看法，供参考。

一、美国对欧盟贸易和投资壁垒概况

（一）政府采购限制

1. 未有效履行 WTO 政府采购协议义务

WTO 的 "政府采购协议（GPA）" 规定政府部门采购应秉持非歧视和透明度原则。作为协议签署国，美国并未完全按规则履行承诺。美国政府采购对外国竞标者设置诸多障碍，一是各种类型的 "购买美国货" 限制。二是美国中小企业优惠政策，联邦政府规定，联邦政府与美国中小企业采购合同的金额应至少占总采购额的 23%。三是美国 50 个州中，仅 37 个州的特定实体（通常是州政府）必须遵守 GPA，另有很大一部分实体不受任何协议的约束，没有义务对外国投标人一视同仁。一个典型的例子是，美国明确规定特拉华州、佛罗里达州等 12 个州②的车辆采购不受 GPA 约束。四是缺乏透明度，外国企业较难获得美国政府采购招标

---

* 本文写于 2018 年 11 月 28 日。
① 欧盟委员会设立市场准入数据库，实时监测各个国家和地区的关税、报关程序文件、欧盟成员国之间贸易流数据、贸易壁垒及其他贸易相关情况。本文内容根据该市场准入数据库贸易壁垒项下美国的相关情况整理而成，数据和内容全部出自 http://madb.europa.eu/madb/barriers_result.htm?isSps=false&countries=US。
② 特拉华州、佛罗里达州、伊利诺伊州、爱荷华州、缅因州、马里兰州、密歇根州、纽约州、新罕布什尔州、俄克拉何马州、宾夕法尼亚州和怀俄明州。

信息，欧盟企业需在数百个不同的采购门户网站注册成为竞标方，进而才有可能获得相关招标信息，而注册要求通常复杂琐碎，有些州要求在州的相关部门登记，有的要求预先支付一定费用，欧盟企业进入美国政府采购市场遭遇重重困难。

以下是欧盟总结的美国颁布并沿用至今的包含歧视性条款的相关法律：

（1）1933年通过《购买美国货法案》，一些美国联邦机构如联邦航空管理局仍基于该法案歧视对待欧盟企业。

（2）1941年通过《贝瑞修正案》，规定美国国防部只能购买美国产品，包括纺织品等。

（3）1982年通过《地面运输援助法案》，对联邦公路管理局、联邦运输管理局、联邦铁路管理局和联邦航空管理局实施采购限制。

（4）2014年通过《水资源改革与发展法案》（WRRDA），对美国环境保护署（EPA）清洁水基础设施基金出资的采购实行永久的"购买美国货"限制。

（5）2015年12月，奥巴马签署《修复美国地面运输法案》（Fixing America's Surface Transportation Act，FAST），要求美国机车组件中美国制造占比逐渐提高，从60%提高到2018—2019财年的65%，2020财年提高到70%。此外，FAST法案收紧了联邦运输管理局的豁免程序。

（6）2017年4月，特朗普签署《购买美国货、雇佣美国人》（Buy American and Hire American）行政命令，强调联邦政府应最大限度使用美国制造的商品，并对此加强监督和强制执行。

（7）2017年通过立法修正案，将联邦政府简化采购门槛从15万美元提高到25万美元，意味着自2018年1月起，外国公司将被排除在25万美元以下的联邦采购合同之外。

（8）2018年1月引入新法案以提高《购买美国货法案》豁免申请的审查透明度，如法案获得通过，申请豁免的过程或将更加复杂。

（二）知识产权与技术壁垒

2. 《美国版权法案》违反WTO规定

2000年，WTO争端解决机制（DSB）认定美国版权法案110节第5段（B）部分（110节第5段允许在酒吧、商店、餐厅等商业场所公开转播广播音乐，而无须支付版税）与《WTO与贸易有关的知识产权协定》（TRIPs协定）不符，但美国未履行仲裁方案。2017年，美国发布报告称将就此法案与欧盟协商，但目前尚未公布进展。

3. 对欧盟地理标志保护不力

美国采用有欧洲地理含义的酒类名称可能会损害欧盟有关商家的声誉，但欧盟生产商难以阻止美国在食品和饮料上使用欧盟地理标志。此外，尽管2006年葡萄酒协议取得了进展，美国仍未按协定履行，其生产商可能继续通过使用相关地理标志损害欧盟厂商声誉。

4. 更改甲醛释放标准适用时间

2010年，美国国会通过《甲醛法案》（"Formaldehyde Act"），对家具产品中进口和国产复合木制品甲醛释放标准作出规定，该规定于2018年6月1日生效。该合规标准适用时间应为"按生产日期"，但美国实施时将进口产品的规则适用时间解释为"按进口日期"进行检查，这一举措对欧盟家具制造商在法规生效前制造的订单造成不利影响。

5. 《莱西法案》歧视性对待进口商品

《莱西法案》是保护野生动植物的反走私法律。美国于2008年5月对其进行修订，增加了新的进口申报要求，要求植物和相关产品进口商列出装运信息、植物学名和原产国等信息，以证明其符合《莱西法案》要求，而本国产品无须报告相关信息。

（三）服务与投资壁垒

6. 美国外资安全委员会/外国投资与国家安全法（CFIUS/FINSA）限制外国直接投资

2007年，《外国投资和国家安全法》（FINSA）授权美国总统从国家安全角度对外国公司的收购、并购、投资进行调查。由于投资者认为美国外资安全委员会（CFIUS）审查具有高度不确定性并缺乏透明度，担忧负面结果可能严重影响公司形象，越来越多的投资者在向CFIUS提交申请后，放弃在美国投资设想并撤回申请。CFIUS内部的谨慎态度导致审查时间趋于延长。

7. 航空所有权限制

《美国法典》第40102条规定，美国航空公司75%的投票权必须由美国公民所有。2009年5月21日，美国众议院通过了《联邦航空管理局再授权法案》，对美国公民事项作出限制性解释，即除非美国公民控制与航空承运人业务相关的所有事项，否则航空承运人不应视为在美国公民的实际控制之下。

8. 再保险业务100%抵押担保要求和歧视性税收待遇

非美国再保险公司在美国开展业务时，必须为其美国承兑汇票提供100%抵押担保。该抵押要求具有歧视性，技术上不合理，对欧洲再保险公司及其保单持有人造成重大损失。此外，美国国会目前正考虑立法，拒绝向美国以外的附属再保险公司提供税收减免，相当于对外资保险公司增税。

9. 《海外账户纳税法案》歧视对待外国金融机构

《海外账户纳税法案》（FATCA）旨在打击通过外国金融机构（FFIs）隐瞒资

产和逃避申报应在美纳税的收入等跨境逃税行为。FACTA 或将妨碍欧盟金融机构投资美国市场或向美国客户出售产品，因为这些行为需承担报告义务，而美国金融机构却无相关义务。

（四）行业补贴

10. 对波音公司提供巨额补贴

美国政府向飞机制造商提供大量补贴。1989—2006 年期间，补贴额高达 50 亿~60 亿美元，2006—2024 年间补贴预计至少为 31 亿美元。巨额补贴助力波音公司开发关键技术，为其带来竞争优势，并对空客 A320、A320 neo、A330、A350XWB 及大型民用飞机 A380 系列的销售、市场份额和价格产生了巨大的负面影响。

相关补贴包括：美国航空航天管理局（NASA）通过资助 8 个联邦研究项目向波音公司提供超过 26 亿美元的补贴；美国国防部（DOD）在其研发、测试和评估项目下，无偿向波音公司转让价值高达 12 亿美元的双用途技术；波音公司继续享受海外销售公司 22 亿美元的出口补贴（尽管此前 WTO 已裁定这些补贴有违世贸组织规定）；华盛顿自 2006 年起给予该公司 24 年的税收减免，相当于 31 亿美元的补贴（2013 年 11 月 9 日，参议院 5952 号法案将该税收优惠延长至 2040 年，折算补贴价值超过 87 亿美元）。

11. 《减税和就业法案》或包含歧视性条款

2017 年 12 月 22 日，特朗普签署《减税和就业法案》，企业税改中的税基侵蚀反滥用税（BEAT）、海外无形收入扣除（FDII）与全球无形资产低税收入（GILTI）相结合或构成歧视性的条款，违反了美国的国际义务。欧洲私营部门利益攸关方表示，这些歧视性税收条款可能使他们损失数十亿美元，另外，欧洲金融机构（特别是银行和保险公司）将受到不同程度的伤害。

（五）关税

12. 关于钢铁和铝进口的第 232 关税条款

2018 年 3 月 8 日，特朗普宣布自 2018 年 3 月 23 日起对出口到美国的铝和钢铁产品征收 10% 和 25% 的额外关税。美国贸易伙伴中除澳大利亚都受 232 条款的影响，其中，阿根廷、巴西和韩国受到非关税的配额限制。

13. 对多层实木复合地板的错误分类

2001 年，美国海关总署单方面将原属于免税类别的木地板产品分类在 HS 代码 4412 号（胶合板）下，并征收 8% 的进口税。世界海关组织通过将该产品重新分入 HS4418.30 号（免税类别）的决议后，美国并未执行，并坚持对欧洲木地板商品征收关税。

（六）动植物卫生检疫限制

14. 食品安全体系认可

美国食品药品管理局（FDA）规定，可对国外食品安全体系予以认可。欧盟和美国从 2016 年开始即开展食品安全体系互认工作，至今尚未有结果，这将不利于贸易往来，增加行政负担，也是对双方动植物卫生检疫事项立法的不尊重。

15. 苹果和梨进口限制

2008 年，欧盟成员国的苹果和梨申请进入美国市场，2014 年年底已完成主要科研论证工作，但美国方面至今尚未走完程序且未给出合理解释，导致双方无法展开安全交易。

16. 绵羊和山羊肉进口限制

自 1998 年起，美国禁止从欧盟进口绵羊和山羊肉，2016 年，美国根据 OIE 标准公布了 TSE 规则草案，但最终规定尚未公布。如果允许进口符合卫生检疫的动物，欧盟有关成员国将申请进入美国市场。

17. 进口乳制品生产商限制

自 2008 年开始，美国规定 A 级奶制品必须来自美国洲际牛奶运输协会（IMS）批准并公布的企业。A 级奶制品的定义由美国洲际会议决定，并可随时将新产品加入审查名单。

18. 进口活双壳贝类的卫生限制措施

欧盟成员国已与美国达到相同的食品安全水平，根据 WTO/SPS 协议第 4 条，应适用"等同性"原则，但双方至今尚未正式达成"等同性"协议。欧盟与美国就相互承认活双壳贝类的食品安全条件"等同性"进行建设性对话，敦促美联邦政府为欧盟成员国提供市场准入。

19. 牛及相关产品的检疫限制

1997 年，基于对疯牛病的担忧，美国引入对来自欧洲国家反刍动物及其产品的进口限制；2014 年起草了"疯牛病综合规定"（BSE comprehensive rule），将 OIE（世界动物卫生组织）标准与其进口标准相联系。欧盟企业需通过食品安全检验局（FSIS）的批准和审查，这一过程冗长而繁重，是不必要的。

20. 进口新型植物产品申请程序烦琐

2010 年，美国立法要求对所有粮食作物（包括食用水果和蔬菜）进行正式的进口许可和虫害风险评估。所谓"未获批准的有害生物风险分析"的产品需经过美国植物卫生部门及美国检验检疫基本要求才能进口到美国。对于某些产品，欧盟面临的审批程序长达 25 年之久，且美国未就市场准入限制提供正当理由。

(七) 反倾销、数量限制与准入限制

21. 利用"归零算法"进行反倾销

美国利用"归零算法"（Zero），放大了出口商的倾销幅度，从而一定程度加征反倾销税，此种算法使得欧盟商品出口美国的竞争力降低，同时阻止了部分出口商进入美国市场。

22. 限制或禁止进口鲟鱼

2014 年，美国宣布基于环境因素的考量，限制或禁止进口鲟鱼和鲟鱼产品。

23. 沿海运输限制

美国自 1920 年的一系列法案（简称为"琼斯法案"）规定，国内运输只能使用美国建造、美国拥有或控制、由美国船员和美国维护的船舶来执行。需要指出的是，限制同一国家不同港口间海上运输的保护性立法在世界各地都是普遍存在的，但美国这种限制不当的地方在于，即使是美国运营者控制的国内运输，也只能使用美国建造、美国拥有或控制、美国维修的船只和雇佣美国船员，外资企业被严重排除在外。

二、几点思考

（一）美国对欧盟贸易壁垒牵涉面广、形式多样

从数量来看，美国对欧盟现存贸易和投资壁垒达 23 项，为发达经济体最高，其中，直接影响进出口的边境措施为 11 项，包括 7 项动植物卫生检疫措施（SPS）、2 项关税措施、1 项市场准入措施、1 项数量限制措施；非边境措施为 12 项，包括 1 项政府采购措施（内含 8 个不同领域的限制性法案）、3 项投资限制措施、2 项不合理的技术壁垒、2 项知识产权壁垒、2 项行业补贴、1 项反倾销措施。从行业来看，美国主要对其食品安全、交通运输、航天航空及金融业实施贸易保护。从类别来看，美国对欧盟较少采用传统贸易壁垒（边境措施）如关税、许可证和配额等投资限制、服务贸易壁垒、不合理的技术壁垒等。相较于直观和量化的边境措施，非边境措施更难以追踪，因此不易受到国际公约制约、国际舆论谴责或遭受对等报复。

（二）美欧在特定领域长期存在贸易争端

美欧虽为长期盟友，双方在政治、安全、价值观和经贸层面拥有诸多共同利益，但同时也在航空、汽车等具体领域存在产业竞争和长期争端。尽管美欧都是开放性较强的经济体，但双方在自由贸易和多边贸易体制问题上的看法分歧很大。以航空

补贴为例,美欧争端已持续十余年。1992年,美欧达成协议,同意将政府补贴限制在研发成本的1/3以内。当时空客市场占有率远低于波音公司,但随后空客份额迅速上升,并于2003年超过波音公司。美国于2004年10月单方面撕毁协议,向WTO提起诉讼,指责欧盟及其成员国自1968年起向空客提供非法补贴。随后欧盟以牙还牙,反诉美国对波音提供非法补贴,拉开了持续至今的美欧航空补贴之争。

(三) 欧盟贸易壁垒评估机制和市场准入措施值得借鉴

贸易投资领域存在不同程度、不同形式的壁垒将是较长时间内的常态。一方面,新的贸易保护主义措施不断涌现,增加了各国识别、追踪并最终消除这些壁垒的难度。另一方面,部分国家利用其规则制定权、国际话语权和创新技术优势,采用更隐蔽的非传统贸易保护措施,使其与他国在贸易政策上陷入不对等地位。对此,欧盟有较为完善的应对计划,早在1996年便出台市场准入战略,推动其贸易伙伴采取公平的市场准入政策。我国可借鉴欧盟做法,加大对各国贸易壁垒及相关法律法规的系统性研究,为我国企业"走出去"创造更好的外部环境。具体措施包括:第一,建立市场准入数据库,从法律法规、实际操作、企业反馈等多个层面实时监测各国家和地区的贸易投资壁垒、报关程序、贸易流数据等情况,尤其要关注形式更多样、破坏性更大的非边境措施。第二,组建市场准入工作机制,定期分析不同国家和行业贸易壁垒的具体趋势,评估对进出口贸易的可能影响,积极推动有针对性的多双边贸易安排以消除壁垒。第三,加强政府与企业的一线协作,为企业向政府报告其在国际市场竞争中遭遇不公的具体案例开辟绿色通道,动员企业为完善数据库积极提供信息,并设计相应的策略帮助企业应对国外贸易投资壁垒。

(四) 有针对性地加强中欧政策协调和务实合作

在全球贸易保护主义抬头,主要经济体单边主义行径持续威胁多边经贸体系的背景下,中欧作为自由贸易的坚定支持者和多边主义的捍卫者,在反对贸易保护主义方面有着坚定的共同立场和广泛的共同利益。一方面,中欧可以进一步加强经贸务实合作,以实际行动发出支持多边贸易体制的积极信号。另一方面,中欧可就推动WTO改革、重塑全球经贸规则加强协调,用多边框架限制单边主义和保护主义。特别是就美欧日可能协调立场在WTO框架下对我国施压的动向,我国可考虑利用现阶段美欧贸易政策立场仍有分歧的窗口期,从应对美国贸易投资壁垒、促进自由贸易、维护公平竞争环境这一共同关切出发,探讨与欧盟共同制订更加完善的贸易规则和市场准入标准,必要时作出适度让步拉住欧盟,在战略上争取更大空间。

(范行凤 李明慧)

美、加、墨贸易协定（USMCA）主要条款及影响简析[*]

2018年9月30日，美国、加拿大、墨西哥宣布达成美国墨西哥加拿大自贸协定（以下简称"美加墨贸易协定"或"USMCA"[①]），取代已运行20余年的《北美自由贸易协定》（NAFTA）。USMCA在汽车、农业、知识产权等领域对NAFTA进行了全面升级，还加入汇率政策条款以及关于与"非市场经济国家"开展自贸谈判的"毒丸条款"。该协定将经各国立法机构批准后正式生效。USMCA主要条款及潜在影响简析如下，供参考。

一、USMCA主要条款

USMCA是美国目前在知识产权保护、数字贸易、金融服务业、汇率政策等领域标准最高的自贸协定，为美国制定未来贸易协定提供了潜在框架。在加拿大的坚持下，原NAFTA中的争端解决机制得以保留。

（一）汽车业

一是大幅提高适用"原产地规则"的条件[②]。二是如美国依照《1962年贸易扩张法案》中232条款，以影响国家安全为由加征关税，加拿大、墨西哥将分别拥有一定数量的豁免额度[③]。三是就汽车及其零部件、钢铁密集型产品、化学品、

---

[*] 本文写于2018年11月9日。
① The United States – Mexico – Canada Agreement.
② 北美地区车企须在满足下述条件下才能享受免关税优惠：1. 整车中产自北美地区的零部件比例从此前的62.5%提高到75%；2. 40%~45%的汽车或卡车部件由最低工资至少16美元/小时的工人生产；3. 一辆汽车须有70%以上的钢铝产品由北美地区生产。
③ 墨西哥拥有的免税配额为：1. 每年260万辆出口至美国的乘用车；2. 出口美国的轻型卡车；3. 海关申报1080亿美元汽车零部件。加拿大拥有的免税配额为：1. 每年260万辆出口至美国的乘用车；2. 出口美国的轻型卡车；3. 海关申报324亿美元汽车零部件。

汽车玻璃等严格执行原产地规则，制定新执法程序。

（二）农产品

所有在 NAFTA 下不予征税的农产品和食品在 USMCA 中都未施加新关税。加拿大将允许美国乳制品、家禽和蛋类生产商进入加拿大，而美国将允许加拿大乳制品、花生、加工花生制品以及少量糖和含糖商品进入美国。此次新增的大部分农产品市场准入将以有限配额形式提供。

（三）知识产权和数字贸易

一是保护和鼓励创新。包括为生物医药数据提供 10 年期保护，对版权等相关权利给予国民待遇，在美加墨自贸区内落实专利标准，延长版权保护期限①，加强商标保护等。二是提高保护知识产权条款的执行力。如执法官员有权在过境的任一阶段制止可疑假冒或盗版商品入境，对未经授权盗摄电影行为提起刑事诉讼并处以刑罚等。三是数字贸易方面，包括禁止对网络分销的数字产品（电子书、视频、音乐、软件、游戏等）征收关税或实施歧视性措施，确保数据可跨境传输并减少对数据存储和处理的限制，确保供应商在使用电子认证或电子签名时不受限制。

（四）金融服务业

承诺相互开放金融服务市场，促进金融机构和跨境金融服务公平竞争；保留各国金融监管机构自由裁量权。在满足正常金融监管需要前提下，禁止强制要求企业将数据本地化。跨境金融服务方面，USMCA 提出扩大跨境服务（如投资组合管理、投资咨询和电子支付服务）的市场准入清单并给予国民待遇。

（五）网络购物

简化小额货物报关流程，将免税额提升至 40 加元和 50 美元。促进跨境网络购物以支持中小企业发展。

（六）非市场经济条款

USMCA 第 32 章约定了美加墨其中一方与非市场经济国家进行自贸谈判时所承担的义务，主要包括：第一，在开始谈判前至少 3 个月，该缔约国须将其谈判意向通知其他缔约国。第二，该缔约国须应询提供尽可能多的谈判资料。第三，

---

① 对不以个人生命为基础的版权期限的作品，要求版权期限为首次授权发表后至少 75 年；对以个人生命为基础的版权期限的作品，要求作者的最低版权期限加 70 年。

与其他非市场经济体签署自贸协议前 30 天，该缔约国须尽快为其他两方提供自贸协议文本①，以便其他缔约国审查和评估该协定的影响。第四，任一缔约国在与非市场经济体签订自贸协定时，其他缔约国可在 6 个月通知期后终止本协定，并以双边协定代替 USMCA。美国商务部部长罗斯称这一条款为"毒丸条款"。

（七）宏观经济与汇率政策

各缔约国承诺，避免竞争性贬值，包括禁止通过干预外汇市场造成贬值以获得不公平竞争优势；定期披露月度外汇储备数据和期权头寸等数据；设立由各方代表组成的宏观经济委员会，每年至少召开一次会议，审议各方内需、外需、经常项目余额等宏观经济数据及其汇率政策；如果某一方违反本条款中有关政策和报告的承诺，可启动双边磋商程序或诉诸争端解决机制。

（八）"日落"条款

USMCA 有效期为 16 年，不晚于协议生效 6 年后，美加墨三国将对协议执行情况进行评估和改进，并在此基础上决定是否将该协议再次延长 16 年。

二、我们的看法

（一）美、加、墨三方各有收益，也都作出了相应让步

尽管美、加、墨都曾声称宁可达不成协议也不愿让步，但在具体操作过程中，三方都作出了一定妥协，如加拿大按照超 TPP 标准开放乳制品市场，美国同意保留争端解决机制等。通过 USMCA，特朗普在中期选举前兑现了其保护汽车行业就业岗位的承诺，并为美国农产品特别是乳制品打开了部分加拿大市场。虽然在争端解决机制和日落条款上有所让步，但在知识产权保护、金融服务业开放和数字贸易等领域进一步推广所谓的"高标准"，还加入了汇率政策和"毒丸条款"。加拿大用乳制品市场准入换取美国同意保留争端解决机制；加拿大汽车业关税威胁解除，十多万个就业岗位得以保留。墨西哥成功推动美加墨三方在 2018 年 9 月 30 日达成协议，为总统聂托在离任前签署协议创造了条件。墨西哥也得到了事实上的汽车关税豁免，并顺利将日落条款延长至 16 年。

（二）特朗普贸易政策再获进展，协定正式生效仍需时日

USMCA 是继新版《美韩自由贸易协定》后，特朗普政府在自贸谈判中取得又

---

① 含附录和单边保证条款。

一重要进展,其重要性也远超美韩和之前达成的美墨双边协定。除 USMCA 外,美国还在推动与欧盟、日本甚至英国分别开展自贸协定谈判,与欧盟、日本共同探讨推动 WTO 改革。在一系列"退群"和关税威胁后,特朗普正逐步展开多边、双边自贸协定的"重建"工作。此外,USMCA 顺利达成还可能进一步强化特朗普在经贸领域的"极限施压"策略。

根据相关条款,USMCA 将于美加墨三方完成国内法律程序之日起 60 日后生效,但三方国内程序难易不一。加拿大和墨西哥在谈判中基本实现了诉求,但美国仍未豁免加拿大、墨西哥钢铝关税,可能影响 USMCA 最终签署和通过。相比之下,美国国会批准 USMCA 仍有变数。特朗普将于 2018 年 11 月月底签署 USMCA 并提交国会,但国会可能不会在 2019 年之前表决该协议。从目前看,共和党议员对该协议不温不火,一些关键民主党议员则保持中立,不愿在中期选举前明确就 USMCA 表态。目前,民主党在中期选举中获得众议院控制权,是否批准 USMCA 以及协定细节存在一定不确定性,正式生效仍需时日。

(三) USMCA 标准最高,具有明显的导向和示范作用

USMCA 奉行高标准和高透明度,一些条款沿袭了 NAFTA 和 TPP 的内容,但明显高于 NAFTA,甚至已高于 TPP。如在农业领域,USMCA 中有关农业的条款大部分照搬 NAFTA,既保证了政策的稳定性,又能体现农民及消费者的利益诉求。而在数字贸易领域,USMCA 致力于构建北美数字贸易区,相关条款大多采用 TPP 甚至高于 TPP 的标准,如对数字产品实行零关税,禁止各国要求科技企业披露源代码等。根据美国所宣称的,USMCA 是一个"里程碑式"的协定,代表了特朗普政府"自由、公平且对等"的国际贸易价值导向,其知识产权和数字贸易条款在现有贸易协定中最具执行力;数字贸易、金融服务业条款在市场准入等方面标准最高;汇率操纵和非市场经济条款史上第一次被纳入自贸协定。以 USMCA 为开端,这些内容将被用于美国未来开展的各项自贸协定谈判中。

(四) 警惕美国滥用"非市场经济"、汇率操纵等条款挤压我国外部空间

USMCA 是第一个纳入"毒丸条款"的自贸协定。USMCA 将"非市场经济国家"定义为:被三方中任意一方定义为"非市场经济国家"且未与三方中的任意一方签订自贸协议。三方与"非市场经济国家"开展自贸谈判,必须提前 3 个月通知其他各方,而其他各方可以在 6 个月后退出 USMCA 并建立双边自贸协定。该条款清晰指向了对美国有大量顺差,又长期被美国指责操纵汇率的中国。虽然具体操作层面,"毒丸条款"目前执行力有限,如美加墨三方中的某一方与所谓"非市场经济国家"开展自贸谈判,另外两方除选择 6 个月后退出 USMCA 外,事实上没有其他反制措施。但正如莱特希泽所称,USMCA 是美贸易政策的"范式模

板",未来美国与他国开展自贸谈判,很可能继续将"毒丸条款"、宏观经济与汇率条款加入其中,要求更多国家挑战我国市场经济地位,进一步挤压我国外部空间。

(周波　宣邦政)

加拿大近期经济形势简析[*]

近年来,作为G7一员,加拿大经济总量虽微,但经济增速较为强劲。未来一段时间,受内外部因素影响,加拿大经济增速将呈下降势头。只要加拿大宏观政策适当,并进一步推进结构性改革,加拿大经济仍可能处于合理增长区间。具体内容如下,供参考。

一、加拿大经济近期表现

(一)经济持续增长,但增速放缓

近些年,随着全球经济稳定复苏,加拿大经济增长态势强劲。2017年加拿大经济增长3.0%,增速高于G7其他国家,创2011年以来最快增速。受此影响,劳动力市场状况持续改善,失业率持续下降,2017年加拿大失业率降至5.8%,达40年来最低水平。然而,自2018年以来,加拿大经济并未能维持强劲增长势头,经济增速有所放缓。其中,2018年一季度经济增长年率为1.3%,低于2017年四季度0.4个百分点;2018年二季度增长年率略高于2.0%。加拿大央行预计加拿大经济2018年下半年平均增长率为约2.0%,IMF最新世界经济展望预计,2018—2019年,加拿大经济增速将分别降至2.1%和2.0%。

(二)经济增长动力向投资和出口转换

由于消费表现疲软,加拿大经济增长动力已逐渐转向投资和出口。一是消费对经济增长贡献下降。受房价上升等因素影响,自2012年以来,加拿大家庭债务占可支配收入比重逐渐上升,目前已升至约170%,沉重的债务负担抑制了居民消费能力。随着政策利率逐渐提高,抵押贷款规则收紧,居民买房和还贷压力加大,家庭信贷增速正快速下降,消费增长动力不足。IMF预计,2017—2019年,加拿

---

[*] 本文写于2018年11月16日。

大私人消费增速将由3.4%降至0.7%，对GDP增速贡献度将由1.9%降至1.2%。公共消费增速也表现出下降势头。二是经济增长动力逐渐转向投资和出口。自2016年以来，随着世界经济增长形势好转，外部需求稳健增长，油价上升势头明显，企业在矿业、油气等领域投资动力增强，推动出口快速增长。加拿大央行预计，2017—2019年，出口对加拿大实际GDP增长贡献度由0.3个百分点升至0.9个百分点。

二、加拿大经济增长面临挑战

从内部看，结构性问题仍制约加拿大经济增长潜力。一是经济结构单一问题突出。加拿大对资源产业高度依赖，能源、采矿、油气采掘业产值逾GDP1/5，经济对能源价格变动高度敏感，自身炼油业不发达，油气生产成本高，能源出口竞争力有限。二是经济对美国依赖度过高。加拿大出口约占GDP1/4，而逾70%商品出口至美国，对美国市场高度依赖，经济增长受美国经济表现和政策制约。例如，受美加征钢铝关税影响，2018年8月加拿大钢铁产品出口较2018年5月下降21.4%；铝出口下降13.2%，连续三个月下降。乘用汽车和轻型卡车出口承受连带打击，带动加拿大货物出口总额下降。三是老龄化问题严重，加拿大65岁以上人口占总人口比重约为16.9%，长期失业率较高，建筑、交通等领域企业劳动力短缺问题日渐凸显，劳动生产率增长缓慢，限制了工业生产和创新能力。

从外部看，一系列外部因素影响加拿大经济稳定性。一是美国贸易政策产生负面影响。美墨加协定（USMCA）虽已达成，但美国对加拿大征收钢铝关税政策仍未解除。随着美国税改持续发力，加拿大对美国出口竞争力将持续承压。加拿大银行预计，2018年三季度至2020年四季度，由于美国税改及全球贸易政策的不确定性，加拿大出口增速将下降约0.6个百分点。USMCA也将提高北美汽车等产品成本，进一步打击加拿大出口竞争力。二是油价下跌将抑制能源出口。从短期看，美国恢复对伊朗制裁后，随着OPEC产油国产量下降，国际油价总体上升；但随着美加大页岩油开采力度，油价仍面临下行风险，能源出口能力将进一步受限。三是美国加息带来负面影响。美国联储启动货币政策正常化以来，全球金融市场状况超预期收紧，带动加拿大国内利率抬升，产生的消极财富效应不利于居民消费增长。

三、加拿大近期主要宏观经济政策

（一）逐步收紧货币政策

自 2017 年年初以来，加拿大经济保持较强劲增长，就业状况持续改善，通货膨胀率逐渐上升。为实现通货膨胀和就业目标，继 2017 年 7 月 12 日启动 7 年来首次加息后，加拿大央行逐渐收紧货币政策。截至 2018 年 10 月，加拿大央行已五次加息。其中，2018 年 10 月 24 日将隔夜拆借利率提高至 1.75%，相应地，将银行利率和存款利率分别调整为 2% 和 1.5%。加拿大央行预计中性的政策利率水平介于 2.5% 至 3.5% 之间，鉴于 2018 年 9 月通货膨胀率为 2.2%，高于央行通货膨胀率目标水平，实际利率水平仍为负值，加拿大央行仍有望渐进加息。

（二）采取较积极的财政政策

近些年来，加拿大政府持续加大财政支出力度，为扩大本国中产阶级规模，增加就业并刺激经济增长，逐渐扩大基础设施投资规模。2017 财年联邦累积赤字增至 6713 亿加元，比 2016 年增加 198 亿加元。根据加拿大财政部 2018 年预算报告，自 2015 年以来，加拿大政府逐渐扩大基础设施投资支出。例如，2016 年发起加拿大儿童福利（CCB）计划，每个月为单亲母亲等群体提供免税资助 20 亿加元；扩大公交、环保等领域基建投资；加大社会基础设施投资，未来 10 年投资 75 亿加元，支持育儿和学前教育，帮助劳动者返岗就业等。此外，积极推动减税措施，如规定 2018—2019 年，将小企业税率分别降至 10% 和 9%，至 2019 年，将联邦及省级综合边际有效税率降至 12.6% 等。

（三）推动结构性改革

加拿大政府积极推进就业、研发、环保等领域结构性改革措施，努力实现经济社会可持续发展。一是鼓励更多女性重返就业市场，支持女性企业家发展。联邦政府通过加拿大商业发展银行不断加大对女性企业家贷款力度。二是缩小贫富差距。逐渐取消最富人群税收上限，为单亲家庭提供更多儿童免税优惠项目，积极为失业者提供就业再培训，提高单身老人"低收入补助"额度至每年 947 加元等。三是重视研发支出。加拿大高等教育领域研发与支出高于 G7 其他国，仍将投巨资支持基础研究，自 2018 年起，5 年内提供逾 13 亿加元投资实验室及设备等。四是促进节能环保。2016 年发布"泛加拿大清洁增长和气候变化框架"，规定 2018 年前各省须推行碳价机制，否则，将强制推行联邦碳排放定价体系。五是加大基础设施投资。成立基础设施银行，完善洁净水、清洁能源等领域设施建设。

六是促进创新发展。通过创新基金为研究者提供先进研究工具,并持续加大对创新基金支持力度。

四、几点看法

(一)加拿大经济增长仍有一定韧性

虽然未来一段时间,加拿大经济面临下行压力,但伴随着经济结构转型,加拿大经济仍具较强韧性。一是出口有望继续支撑经济增长。美加墨达成USMCA,一定程度上削弱了贸易政策不确定性,企业对经济前景预期积极,投资意愿增强。加拿大西海岸LNG项目获批后,大规模基建投资有望增加。欧加、USMCA、CPTPP等协定生效后,也有望促进加出口增长。随着出口增速逐渐上升,出口将持续支撑经济增长。二是财政政策空间充分。尽管政府债务逐渐累积,但债务占GDP比重逐渐下降。2017财年联邦政府债务占GDP比重降至31.3%,预计2022—2023年,将进一步降至28.4%,预算赤字占GDP比重将降至0.5%。各级政府净债务总额占GDP比重也远低于G7其他国家。在财政空间上,加拿大政府仍有较充分空间,通过扩大基建投资等政策措施,能保障经济维系较稳定增长。

(二)中加双边经贸合作大有可为

从被征收软木反倾销税到被征收钢铝关税,加拿大深感经济过度依赖美国之痛,迫切期望对外关系多元化,尤其是密切中加经贸关系。中加经贸合作潜力有待挖掘。加拿大2017年对华实际投资2.93亿美元,仅占中国引进外资的0.2%;2018年前9个月,双边贸易额约4721万美元,仅占中国进出口总额1.4%。中加经济互补性强,密切两国经贸合作大有可为。可进一步扩大能源、农业等货物贸易以及金融、旅游等服务贸易,做大双边经贸合作蛋糕。值得注意的是,美墨加贸易协定生效后,其"毒丸条款"[①]将掣肘中加经贸合作。我国可借中加经济财金战略对话等对话机制,解决双方关切的经贸问题,推动双边在贸易、投资等领域的深度合作。

(三)中加应进一步加强宏观政策协调

中国与加拿大都是自由贸易和多边主义的维护者,在美国推行保护主义和单

---

① 毒丸条款,是指美墨加贸易协定(USMCA)第32条,规定每一个签约国在与非市场经济国家签订贸易协定至少30日前,需将协定文本通告其他伙伴,以评估其对北美协定的影响,如果任一签署国与非自由市场经济国家的协议生效,则允许该国在提前6个月通知后退出USMCA。

边主义形势下，中加加强宏观政策协调具有特殊意义。双方可在 G20 框架下，就财政、货币、贸易政策以及结构性改革等领域加强磋商与协调，并推动完善全球宏观经济政策协调机制，促进 G20 等多边机制在全球治理中发挥更积极作用。中加应本着相互尊重，平等互利精神，共同推进 WTO 改革，强化 WTO 争端解决机制，维护基于规则的多边贸易体系正常运转，以此为中加经济增长营造稳定的外部环境。通过加强宏观政策协调，中加两国可进一步深化在双边、区域及全球层面合作，努力实现双赢和多赢。

（刘猛）

| 第五部分 |

全球经济治理

"跨太平洋伙伴关系全面进展协定"简析*

2018年3月8日，除美国外的原TPP11国在智利正式签署"跨太平洋伙伴关系全面进展协定（CPTPP）"。CPTPP沿袭了TPP绝大多数条款，但降低了部分标准和生效门槛。日本接棒美国，在CPTPP谈判中发挥了核心作用，加拿大、澳大利亚、新西兰等其他成员也在谈判中发挥了重要作用。尽管CPTPP的经济规模和影响力较TPP打了折扣，但作为涵盖跨太平洋11国的多边自贸协定，CPTPP仍值得我国密切关注。有关情况及分析如下，供参考。

一、CPTPP主要内容

（一）整体情况

CPTPP基本保持了原TPP协议的高标准、总体平衡和完整性，同时也承诺确保参与国的商业利益和监管权力，包括立法和设置监管优先领域的灵活性，以及保留、发展和实施本国文化政策的权利。CPTPP以TPP谈判文本为蓝本，保留TPP 95%以上的内容，"冻结"21项特定条款。

（二）主要内容

CPTPP协议文本包含七个章节，分别为沿袭（TPP）条款、冻结条款、生效机制、退出机制、吸纳新成员、协议评估修订及协议正本。CPTPP涵盖领域广泛，既包括货物贸易、服务贸易、投资、原产地规则等传统领域，也包含知识产权、劳工、环境、临时入境、国有企业、政府采购、金融、发展、能力建设、监管一致、透明度和反腐败等传统贸易协议未涉及的领域。在货物贸易领域，CPTPP将最终实现全部贸易品零关税。在服务贸易领域，对所有服务部门均给予准入前国

---

* 本文写于2018年3月23日。

民待遇和最惠国待遇，仅对国防、金融、航空等少数特殊服务业设置例外条款。在服务贸易、金融服务、投资等领域均采用"负面清单"模式。取消对国有企业的政策支持、财政补贴和其他福利待遇，保护外国私营企业经济活动，撤销政府采购的优惠偏好等内容。

（三）冻结与争议条款

CPTPP冻结了原TPP协议中争议较大的21项条款，涉及投资者—东道国争端解决机制（ISDS）中对投资协定的定义、仲裁申请、仲裁者选择以及管理法律、电信争端解决机制、劳工参与条件、国民待遇、可专利主题及专利期调整、未公开测试和其他数据文件保护、生物制剂、版权和相关权利保护条款、科技保护措施（TPMS）、权利管理信息（RMI）、加密项目卫星和电缆信号保护、合法救济和安全港、制药产品和医疗设备的透明度和程序公正等章节。

二、CPTPP 和 TPP 的主要区别

一是21项原TPP协定内容被冻结。CPTPP在保持95%以上商品零关税等基本内容的基础上，冻结了21项TPP特定条款。被冻结条款大多数是美国坚持而其他国家反对的条款，特别是特定药品专利保护期与著作权保护期限、投资领域的投资者—东道国争端解决机制（ISDS）等核心内容。此外，11个成员国未将加拿大文化产业保护问题纳入协定文本。

二是简化生效条件。TPP的生效条件是占TPP经济总量85%的6个成员国通过国内审批才能生效。美国退出后，11个成员国一致同意修改CPTPP生效条件，即11国中任意6国完成国内批准手续即可生效，不再参考GDP份额，大幅提升了CPTPP生效的可能性。随着协定正式签署，各成员国将启动国内审批程序，协定生效有望进一步提速。

三是CPTPP经济体量缩水，发展扩容空间加大。从经济规模来看，CPTPP是全球第三大多边自贸协定，仅次于欧盟和北美自贸区。CPTPP拥有4大洲11个国家，包括4个发达国家和7个发展中国家，是全球20年来规模最大的自贸协定。但是，美国退出TPP导致CPTPP经济体量大幅下降，CPTPP成员国GDP占世界经济规模的12.9%，贸易额也由25.7%降至14.9%。同时，由于部分原有条款被冻结，CPTPP变相降低了加入门槛，将大大提升对发展中国家的吸引力，未来成员国数量和外溢影响可以逐步上升。

三、几点看法

（一）CPTPP 成色下降，但积极意义不容忽视

TPP 作为美国"亚太再平衡"战略在经贸领域的重要抓手，旨在重塑全球贸易规则和标准，背后有明显的政治意图和战略考量。而 CPTPP 显然不具备 TPP 的内涵和影响，更多是 11 个成员国不愿放弃 TPP 谈判成果，顺势而为的"简化版"自贸安排，经济效益和对全球贸易秩序的影响力下降。但"简化版"不等于"普通版"，与现有多双边贸易安排相比，CPTPP 仍然是一个相对高标准和现代化的自贸协定，既在政府采购、环境标准和国有企业等领域设置了相对"高门槛"，又涵盖了专利和知识产权、数字贸易等新经济元素，对于提升成员国之间贸易投资自由化和便利化水平，提振亚太区域贸易和投资增长具有积极作用。在孤立主义和保护主义抬头的背景下，CPTPP 一定程度上维护了多边贸易进程，对今后的多双边自贸谈判具有一定借鉴意义。

（二）日本希望借助 CPTPP 掌握亚太经贸规则主导权

按照 TPP 生效规则，美国退出意味着即使其他 11 国全部通过立法程序，TPP 也无法正式生效。但在日本、澳大利亚和加拿大等经济体，特别是日本的积极推动下，11 国重新"集结"，在 TPP 基础上谈出了 CPTPP。在谈判中，日本扮演了 TPP 谈判中美国的角色，在力劝特朗普留在 TPP 失败后，开始积极推动 CPTPP，以极强的政治意愿推动各方形成共识，并力主降低标准以照顾发展中成员诉求。日方积极推动谈判主要基于两点考虑，一是希望在亚太区域发挥更大作用，借 CPTPP 增强自身话语权和影响力，避免规则制定权落入非 TPP 阵营。二是希望尽快形成一定规模的区域自贸安排，尽可能地"推销"符合日方和发达经济体利益的经贸规则与实践标准，用实实在在的经济利益吸引包括美国在内的其他经济体加入。从目前情况来看，已有经济体对加入 CPTPP 表示出兴趣，未来 CPTPP 在 11 国基础上很有可能继续扩员。

（三）不排除美国在特定时点重返 TPP

特朗普就任伊始，以保护国内制造业就业为由退出 TPP，声称将寻求更符合美国利益的自贸安排。但一年来，跨大西洋贸易与投资伙伴协议（TTIP）实质性搁置，北美自由贸易协定（NAFTA）更新进展迟缓，特朗普在多边贸易框架下颗粒无收，保护主义立场广受诟病，贸易逆差未见收窄反而创下近 10 年来新高。面对持续增加的国内外压力，特朗普在近期松口称如能达成对美国"明显更好"的

协议，会考虑重返 TPP。而日本在推动 CPTPP 的过程中，也为重新吸引美国加入埋下了伏笔，如 CPTPP 基本保留了 TPP 中美国起草的贸易规则和协定架构，并将争议条款暂时冻结而非彻底删除。因此，不排除美国出于经济利益、争夺区域贸易主导权甚至政府更替等考虑，将在特定时点重新加入 CPTPP。

（四）坚持以我国为主，推动构建全面开放新格局

CPTPP 虽然在规模和影响上不及 TPP，但仍是由发达经济体主导，适用发达经济体规则和标准的自贸安排，在劳工、环保、政府采购、国有企业和知识产权等敏感领域易对我国形成冲击。鉴于 CPTPP 已正式签署，我国应继续加大关注和研究力度，并积极做好应对准备：第一，跟踪其实施进展和相关条款对发展中成员的实际影响。第二，密切关注美国政府对 CPTPP 的立场变化。第三，加快推进与我国相关的区域、次区域自贸谈判，早日结束区域全面经济伙伴关系（RCEP）谈判、加快亚太自贸区和东亚经济共同体建设。第四，最根本的，要坚决落实党的十九大战略部署，在有效防范风险的前提下不断提高对外开放的深度和广度，变被动适应国际经贸规则为主动参与经贸规则制定，更好地维护我国经贸利益，拓展发展空间。

（王虎　李明慧　贾静航　郭昊　陈茜）

CPTPP 最新进展及对我国的启示[*]

2018年12月30日,由日本、加拿大、澳大利亚等11个经济体参加的"跨太平洋伙伴全面进步伙伴关系协议"(CPTPP)将正式生效。这将成为亚太地区规模最大、标准最高的经贸合作协定。该协议在美国退出后由日本推动和主导,将对区域贸易格局和经贸规则产生重要影响。现将 CPTPP 的最新进展及我们的看法分析如下,供参考。

一、CPTPP 概况和最新进展

2017年11月,除美国外的 TPP11 个经济体在越南宣布就继续推进 TPP 正式达成一致,11国将签署新的自由贸易协定,命名为《跨太平洋全面进步伙伴关系协定》。2018年3月,11国谈判代表在智利正式签署 CPTPP 协定。

最终版 CPTPP 协定包含30章,既涉及货物贸易、服务贸易、投资、原产地规则等传统贸易合作领域,也包含知识产权保护、劳工保护、国有企业、政府采购、透明度和反腐败等非传统贸易合作领域。CPTPP 将在生效三年内实现全部商品零关税,对大部分服务部门实施准入前国民待遇和最惠国待遇。在对成员国特定领域保留若干"不符措施"(non-conforming measures)的基础上,取消国企补贴和政策支持,撤销政府采购的差别化待遇。CPTPP 保留了原 TPP 协定95%的内容,最大区别在于冻结了原协定中关于药品专利保护期和著作权保护期、投资者—东道国争端解决机制等22项美国力推的条款。此外,CPTPP 修改了协议生效的条件,不再考虑 GDP 份额,协定在任意六国完成审批程序60天后即可生效。

CPTPP 由此进入成员国国内审批阶段。2018年10月31日,澳大利亚完成审批程序,成为继加拿大、日本、墨西哥、新西兰和新加坡后第六个正式批准 CPTPP 的国家,意味着 CPTPP 将于2018年12月30日正式生效。2018年11月20日,最新一届 CPTPP 谈判代表会召开,讨论吸纳新成员规则及设立秘书处相关事

[*] 本文写于2018年12月12日。

宜。针对吸纳新成员，会议确定将设立工作小组，任何国家和地区的加入申请需由工作组审议后提交委员会进行表决。具体程序将待2019年年初首次委员会正式决定。新加盟国家或地区必须完成国内审批手续，并取得所有会员国的同意。此外，日本提出由日方负责组建CPTPP秘书处，获各方同意。

二、各方态度

（一）日本积极推动CPTPP并急欲扩大自贸区规模

美国退出TPP协议后，日本立即接过谈判的接力棒，积极协调，促成剩余成员国谈判取得进展。此外，日本还对美国、泰国、英国等多方发出"入群"邀请，积极寻求CPTPP扩容。日本"主动作为"的背后有三方面考虑：第一，企图通过CPTPP引领国际经贸和投资规则设计，主导亚洲经贸合作和一体化进程，并利用CPTPP秘书处设在日本的便利，推行自身战略目标。第二，通过扩容增强CPTPP的经济效益，创造更广阔的出口市场。第三，希望以多边贸易协定的条款来牵制美国，削弱美国力推的美日自贸谈判对日本的不利影响，并通过纳入更多成员国来敦促美国回归多边贸易框架。

（二）美国对CPTPP态度反复

特朗普当选总统后，立即签署行政令宣布美国退出跨太平洋伙伴关系协定（TPP）。此后，美国态度似有所转变。2018年1月，特朗普参加达沃斯论坛时称如符合美国利益，会考虑与CPTPP参与方进行多双边贸易谈判。2018年4月，特朗普指示白宫经济顾问库德洛和美国贸易代表莱特希泽研究是否应重返TPP并磋商达成对美有利条款。外界普遍认为美国态度有所变化与中美贸易战相关。政治上，美国可联合盟国改写经贸领域相关标准和国际规则，对中国进一步参与区域经贸合作施压。经济上，美国可强化与亚太经济体的经贸联系，为本国商品出口创造更广阔的替代市场，削减贸易逆差。

（三）CPTPP扩容前景乐观

美国退出尽管削弱了CPTPP的影响力，但同时部分条款冻结降低了协议的准入门槛，CPTPP的吸引力不降反增。韩国、印度尼西亚、泰国、菲律宾、斯里兰卡、哥伦比亚、中国台湾及英国等经济体都明确表达了对CPTPP的兴趣。各方均认同CPTPP在抵抗贸易保护主义、构建开放型经济模式方面发挥的积极作用，也有自身的战略考量和顾虑。

泰国加入CPTPP意愿最为强烈。泰国同马来西亚和越南在电子设备、海鲜和农产品方面存在产业竞争。泰国历来重视日中韩等国参加的区域全面经济伙伴关系协定（RCEP），但在该协定谈判未取得进展的情况下，转而采取了加盟 TPP 的方针。英国"脱欧"后，积极寻求建立自身的贸易合作框架，对 CPTPP 显示出浓厚兴趣。中国台湾从 TPP 时期就积极寻求加入，希望借此减少台湾地区对大陆的经贸依赖。韩国一方面看好协议带来的巨大市场，另一方面则担忧日本产品对韩国制造业带来冲击。

三、几点看法

（一）短期内美国重返 CPTPP 概率较小

尽管特朗普有重返 CPTPP 的想法，但预期在其第一任期内很难实现。第一，美国缺乏重返 CPTPP 动力。对特朗普政府而言，国别上差别化的双边贸易协定既可保护本国弱势产业，谈判效率和自身谈判地位也远高于多边协定。为最大限度地保障美国利益，美国试图在贸易领域以双边取代多边，并已取得一系列进展。第二，重返 TPP 面临巨大阻力。美国一贯以主导者而非参与者身份加入谈判和全球治理进程，重返 TPP 必将重启搁置条款的谈判，但从 CPTPP 成员态度来看，重启谈判困难重重。即使白宫决定加入 CPTPP，民主党控制下的众议院也难以通过该决议。从中长期看，由于美国政府一开始即视 TPP 为从经贸领域围堵中国的重要机制，不排除 2020 年大选后，新一届美国政府重新倚重多边贸易谈判，届时或重提回归 CPTPP。

（二）CPTPP 生效将对中国经贸环境带来挑战

CPTPP 作为亚太地区首个大型自贸协定，一旦生效将对中国产生较大影响。经济层面，据测算，成员国间贸易额到 2030 年有望增长 6%，由于贸易转移效应，非成员国竞争力将受到影响。尽管中国已与大部分 CPTPP 成员国签署双边自贸协定，但在尚未与中国签订自贸协定的国家，特别是日本和加拿大，中国产品会遭遇到来自马来西亚、越南等国家同类产品的激烈竞争。在政治层面，CPTPP 作为亚太地区首个大型自贸协定，势必影响未来国际经贸规则制定和亚太经贸合作格局。CPTPP 首次将数据流通、国企等问题纳入贸易协议，有可能引领形成新的全球规则。不排除日本利用 CPTPP 强化自身在国际经济贸易规则制定的话语权和区域内的领导力，为中国引领区域经济一体化进程带来负面效应。

（三）在美国缺位情况下积极探索加入 CPTPP 的可能

中国在积极推动区域全面经济伙伴关系协定（RCEP）的同时，也应积极探索加入CPTPP的可能性。第一，在当前贸易保护主义抬头的新形势下，CPTPP是相关国家支持自由贸易和全球化的成果，作为全球化进程的拥护者，中国考虑加入CPTPP符合自身定位。第二，CPTPP内容涵盖广泛，对成员国贸易和投资自由化的要求高于一般的自贸协定，中国加入有利于倒逼我国相关领域改革进程，彰显我改革开放的坚定决心。第三，美国缺位情况下加入相对较容易。美国退出后，CPTPP失去了在经贸领域边缘化我国的初衷，剩余成员国对扩容态度相对开放。此外，20余项"高标准"条款处于冻结期，先于美国加入可暂免相关领域的开放，对此后开启相关谈判保有话语权。

（李明慧）

美、欧、日、印对非经贸合作主要特点及趋势简析[*]

美国、欧洲、日本、印度是除中国外，近年来积极拓展对非经贸合作的主要经济体。由于经济结构、历史沿革和政治投入不同，美欧日印对非经贸合作呈现不同特点和走势。其中，日本对非洲的投入逐年增加，欧非经贸合作基础稳固，美国对非洲的投入明显下降，印度对非洲的投入快速增长。当前，欧洲内部民粹主义抬头，特朗普推行"美国优先"政策，中美乃至全球贸易形势不明朗，日本、印度有意进一步扩大对非洲的影响。从短期看，美欧日印对非洲合作态势或将进一步分化；而从长期看，美欧日印都将为进一步扩大对非影响投入更多资源，与我国在非洲大陆的博弈和竞争在所难免。

一、美、欧、日、印对非洲投资主要特点

（一）美国——政府支持下降，对非洲贸易投资减少

自2000年以来，美国对非洲贸易投资主要基于《非洲增长和机遇法案》（African Growth and Opportunity Act，简称AGOA），该法案是一项非互惠贸易协定，规定约40个非洲国家的6400种产品可免税进入美国市场，其目标是增加非洲对美国出口而非建立双向的贸易和投资伙伴关系。AGOA在非洲大陆直接和间接地创造了100多万个就业机会，但仅南非、肯尼亚、埃塞俄比亚等几个国家利用AGOA向美国出口了除石油和矿产品以外的其他商品。2006—2016年，撒哈拉以南非洲地区对美国出口下降66%，进口仅增长7%；过去5年，美国对撒哈拉以南非洲地区的出口额平均每年190亿美元，双向贸易额从2008年1000亿美元的高位降至2017年的390亿美元。

美国一度是非洲最大的单一投资者，整个非洲大陆有约600家美国公司，其

---

[*] 本文写于2018年9月4日。

商业模式在非洲广受欢迎。但近几任美国总统并不热衷于发展对非贸易和投资,奥巴马直到2014年才首次与非洲领导人举行"美非首脑会晤"。自特朗普上任以来,大部分精力集中在国内经济议程和与主要经济体的贸易关系上,加之国内政局掣肘和中期选举临近,暂时无暇顾及非洲事务,甚至发表公开言论歧视非洲国家。鉴于国务卿蒂勒森在访问非洲期间被突然解职,特朗普政府对非洲事务似乎并无兴趣,短期内在政府层面,美非合作难有进展。

(二) 欧盟——基于历史优势扩大商业利益

欧洲和非洲在语言、地理、历史和宗教方面的联系很大程度上促进了欧非经贸合作。欧盟目前仍是非洲最大的贸易伙伴、最大的投资伙伴、最大的援助方以及非洲移民和侨民主要聚集地。过去20年,欧盟和非洲积极拓展经贸合作,并由北向南逐步向撒哈拉以南非洲拓展。2002年启动的欧盟与非洲国家《经济合作伙伴协定》谈判虽有波折,但已在部分国家和地区正式生效。目前,欧非双边贸易总额已超过3000亿美元。2017年第五届欧盟—非洲峰会上,欧盟承诺在2020年前为非洲提供超过540亿美元的可持续投资。

但在对非经贸合作中,欧盟并未摆脱历史上宗主国"居高临下"和自以为是的态度,一方面觊觎非洲的市场和增长潜力,另一方面又对非洲使用双重标准,动辄就民主和人权问题指手画脚。近期,欧洲内部分化、市场动荡及难民危机对欧非经贸合作造成了一定的负面影响。

(三) 日本——对非洲合作目的性强,优势独特

日本是最早开展对非洲投资的国家之一。1993年日本发起东京非洲发展问题国际会议(TICAD),截至2016年,日本通过TICAD向非洲提供的发展投资总额达470亿美元。1997—2012年,日本对非洲的官方直接投资量扩大了12倍达10亿美元;2007年,日本对非洲的海外发展援助从10亿美元增至2012年的18亿美元。2013年第五届TICAD上,日本承诺未来5年内投资320亿美元支持非洲发展;2016年第六届TICAD上,日本承诺未来3年提供300亿美元,远高于2008—2012年间的90亿美元。2014—2017年,日本对非洲直接投资分别为15.1亿美元、14.3亿美元、-4.3亿美元、17.3亿美元。2017年,日本对非出口约75亿美元,同比下降2.7%;从非洲进口约82.9亿美元,同比上升13.8%。

日本对非洲投资目的性较强,早期侧重开采资源,自2003年以后转向基础设施建设和市场培育,全球金融危机后转向私营部门推广公私合作伙伴关系,2015年以来转向针对性地投入以对冲中国在非洲的政治经济影响。不可否认,日本对非洲经贸合作有独特优势,一是其产品和服务有一定质量优势,尤其是基础设施、交通运输领域。二是日本国际协力机构等组织帮助非洲在农村发展、资源保护、

教育和卫生等方面加强能力建设，积累了较好的民意基础。

（四）印度——对非洲经贸关系进入快速发展期

非洲是印度拓展经贸合作的重点区域。近年来，印非经贸关系进入快速发展期。2001年印非双向贸易额约72亿美元，2014年增至约780亿美元，扩大逾10倍。2017年，印非贸易额占非洲贸易总额6.8%以上（2001年仅为2.7%），占印度贸易总额8%。2005—2006年，印度对非出口70亿美元，2015—2016年扩大近4倍达250亿美元，占印度出口总额9.5%；同期非洲对印度出口从49亿美元扩大近7倍至317亿美元，占印度进口总额8.3%。2017年，印度从非洲进口的原油占从非洲进口总额的52%，其次是宝石，占比22%左右。除贸易规模快速增长外，印度近年来不断加大对非洲投资，目前已向44个非洲国家提供152笔贷款，总额近80亿美元，用于支持非洲发展农业、制造业、基础设施和清洁能源，目前印度对非投资约为年均140亿美元。

印非合作有独特的优势：一是印非地理位置近，历史渊源深，且非洲有众多印度侨民，文化认同度高。二是印度私营部门在印非关系中主体作用明显，政府投入相对较少。三是印度注重帮助非洲开展能力建设，利用语言及技术优势，加强对非洲技术转移和人员培训，在非洲逐渐积累起一定的认可和支持。四是印度企业较少输出劳动力，在非洲本土化程度较高，为所在国创造了可观的就业机会。

二、发展趋势及我们的思考

（一）未来美、欧、日、印对非洲合作或将进一步分化

日本出于经济政治双重考虑，不断加大对非洲合作和支持的力度，长期将外交和政治利益与对非洲投资和援助进行捆绑，对非洲战略突出"高质量"基础设施建设和基于人才培养的"软支援"，牵制中国之意渐强。欧盟致力于扩大欧非经贸合作，强化在非洲商业地位，为欧洲企业提供有竞争力的关税税率和海外市场，虽无力像日本一样大幅增加对非洲投入，但其对非洲经济社会影响仍不可小觑。美国政界有声音希望推动重构对非政策，但特朗普对内忙于应对中期选举，对外在朝鲜核问题、伊朗核问题、贸易摩擦等问题上四处出击，短期无暇顾及非洲事务，美非经贸合作在特朗普第一个任期内，恐难取得实质性进展，但未来随时有可能"重返"非洲。印度对扩大印非经贸合作热情高涨，双向贸易有巨大的增长空间，印度为谋求成为"全球领导性大国"，未来仍将继续加强对非贸易投资，加强与中国在非洲的竞争。

（二）中非经贸合作"既要会做，又要会说"

近年来，随着中非经贸合作不断深化，特别是"一带一路"建设在非洲国家开花结果，西方社会对中国在非政治经济影响增强高度紧张，开始通过政治、经济、社会舆论等不同渠道散布负面言论，鼓吹中国威胁论。美国前国务卿蒂勒森在访问非洲时甚至赤裸裸地"提醒"非洲国家警惕中国投资将助长非洲国家对华依赖。在西方社会的反复炒作下，抹黑"一带一路"倡议和抹黑我国对非经贸合作的论调有合二为一之势，主要归结为增加非洲债务压力、影响非洲国家主权独立、向非洲输出落后产能、攫取非洲经济资源、产品和工程质量不佳等几类。这也要求我国在未来推进中非经贸合作时，"既要会做，也要会说，既要做好，也要说好"。一方面应积极考虑加大对非洲民生领域的支持力度，着力打造一批民生样板项目，发挥示范和带动作用。另一方面应加大对非洲宣传和舆论引导力度，用非洲和国际社会听得懂、听得进去的方式宣讲我国真实亲诚的对非洲政策理念，宣传中非经贸合作的正面效应，防止反华势力利用语言优势和历史文化传统主导非洲社会舆论。

（三）以中非合作论坛北京峰会为契机，进一步提升我国在非洲的影响

2018年9月举行中非合作论坛北京峰会，在落实约翰内斯堡峰会成果的基础上，中非必将形成更多更具代表性的务实合作成果，进一步推动"一带一路"与非洲"2063年议程"的有效对接，使中非关系再上台阶。一方面，当前特朗普政府无暇顾及非洲事务，欧洲、日本和印度暂时无法在硬投入上与中国竞争，非洲国家有发展自强的迫切要求，而中国有成功的发展经验和真诚的合作意愿，越来越多的非洲国家开始选择中国、信任中国，中非经贸合作正在迎来难得的历史机遇期。另一方面，中美经贸摩擦短期内或难有改善，非洲有潜力成为我国经济上扩大出口和转移产能，战略上对冲风险、制衡西方的重点方向，且一旦美国"重返"非洲，美日欧印等国家很可能在非洲联手扼华，中非合作的外部环境将受影响。鉴此，我国应利用中非合作论坛北京峰会和2019年第二届"一带一路"高峰论坛等重大多边外交活动，有针对性地扩大对非洲的投入，巩固和拓展对非洲战略布局，扩大经济社会影响，在与主要经济体特别是西方国家的潜在竞争中占据先机。

（王虎　范行凤）

亚行谈区域金融风险及应对[*]

近期，亚洲开发银行发布《2017年亚洲经济一体化》报告，认为在亚洲金融危机后的20年内，亚洲金融一体化程度不断加深，但区域金融市场仍面临资源配置效率低、债务加速扩张、美元依赖等挑战，抗风险能力仍偏弱。报告简析了20年来三次重大金融危机的经验教训，并对强化区域金融安全提出政策建议。主要内容如下，供参考。

一、亚洲金融市场不断发展和完善

1998年亚洲金融危机爆发，触发了亚洲区域一系列金融改革。国别层面包括推动汇率制度自由化，加强金融监管，重组银行业及资本市场建设等。区域层面包括先后推出了清迈倡议及清迈倡议多边化（CMIM），在危机时为区域内经济体提供流动性支持；设立区域国际组织10+3宏观经济研究办公室（AMRO），进行区域宏观经济和金融监测；提出亚洲债券市场倡议，深化区域资本市场发展。20年来，亚洲地区保持了强劲的发展势头，金融体系更加健康，监管法规更加有力，区域金融合作机制更加完善。区域金融一体化程度不断提高，与全球市场的关联程度上升。

二、亚洲金融市场面临的风险和挑战

20年来，尽管亚洲区域金融一体化程度不断提高，全球投资者对亚洲金融市场抗风险能力更有信心，但随着亚洲经济体金融市场的发展和开放，区域金融体系和金融安全仍面临着一系列挑战。

---

[*] 本文写于2018年6月6日。

（一）亚洲金融体系仍为银行主导型，资源配置效率较低

前亚洲企业最大的融资来源仍为银行贷款。1996—2016 年，银行贷款在亚洲企业融资来源中的占比由 59.4% 飙升至 113.6%（占 GDP 比），远高于股权融资和公司债券。银行信贷属于间接融资，存在资源配置效率较低、易产生坏账等弊端，在一定程度上加重了金融风险。

（二）部分经济体信贷加速扩张或引发债务风险

近年来，亚洲经济体的总杠杆率呈上升趋势，信贷和债务规模有所扩张，但融资缺口仍存。2010 年 3 月至 2017 年 3 月，由于企业和家庭债务增加，中国经济杠杆率从 73% 升至 90%，家庭债务占 GDP 比升至约 43%，韩国、泰国、马来西亚等经济体均出现了类似趋势。家庭债务占 GDP 比重上升或表明一段时间内经济增速不如人意，经济增速放缓与杠杆率提升叠加，将大幅降低企业和家庭的偿债能力，在全球利率水平预期上涨的背景下，极易引发债务风险。

（三）部分新兴经济体外债高企，高度依赖美元债务

一方面，亚洲地区外债规模持续攀升，结构失衡，短期外债大幅增长可能引发期限错配等风险。2015 年，亚洲地区新兴经济体外债总额 3.2 万亿美元，占 GDP 比重约 20%，较 2005 年增长 5 个百分点，主要经济体外债占比均有所增加。另一方面，高度依赖美元债务不利于亚洲地区抵御外部冲击。亚洲国家外汇储备规模已达亚洲金融危机时的 5 倍，在稳定地区经济和金融、抵御货币危机层面可发挥更大作用，但美元仍是亚洲地区金融交易的主要货币，亚洲国家大部分外债均以美元计价。2017 年一季度，亚洲主要新兴经济体持有的国际债券中有 79% 以美元计价。美元债务高度集中提高了经济体对美元流动性风险和外部冲击的敏感程度，美元汇率波动也将大幅影响主权债务价值及经济体的财政状况。

（四）金融一体化加深带来新挑战

随着金融一体化程度不断提高，主要经济体金融活动的溢出效应日益凸显，潜在金融风险也可能在经济体间加速传导。市场动荡时，区域内金融市场的相关性非常明显，容易导致传染效应。以不良贷款为例，一国的不良贷款可通过多种跨境渠道对其他经济体产生负面作用，包括跨境贸易、跨境银行贷款、改变银行资产或负债的价值、影响投资者信心等。

三、过往危机的经验和启示

为改善亚洲金融市场的脆弱性,提高风险防范与应对能力,回顾和反思 20 年来三次重大金融危机,可以为推进亚洲金融市场建设提供有益借鉴。

(一)亚洲金融危机

1998 年亚洲金融危机爆发,其根源是外币债务导致的双重错配:第一,期限错配,外资中绝大部分是未对冲的短期资本,却流入了包括房地产和非生产部门在内的长期项目,导致整个金融系统面临外国借款撤资的风险。第二,货币错配,在一些经济体内,实际盯住美元的汇率制度刺激了美元债务的增长,一旦汇率出现大幅波动,本币收益将无力偿还美元借款。亚洲金融危机带来的深刻教训包括:一是应发展本币长期主权债券市场以提供稳定的融资来源,避免出现双重错配。二是应建设完善的金融市场基础设施和宏观审慎的监管框架。三是监管部门应警惕过多的资本流入,尤其是流向非生产部门、催生资产泡沫的外资。

(二)全球金融危机

2008 年,金融危机席卷全球。除信贷扩张和监管滞后外,这场危机充分说明随着金融一体化程度加深以及跨境金融的发展,金融风险可在全球范围内迅速传播。一方面,跨境金融机构间信息不对等,国别和国际监管体系缺乏有效的审慎监管框架。另一方面,量化的风险管理模式存在重重弊端。

全球金融危机推动了全球范围内的金融监管改革。主要经济体当即决定救市,对系统重要性机构注入大量资金,责令相关金融机构破产清算,处置不良资本,强化银行资产负债表。最终,金融系统得以稳定,银行恢复了贷款能力。此外,G20 和金融稳定理事会(FSB)肩负起协调危机应对和推动金融监管改革的任务,新的监管框架得以建立,包括建立较高的资本和流动性标准,降低顺周期性;完善系统重要性机构的破产清算机制;规范场外衍生品市场;加强会计标准;强化国际监管规则和标准的执行,扩大监管范围;改革薪酬管理制度;建立宏观审慎框架和相关工具等。这些改革措施如今仍在执行,但近年来随着全球经济形势企稳,一些国家不愿遵守相关规定,如巴塞尔Ⅲ协议对资本充足率的规定,造成国别监管体系进一步分化。全球金融危机带来了三点启示:一是应健全金融监管和宏观审慎监管框架。二是应建立早期预警机制,规避系统性风险。三是应规划并建立系统重要性机构破产清算机制。

(三）欧洲债务危机

全球金融危机后，欧元区经济体公共和私人债务高企，宏观经济框架不够健全，没有相关机构应对跨境银行危机，缺乏维护金融稳定的监管措施和机制。一些国家银行业因过度杠杆化出现危机，随后演变成主权债务危机，而当时缺少应对跨境问题的机构或机制安排，导致区域金融系统几近崩溃。

欧债危机后欧元区推出了一系列的区域政策，第一，建立了欧洲稳定机制（ESM），在危机时为欧元区经济体和银行提供金融支持。第二，欧洲中央银行针对欧元区银行推出单一监管机制（SSM），赋予欧洲中央银行对货币联盟内金融机构的监管和调查职能。第三，欧盟协调成员国清算法规并开始建立统一的区域清算机制，于2014年建立了单一清算机制（SRM）。单一监管机制和单一清算机制是欧洲银行联盟的两大支柱。第四，为单一市场运行制定规则手册。

欧债危机不仅暴露出欧元区及欧洲经济一体化中的问题，也对亚洲金融合作进程产生了重要启示。在金融市场一体化程度不断加强的背景下，各国需要有足够强大的监管框架，监管标准也需相互协调。受危机冲击严重的国家不应拘泥于单一市场政策，而应掌握政策制定的自主权。

四、政策建议

（一）维护国内金融市场稳定性

第一，确保国内宏观经济基本面健康，维持金融系统稳健运行，确保充足的外汇储备规模，汇率制度保持一定灵活性。第二，建立全面有效的国别监管框架，扩大监管范围，对系统重要性金融机构加强监管，强化银行对外币流动的管理能力。第三，降低金融系统的顺周期性，如设置资本和流动性缓冲、限制债务收入比和按揭比例等。

（二）加强区域和国际层面的政策对话与合作，巩固区域金融安全网

第一，加强CMIM的可用性，并确保与成员充分沟通。第二，采用实缴资本与待缴资本相结合的形式，增强市场对CMIM的信心。第三，利用实缴资本发行债券，提升CMIM的资金实力，更好地应对较大经济体的金融危机。第四，拓展CMIM职能，CMIM资金或可用于区域内系统重要性银行的资产重组。第五，强化AMRO作为区域宏观经济监测机构的作用，考虑提升CMIM与IMF脱钩比例。

（三）发展不同层级的金融市场和监管工具

第一，建设本币债券市场，着力提高市场效率，扩大投资者来源并发展二级市场。第二，在区域层面，针对跨境金融机构的不良资产建立清算机制，推动不良资产市场和相关基础设施建设。第三，对区域内活跃的外资银行设立监管团（supervisory college），保障外资银行资金流稳定。第四，建立跨境抵押品制度，跨国银行可在本国央行抵押境外分支的资产，从而降低跨境银行的本币流动性风险。

（李明慧　贾静航）

后 记

国际财经中心（以下简称"中心"）是财政部国际财经智库，主要负责国际财经问题研究和对外财经交流等工作。本书收录了中心2018年部分研究成果，主要包括53篇研究报告。

财政部领导高度重视国际财经问题研究，对中心研究工作给予了大力支持，要求中心充分利用国际、国内两种资源，从战略高度、以长远眼光把握国际财经大势，为深化国内财税改革建言献策，为推进国际财经交流合作添加动力。2018年，中心服务财经对外工作大局，进一步加强对美研究工作，发起成立"美国研究智库联盟"，为现阶段和中长期对美工作提供了很多有价值的政策建议，在国内外引发广泛关注。

财政部主要部领导亲自关心和指导中心各项工作，中心狠抓落实，推动各项工作上新台阶。财政部国际经济关系司刘健司长、国际财金合作司张文才司长、北京国家会计学院秦荣生院长等对中心研究工作提出了许多宝贵意见。中心陈茜、王虎、陈立宏、胡振虎、周波、贾英姿、欧阳继承、乔慧、于晓、李明慧、贾静航、陈霞、郭昊、袁璇、刘猛、胡嫣洁、范行凤、丁璐、薛涵哲、陈艳、李晓静等同志参与了课题研究和校对整理工作。在本书的汇编过程中，中国财政经济出版社做了大量细致的工作，在此一并感谢。

编者
2019年2月27日